Benedikt Kranemann
Myriam Wijlens (Hg.)

Gesendet in den Weinberg des Herrn

ERFURTER THEOLOGISCHE SCHRIFTEN

im Auftrag
der Katholisch-Theologischen Fakultät
der Universität Erfurt

herausgegeben
von Josef Römelt und Josef Pilvousek

BAND 35

UNIVERSITÄT
ERFURT

Benedikt Kranemann
Myriam Wijlens (Hg.)

Gesendet in den Weinberg des Herrn

Laien in der Katholischen Kirche heute und morgen

echter

Bibliografische Information der Deutschen Nationalbibliothek

Die Deutsche Nationalbibliothek verzeichnet diese Publikation in der Deutschen Nationalbibliografie; detaillierte bibliografische Daten sind im Internet über http://dnb.d-nb.de abrufbar

1. Auflage 2010

Satz
Matthias Kraus, Erfurt

Druck und Bindung
Difo-Druck, Bamberg

ISBN 978-3-429-03224-1

www.echter-verlag.de

INHALT

Vorwort

Die Frage, welchen Stand Laien heute in der katholischen Kirche haben, ist aktueller denn je. Es ist längst keine Neuigkeit mehr, dass vielerorts Hauptamtliche und Ehrenamtliche in der Kirche mitarbeiten und ihre Geschicke mitgestalten. Mehr als vier Jahrzehnte nach dem Zweiten Vatikanischen Konzil, das die Bedeutung aller Getauften in der Kirche in ganz neuer Weise betont hat, gibt es jedoch immer wieder auch Irritationen, wie weit diese neue Rolle der Laien theologisch und rechtlich wirklich akzeptiert ist und inwieweit kirchliche Strukturen und spirituelle Rahmenbedingungen der Mitwirkung von Laien entsprechen. Ganz grundsätzlich und jenseits praktischer Erwägungen aufgrund der sinkenden Zahl Ordinierter ist über den Umgang in der Praxis mit jenen nachzudenken, die durch die Initiation „in den Weinberg des Herrn" gesendet sind.

Der Sammelband, der auf ein Kolloquium an der Katholisch-Theologischen Fakultät der Universität Erfurt 15.–17. November 2007 zurückgeht, will verschiedene Fach-, aber auch Länderperspektiven zu Wort kommen lassen.[1] Die für die katholische Kirche in vielen Ländern und auf allen Kontinenten so entscheidende Frage nach der Bedeutung der Laien im kirchlichen Leben bedarf der theologischen Intradisziplinarität. Nur so lässt sich wissenschaftlich seriös ein Feld bestellen, das eine Kirche, die sich über Jahrhunderte deutlich anders präsentierte als in der Gegenwart und Laien als eine „Restkategorie"[2] verstand, vor immense Aufgaben stellt. Diese sind keineswegs gelöst, mancher sucht ihnen noch auszuweichen. Werden sie seriös angegangen, halten sie für eine lebendige und anziehend wirkende Kirche viele Chancen bereit. Notwendig ist zugleich der Blick auf die Weltkirche und die Überwindung einer zu stark regional orientierten Theologie. Auch wenn man häufig aus kulturellen Gründen nicht übernehmen kann, was andernorts als Lösungsmodell favorisiert und praktiziert wird, ist das Wissen um solche Modelle und die hinter ihnen stehende Theologie für die wissenschaftliche Diskussion ein Gewinn.

1 Nicht dokumentiert wird eine Podiumsdiskussion über Veränderungen der Rolle von Laien in der katholischen Kirche im 20. Jahrhundert, an der der langjährige Präsident des Zentralkomitees der deutschen Katholiken Ministerpräsident a.D. Prof. Dr. Bernhard Vogel und Monsignore Dr. Karl-Heinz Ducke teilgenommen haben.

2 So *J. Werbick*, Laie. I. Begriff, in: Lexikon für Theologie und Kirche 6 (1997) 589f, hier 590.

In den folgenden Aufsätzen kommen Wissenschaftlerinnen und Wissenschaftler aus Kanada, den Niederlanden sowie aus Deutschland zu Wort. Sie arbeiten alle in Ländern, die säkularisiert sind. Wie die Kirche hier reagiert und agiert, wie die Theologie nach Kriterien und Modellen sucht, lohnt die Wahrnehmung und eröffnet neue Perspektiven. Überall lässt sich in den Ortskirchen ein intensives Ringen um die Zukunftsgestalt der Kirche beobachten.

Peter Neuner, Systematischer Theologe aus München, beleuchtet das Spannungsfeld von dogmatischen Vorgaben und kirchlichen Aufgabenfeldern, dem sich Laien gegenübersehen. Er geht der Begriffsgeschichte von „Laie" und seiner Füllung in der apostolischen Zeit nach. Mit Blick auf das Verhältnis von Klerus und Laien werden „Knotenpunkte" der Dogmengeschichte betrachtet. Ob man Kirche als Communio oder als Hierarchie versteht, beeinflusst die Sicht der Laien. Und auch die Kirchengeschichte etwa des Mittelalters kennt Versuche, den Laien einen anderen Stand in der Kirche zu verschaffen. Vor diesem Hintergrund wendet sich Neuner dem Zweiten Vatikanum und seinem Bild der Laien zu. Wer ist Laie? Neuner diskutiert die These, „Laie" sei nicht definierbar, weil ihm keine kirchliche Wirklichkeit entspreche. Er stellt der Rede von den „Laien" und einer „Theologie der Laien" eine „Theologie des Volkes Gottes" gegenüber und kommt darüber zu weitreichenden, kritischen Aussagen über die Gestalt von Kirche. Neben seinen Überlegungen zu den Laien als „den Leuten" treten schließlich Gedanken zum Beruf des Pastoralreferenten und zu einem theologisch verantwortbaren Fundament für die Teilnahme an der Gemeindeleitung.

Myriam Wijlens, Kirchenrechtlerin in Erfurt, untersucht die Komplementarität von Laien mit einem kirchlichen Seelsorgeauftrag und Klerikern. Sie diskutiert verbreitete Modelle, um die Gläubigen in der Kirche in Gruppen einzuteilen, die von der Gruppe der Initiierten bis zu der der Ordinierten reicht. Vor diesem Hintergrund entwickelt sie die These, dass es in der katholischen Kirche heute nicht um Kooperation, sondern um gegenseitige Ergänzung von Laien und Klerikern geht. Entscheidend dafür ist die Veränderung des Kirchenverständnisses durch das II. Vatikanum, wonach alle Getauften an der Sendung der Kirche teilnehmen. Dieses kann am besten durch ein Communio-Modell beschrieben werden. Durch den neuen Frageansatz fällt auch ein anderes Licht auf die Auslegung des Kirchenrechts.

Michael Ebertz, Religionssoziologe aus Freiburg, fragt, ob die Kirche laisiert worden sei. Er lässt sich von Norbert Elias anregen, der von einer funktionalen Demokratisierung gesprochen hat und darunter Veränderung von Machtverteilung und Verringerung von Machtdifferentialen zwischen Regierung und

Volk verstand. In diesen Prozess sieht Ebertz auch die Kirche hineingenommen, was in einen Macht- und Funktionswechsel gemündet sei. Ihn zeichnet Ebertz für die Kirche und deren jüngere Geschichte nach und analysiert dann die Verhältnisse in der katholischen Kirche der Gegenwart. Er beschreibt neue Koalitionen, die einmal mehr verdeutlichen, wie vielfältig sich die „Laienschaft" in der Kirche heute darstellt: Den Verschiebungen der Machtbalance entspricht nämlich laut Ebertz nicht nur der Versuch der hierarchischen Spitze gegenzusteuern, sondern auch das Bemühen um ein neues Bündnis mit dem Laientraditionalismus.

Henk Witte, Systematischer Theologe in Tilburg, bindet die Frage nach den Laien in einen größeren ekklesiologischen Zusammenhang ein. Vor Augen hat er die Situation in den Niederlanden. Witte beschreibt die Entscheidungsprozesse in der niederländischen Bischofskonferenz bei der Einführung von Laienämtern und der Klärung ihrer Position als in der Seelsorge aktiver Laien. Er macht verschiedene Spannungen in der Beurteilung der Laienseelsorger deutlich: hinsichtlich der Reichweite von Kompetenzen bei Ordinierten und Nichtordinierten, der Weise der Kooperation, der Frage nach dem sakramentalen Wert oder der professionellen Qualität pastoraler Arbeit usw. Im Rahmen von amtstheologischen Reflexionen diskutiert Witte das „Sendungs-" – Sendung von Christus in der apostolischen Nachfolge – und das „Delegationsmodell" – Sendung aus der Gemeinde aufgrund von Leitungsfähigkeiten – und weist jeweils die Grenzen auf. Er sieht Laienseelsorger gesandt aufgrund ihrer Taufe, während die Anstellung durch einen Bischof die Entfaltung der Taufgnade ermögliche. Die Taufe jedoch bleibt das Fundament der Sendung.

Benedikt Kranemann, Liturgiewissenschaftler in Erfurt, fragt mit Blick auf den Gottesdienst nach Veränderungen im Laienbild der katholischen Kirche. Er zeichnet die Entwicklungen der Rolle der Laien nach, die bereits vor dem II. Vatikanum eingesetzt haben, allerdings durch die Forderung des Konzils nach einer Intensivierung der „tätigen Teilnahme" der Gläubigen deutliche Impulse erfahren haben, macht aber auch auf Irritationen aufmerksam, die mit jüngeren kirchenamtlichen Dokumenten entstanden sind. Er arbeitet das theologische Fundament der Laienbeteiligung am Gottesdienst durch und weist auch auf die ekklesiologischen Implikationen hin. Am Schluss steht die Frage, wie die Beteiligung der Laien am Gottesdienst auf Zukunft hin gestärkt werden kann.

Susan Roll, Liturgiewissenschaftlerin in Ottawa, fragt vor allem mit Blick auf Kanada und die USA nach der tätigen Teilnahme von Laien in der Liturgie. Sie zeichnet nach, wie sich die Rolle der Laien durch die Liturgische Bewegung des 20. Jahrhunderts verändert hat; diese führte zu einem neuen Verständnis der Liturgie, sah Liturgie als gemeinsame Erfahrung und wollte aus ihr Spiritualität stärken. Durch jüngere Entwicklungen des Liturgierechts, insbesondere Verengungen in der Institutio Generalis Missalis Romani und der Instruktion „Liturgiam authenticam", sieht sie die Erfahrung des gemeinschaftlichen Gottesdienstes gefährdet. Sie diagnostiziert eine Veränderung der Lex orandi, die im Widerspruch zum Konzil stehe und im letzten eine Marginalisierung der Laien bedeuten könne.

Helmuth Pree, Professor für Kirchenrecht in München, untersucht, inwieweit das Gewohnheitsrecht einen Weg darstellt, um Laienämter zu etablieren. Pree arbeitet beide Begriffe durch, um sie dann zueinander in Beziehung setzen zu können. Er weist schon eingangs auf die besonderen Schwierigkeiten seines Beitrags hin: Der Begriff „Laienamt" ist dem CIC fremd, „Gewohnheitsrecht" alles andere als einfach zu fassen. Am Ende der Ausführungen steht die Erkenntnis, dass das Gewohnheitsrecht und seine Normen durchaus auf Laienämter und ihre Konstituierung anzuwenden sind, insofern klar definierte Kriterien Beachtung finden.

Catherine Clifford wendet sich der Frage zu, wie eine anspruchsvolle, weil dem Berufsprofil der kirchlichen Mitarbeiter angemessene, spirituelle Bildung aussehen kann. Der Erfahrungshintergrund der Systematischen Theologin aus Ottawa ist die katholische Kirche in Kanada. Durch die Auswertung verschiedener Studien kann sie ein sehr lebendiges Bild von der ambivalenten Situation hauptamtlicher Mitarbeiterinnen und Mitarbeiter in ihrem Heimatland, zum Teil aber auch in den benachbarten USA zeichnen. Sie fragt schließlich nach Ausbildungsstätten und -konzepten. Entscheidend ist für Clifford, dass die Ortskirche als Matrix für die Sozialisation künftiger Laienmitarbeiter verstanden und die Taufspiritualität für die Bildung dieser Mitarbeiter gestärkt wird. Das Charisma kirchlicher Laienmitarbeiter ernstzunehmen, bedeutet für die Ortskirchen, so die kanadische Theologin, eine radikale Veränderung der Strukturen, aber auch der Nutzung der Ressourcen, will man die mit diesen Gaben verbundenen Chancen nutzen.

Der Publizist Ulrich Ruh, Freiburg, stellt als Theologe und überzeugter katholischer Laie seine Perspektive auf die Rolle der Nichtordinierten vor. Er mahnt an, dass man jeweils genau beschreiben müsse, wen man als „Laien" bezeichne, da sich sehr unterschiedliche Einbindungen in die Kirche („Ehrenamtliche – Hauptamtliche") und ganz verschiedene Biografien damit verbinden. Ruh sieht Laien heute vor großen, zum Teil übergroßen Erwartungen. In Kirche wie Gesellschaft habe sich ihre Rolle verändert. Zudem sei die Gruppe der Laien immer weniger homogen. Wer heute nach der Zukunft des Laienengagements fragt, muss auf das säkulare Umfeld und damit die gesellschaftlichen Rahmendaten schauen. Ruh macht die Herausforderungen deutlich, vor denen katholische Laien mit ihrer Kirche heute stehen, bringt aber auch die vielfachen Chancen zur Sprache, die sich in der Gegenwart bieten.

Herausgeberin und Herausgeber danken herzlich Annika Bender, Erfurt, Verena Feldhans, Aachen, Alexander Schlüter, Erfurt, und Klarissa Schütz, Erfurt, für die Mithilfe bei der redaktionellen Vorbereitung des Bandes. Matthias Kraus ist für die Unterstützung beim Drucksatz zu danken.

Erfurt, im Mai 2009

Benedikt Kranemann – Myriam Wijlens

Laien im Spannungsfeld von dogmatischen Vorgaben und kirchlichen Aufgaben

Peter Neuner

Die traditionelle Stellung des Laien in der Kirche wird vielleicht nirgendwo so deutlich, wie in „Wetzer und Weltes Kirchenlexikon“ aus dem Jahr 1891, wo sich unter dem Stichwort „Laien“ nur der Verweis findet: „Laien, siehe Clerus“. Dieses Zitat erregt heute zumeist Heiterkeit. Wesentlich weniger Anlass zur Heiterkeit kann ich darin finden, dass das fünfbändige Internationale Evangelische Kirchenlexikon in seiner Neubearbeitung aus dem Jahr 1992 diesen Missgriff wiederholt und beim Stichwort „Laien“ auf den Artikel „Klerus und Laien” verweist[1]. Wer ist der Laie, dessen Ort in der Kirche zu bestimmen offensichtlich Probleme aufwirft?

Eine biblische Besinnung

Unser Begriff „Laie“ leitet sich vom griechischen Wort „laós“ ab, und dieses bedeutet „Volk“[2]. Laie ist nach biblischem Verständnis, wer zum Volk gehört. Das Wort „laós“ hat dabei einen höchst positiven Bedeutungsgehalt: Es bezeichnet an allen theologisch wichtigen Stellen nicht die einfachen Leute, oder gar die primitiven oder unterdrückten Volksmassen im Gegensatz zu den Führern, sondern das auserwählte Volk, das Volk Gottes im Gegensatz zu den Heiden, den „Nationen“. Es gibt im Alten Testament nur ein Volk, einen laós, neben ihm stehen die éthne, die heidnischen Nationen. Israel ist das Volk schlechthin.

Auch im Neuen Testament werden die Gott zugehörigen Menschen, jene, die an Christus glauben, als laós bezeichnet. Nun erscheint die christliche Kirche als Volk Gottes. Gott selbst hat sich „aus den Heiden ein Volk“ bereitet (Apg 15,14). Und Paulus schreibt: „Ich werde als mein Volk berufen, was nicht mein Volk war, und als Geliebte jene, die nicht geliebt war. Und dort, wo ihnen gesagt wurde: Ihr seid ‚Nicht-mein-Volk‘, dort werden sie Söhne des lebendigen

---

1 Bd. III, Sp. 3. Zur Ehrenrettung sei angefügt, dass es hier eigene Artikel gibt zu Laienapostolat, Laienbewegung und Laienpredigt.

2 Zur Begriffsgeschichte vgl. *I. de la Potterie*, L’origine et le sens primitif du mot ’laic’, in: Nouvelle revue théologique 80 (1958) 840–853; *J. B. Bauer*, Die Wortgeschichte von ‚laicus‘, in: Zeitschrift für Katholische Theologie 81 (1959) 224–228.

Gottes genannt werden" (Röm 9,25f). Laós ist diesen Aussagen zufolge nicht mehr einfachhin das Volk Israel, zu dem man durch Abstammung gehört, sondern die christliche Gemeinde, der man beitritt.[3] In diesem theologisch gefüllten Sinn betrachtet ist „laós" der höchste Ehrentitel, der einem Christen gegeben werden kann. Man ist Laie, wenn man zum Volk Gottes gehört, wenn man an Christus glaubt und von ihm berufen ist. Insofern sind alle, selbstverständlich auch die Amtsträger, ‚Laien'. Der Begriff „Laie" unterscheidet die Gläubigen von den Ungläubigen, das Volk vom Nicht-Volk, die Christen von den Nicht-Christen. Er bezeichnet aber nicht unterschiedliche Stände innerhalb der Kirche.

Nun leitet sich aber unser Begriff „Laie" nicht direkt von laós her, sondern von dem Adjektiv „laikós", „zum Volk gehörig". Dieser Begriff bezeichnet Dinge und Personen, die keinen Bezug zum Gottesdienst haben. Laikós ist die Landbevölkerung im Gegensatz zu den führenden Kreisen in der Stadt. Dieser Begriff „laikós", aus dem sich unser Wort Laie entwickelt hat, findet im Neuen Testament keine Verwendung. So etwas wie eine innerkirchliche Differenz zwischen einer führenden Schicht, die für den Gottesdienst zuständig ist, und der breiten Masse des einfachen Volkes, die dazu keinen Zugang hat, ist mit dem Bild der Kirche, wie es das Neue Testament zeigt, nicht vereinbar. Hier gilt vielmehr, dass alle, die den Willen Gottes erfüllen, „Brüder und Schwestern" sind (Mk 3,31–35). Innerhalb dieser Gemeinschaft der Brüder und Schwestern haben einige besondere Aufgaben, bestimmte Charismen und Ämter, die sich gegenseitig stärken und tragen und wohl auch korrigieren. Die Strukturen sind in den neutestamentlichen Gemeinden noch nicht einheitlich entfaltet, und es gab unterschiedliche Entwicklungslinien, nicht nur jene, die auf Amtlichkeit hin tendieren. Die Aufgaben der Charismatiker und der Amtsträger sind auf dieser Stufe noch nicht eindeutig voneinander unterschieden. Doch über alle Differenzen hinweg lässt sich feststellen, dass im Neuen Testament diese Funktionen und Ämter eigens benannt werden. Dagegen gibt es keine gemeinsame Bezeichnung für alle jene, die keine derartigen Funktionen ausüben. Es gibt also innerhalb des Volkes Gottes besondere Aufgaben; sie werden in einer noch fließenden Terminologie eigens benannt. Aber die Nicht-Amtsträger bekommen nie eine eigene Bezeichnung. Sie sind die Glaubenden, die Brüder und Schwestern, das Volk, der Laós. Wenn Jesus seine Jünger als „Brüder" anspricht, dann ist in ihnen „das neue Gottesvolk angeredet, das sich

---

3 Damit ist aber nicht das Wort vom „Neuen Volk Gottes" begründet. Neutestamentlich gibt es zwar einen „Neuen Bund", aber kein „Neues Volk". Vielmehr sind beide Bundesschlüsse innerhalb des einen Volkes Gottes.

in ihnen als ein Volk von Brüdern, als eine neue große Bruderschaft abzeichnet“[4].

Knotenpunkte dogmengeschichtlicher Entwicklung

a) Die Kirche als Communio

Diese Sicht der Kirche als Volk Gottes wurde im Laufe der Kirchengeschichte durch eine Struktur überlagert, in der immer mehr Vollmachten im Amt versammelt werden. Die Gründe dafür waren vielfältig.[5] Sie führten in ihrer Gesamtheit dazu, dass sich schon in den ersten christlichen Jahrhunderten ein Stand von Amtsträgern innerhalb der christlichen Gemeinden herausbildete, der sich mehr und mehr von den einfachen Gläubigen unterschied. Kein Geringerer als der junge Joseph Ratzinger hat darauf aufmerksam gemacht, dass vom dritten Jahrhundert an in der Kirche das Wort „Bruder“ nicht mehr als Anrede für die Christen untereinander verwendet wurde. Der nun entstehende Bruderbegriff ist nicht mehr durch die Gemeinschaft des Glaubens begründet, sondern entstammt, wie Ratzinger schreibt, dem „Motiv der Brüderlichkeit der Fürsten untereinander“. Nur noch die Amtsträger verstehen sich seither als „Confratres“, die Laien sind ihre „geistlichen Söhne“[6], und sie werden von diesen als „Väter“ angesprochen. Ratzinger urteilte: „Das ist nicht mehr die alte Bruderschaft der Gläubigen, was sich hier zeigt“[7]. In der Konsequenz bringt der Begriff „Volk“ nicht mehr die Einheit der Kirche und ihre Differenz zu den Nicht-Glaubenden zum Ausdruck, sondern eine ständische Gliederung innerhalb der christlichen Gemeinde; er nimmt eine soziologische Bedeutung an und bezeichnet die einfachen Leute, die Nicht-Amtsträger. Die Amtsträger gehören nun selbstverständlich nicht mehr zum laós.

Doch zunächst war die Differenzierung in Laien und Klerus noch umfangen von der Gemeinschaft innerhalb der Kirche, die als Communio, als Koinonia lebte. Von Cyprian von Karthago, dem großen Bischof des 3. Jahrhunderts, wird häufig der Ausspruch zitiert: „Nihil sine episcopo“, nichts ohne den Bischof. Nicht selten soll dieser Satz heute belegen, dass Bischof und Hierarchie

---

4 *J. Ratzinger*, Die christliche Brüderlichkeit, München 1960, 40.

5 Vgl. hierzu *P. Neuner*, Der Laie und das Gottesvolk, Frankfurt 1988; *Ders.*, Ekklesiologie. Die Lehre von der Kirche, in: *W. Beinert* (Hg.), Glaubenszugänge. Lehrbuch der Katholischen Dogmatik II, Paderborn u. a. 1995, 401–578.

6 *F. Dölger*, Brüderlichkeit der Fürsten, in: RAC 2 (1954), 641–646, hier 664.

7 *Ratzinger*, Brüderlichkeit, 58f.

allein in der Kirche verantwortlich seien, und dass darum nichts ohne sie oder gar gegen sie geschehen dürfe. Aber derselbe Cyprian erklärte seinem Presbyterium gegenüber: „Nihil sine consilio vestro“, nichts ohne euren Rat. Und zu seiner Gemeinde sagt er: „Nihil sine consensu plebis“, nichts ohne die Zustimmung des Volkes. Dieses Zusammen, wo der Bischof, das Presbyterium und das Volk gemeinsam in der Kirche verantwortlich sind, wo keiner einfachhin überstimmt oder mundtot gemacht werden kann, wo jeder nicht nur gehört wird, sondern wo der Konsens aller die Bedingung für alle wichtigen Entscheidungen ist, hat Joseph Ratzinger als „das klassische Modell kirchlicher ‚Demokratie'“[8] bezeichnet. Die Laien waren zu einem eigenen Stand in der Kirche geworden, aber die Kirche war als Gemeinschaft verstanden, wo Communio und Konsens die Entscheidungen bestimmten.

b) Die Kirche als Hierarchie

Diese frühmittelalterliche Einheit wurde wohl endgültig im Investiturstreit zerschlagen. Papst Gregor VII. kämpfte mit allen ihm zu Gebote stehenden Mitteln gegen die so genannte Laieninvestitur, das heißt gegen die Praxis, dass Fürsten die Bischöfe einsetzten. In diesem Kampf erhob Papst Gregor VII. einen bis dahin unbekannten Machtanspruch des Papstes über die gesamte Christenheit, die geistlichen wie die weltlichen Herrscher: Er, der Papst, sei der oberste Herr der Welt, darum dürfe er allein die kaiserlichen Insignien tragen. Der geistliche Bereich ist, so Gregor VII., als ganzer dem weltlichen überlegen. Als Angehöriger des weltlichen Standes ist der Kaiser Laie und nichts als Laie, und noch der letzte Kleriker steht über ihm. Canossa wurde zum Symbol für den Zusammenbruch der Einheit von geistlicher und weltlicher Vollmacht und für die Entgegensetzung beider Gewalten. Laien im Sinne der hochmittelalterlichen Auseinandersetzungen sind nicht die einfachen Gläubigen, sondern die Fürsten, die Könige, der Kaiser, deren Rechte innerhalb der Kirche beschnitten werden sollten.

Einen Höhepunkt fand diese Entwicklung bei Papst Bonifaz VIII. und seiner Zwei-Schwerter-Theorie: Christus habe dem Papst das weltliche und das geistliche Schwert übergeben. Das geistliche Schwert führe der Papst selbst, das weltliche habe er den Fürsten verliehen. Diese üben ihre Vollmacht im Auf-

---

8 *J. Ratzinger*, Demokratisierung der Kirche?, in: *Ders. – H. Maier*, Demokratie in der Kirche. Möglichkeiten, Grenzen, Gefahren, Limburg 1970, 44. Dieser schmale Band wurde 2000 neu aufgelegt und mit zusätzlichen Überlegungen beider Autoren „dreißig Jahre danach“ versehen. Die Differenzen in der Bewertung der Entwicklung in diesen dreißig Jahren sind für die Frage, was Laien in der Kirche dürfen und sollen, höchst aufschlussreich.

trag des Papstes aus, er kann ihnen diese Delegation jederzeit wieder entziehen, er habe also das Recht, Kaiser und Könige abzusetzen. Um dieser Entwicklung gleichsam die Krone aufzusetzen, stellte Papst Bonifaz VIII. im Jahre 1296 in der Bulle „Clericis laicos“ feierlich fest: „Daß die Laien den Klerikern bitter feind sind, überliefert das Altertum, und auch die Erfahrungen der Gegenwart geben es deutlich zu erkennen“[9]. Selbst wenn konkrete politische Auseinandersetzungen derartige Formulierungen mitbestimmt haben, so war damit auch theoretisch eine Entgegensetzung in gegnerische, wenn nicht gar feindliche Gruppen festgeschrieben. Die Einheit von Gottes laós war einer Zwei-Klassen-Gesellschaft gewichen. Die Amtsträger hatten sich zu einem eigenen innerkirchlichen Stand, zur „Amtskirche“ zusammengeschlossen und übrig blieben die „Laien“ als die Nicht-Priester.

Auf der einen Seite stehen nun die Amtsträger, die rechtmäßig geweiht sind, die ein Leben nach den Regeln der evangelischen Räte in christlicher Vollkommenheit führen oder führen sollen. Daneben gibt es die breite Masse der Laien, die im „Stand der Unvollkommenheit“ leben. Die eigentlichen, rechten Christen sind die Kleriker, vor allem die Mönche. Der Stand der Laien kann letztlich nur als Zugeständnis an die menschliche Schwäche akzeptiert werden. Wer sich mit weltlichen Dingen beschäftigt, lässt sich von dem ablenken, was im Grunde allein nötig ist, und er hat keinen Anteil an der Ordnung des Heiligen. Es gibt wohl Entschuldigungsgründe dafür, dass die meisten Getauften in der Welt leben und „nur“ Laien sind. Aber das wahre Bild des Christen wird offiziell vom Kleriker bestimmt. Wer ihn betrachtet und sein Leben recht würdigt, dem entgeht nichts, was christliche Existenz bestimmt. Der Kleriker ist der volle Christ, der Laie ist es insoweit, als er mit dem Kleriker übereinstimmt. Was ihn von diesem unterscheidet, begrenzt und verdunkelt auch sein Christsein. Nachdem die Zeit der frühchristlichen Märtyrer zu Ende war, entstammten fast alle Heiligen als Vorbilder des Glaubens dem Klerikerstand: Es sind Ordensgründer, Mönche und Ordensfrauen, Bischöfe oder Päpste. Der Laie scheint, wenn auch nicht prinzipiell, so doch faktisch, kaum noch einen Zugang zur Heiligkeit zu haben. Die Kirche wird vom Amtsträger her bestimmt, sie erscheint als Amtskirche, nicht mehr als Volk Gottes.

9 *P. Neuner* (Hg.), Ekklesiologie I. Von den Anfängen bis zum Mittelalter (TzT 5.1), Graz 1994, Nr. 78.

c) Mittelalterliche Gegenbewegungen

Angesichts dieser Entwicklung gab es immer wieder Versuche zu einer Profilierung der Laien gegenüber dem Klerus. In der Alten Kirche waren es die Orden, die dem Laienelement entstammten. Die Zugehörigkeit des Mönchs zu den Laien wurde besonders drastisch von dem um das Jahr 435 gestorbenen Johannes Kassian formuliert, der forderte, der Mönch müsse vor Zweierlei fliehen, vor der Frau und vor dem Bischof. Askese, Ehelosigkeit und Nicht-Zugehörigkeit zum Klerus bestimmten seinen Stand in der Kirche.

Schärfer wurde die Kontroverse im hohen Mittelalter in den Armutsbewegungen. Sie waren geprägt von der Überzeugung, dass die rechte apostolische Kirche dort verwirklicht ist, wo man lebt, wie die Apostel gelebt haben, d. h. wo man arm ist, wie sie es waren. Apostolizität der Kirche sah man nicht garantiert durch eine lückenlose Amtssukzession der Bischöfe als Nachfolger der Apostel, auch nicht in der Identität der Lehre mit der Botschaft der Apostel, sondern in einem rechten Leben. Die vita apostolica erweist Apostolizität und Geistbesitz. Nur wer arm ist wie die Apostel, ist demzufolge rechter Nachfolger der Apostel und wahrer „Geistlicher". Aus der Übereinstimmung mit dem Leben der Apostel erkannte man den Geistbesitz und leitete daraus gegebenenfalls das Recht ab, das Wort Gottes zu verkünden, also öffentlich zu predigen. Radikale Richtungen profilierten sich in hohem Maße kirchenkritisch. Nicht heilige Weihe, sondern rechtes Leben macht den Apostelnachfolger.

Es ist kein Wunder, dass diese Vorstellungen als häretisch ausgeschieden wurden. Im Streit um die Laienpredigt kulminierte die Kontroverse zwischen diesen Kirchenbildern. Im dritten Laterankonzil (1179) wurde Laien die Predigttätigkeit verboten.[10] Und wenige Jahre später, im Ketzeredikt von 1184, wurde dieses Verbot dadurch verschärft, dass man die Predigt ohne bischöflichen Auftrag als wichtigstes Kriterium der Ketzerei erklärte. Diese sollte ausgerottet werden, dazu wurde die Inquisition eingeführt. Die Armen berufen sich demnach zu Unrecht auf den Heiligen Geist. Denn dieser wird nicht durch ein apostolisches Leben erkennbar, sondern durch heilige Weihe verliehen. Die Amtsträger, und sie allein, nicht die Armen, sind die „Geistlichen".

In der Neuzeit gab es vielfältige Bemühungen, im Rückgriff auf das Neue Testament und auf die Alte Kirche den Laien einen gebührenden Platz zurückzugeben und die Aufspaltung der Kirche in eine Gesellschaft von Ungleichen

---

10 Siehe hierzu *R. Zerfaß*, Der Streit um die Laienpredigt. Eine pastoralgeschichtliche Untersuchung zum Verständnis des Predigtamtes und zu seiner Entwicklung im 12. und 13. Jahrhundert, Freiburg/Br. u.a. 1974.

zu überwinden: nicht nur die Reformation und ihre Betonung des gemeinsamen Priestertums. Doch gerade die Abwehr der Reformation und die antireformatorische Prägung der katholischen Kirche im Gefolge der Rezeption von Trient führten dazu, dass derartige Ansätze erfolglos blieben. Sie wurden durchwegs als „protestantisierend“ zurückgewiesen und Kirche immer mehr vom Amt her verstanden und von ihm geleitet.

Die „Katholische Aktion“ und die Neubesinnung im Zweiten Vatikanum

Erst im 19. und 20. Jahrhundert zeigt sich wieder eine stärkere Besinnung auf die Laien. Die Erfahrung, dass Priester an den Arbeitsplätzen, in der Kultur, der Politik kaum noch präsent waren, ließ die Hoffnung entstehen, dass Laien vorwiegend in ihrem praktischen Tun, in den Familien und in ihrer Berufstätigkeit die christliche Botschaft in der Welt lebendig halten und ihr zu öffentlicher Anerkennung und Geltung verhelfen könnten.[11] Ihnen sollte der „Weltdienst“ zukommen, während die Priester den „Heilsdienst“ zu verrichten hätten.

Trotz dieser Betrauung der Laien mit dem „Weltdienst“ wurde damit das traditionelle hierarchologische Modell keineswegs aufgegeben. Denn der Weltdienst sollte ausschließlich in Unterordnung und im Gehorsam gegenüber der Hierarchie vollzogen werden können. Es gibt – so die kirchenamtliche Konzeption – nur ein Apostolat der Kirche, das Christus dem Papst und den Aposteln anvertraut hat. Diese üben es überall dort aus, wo es ihnen möglich ist. Darüber hinaus delegieren sie die ihnen verliehene Vollmacht weiter an die Laien, damit diese in ihrem Auftrag die Welt und die Gesellschaft verchristlichen. Das Laienapostolat wurde verstanden als die „Teilnahme der Laien am hierarchischen Apostolat“.

Diese Teilnahme am „hierarchischen Apostolat“ sollte ihre organisatorische Gestalt in der „Katholischen Aktion“ finden. Diese hat faktisch, jedenfalls im deutschen Sprachraum, ganz andere Strukturen angenommen, als sie kirchlich intendiert waren. Vornehmlich im 19. Jahrhundert haben sich Katholiken in eigener Verantwortung organisiert und sich so für die Befreiung der Kirche von staatlicher Bevormundung und für eine eigenständig bestimmte Entwicklung engagiert. Die katholischen Verbände entstanden gleichsam von unten aus dem Engagement von Katholiken. Sie kämpften für die Freiheit der Kirche, ver-

---

[11] Zu den gesellschaftlichen Bedingungen für die Emanzipation der Laien siehe besonders *L. Karrer*, Die Stunde der Laien. Von der Würde eines namenlosen Standes, Freiburg/Br. u.a. 1999.

schiedentlich auch für Freiheit in der Kirche, sie wandten sich gegen staatliche Bevormundung und gesellschaftliche Hintansetzung von Katholiken, aber auch gegen eine überbordende Hierarchisierung der Kirche im Kontext des Ultramontanismus des 19. Jahrhunderts.

Mit diesem Verbändekatholizismus tat sich die offizielle katholische Kirche schwer. Die Vorstellung von katholischen Verbänden, die nicht unter Aufsicht und der Leitung des Heiligen Stuhls und der Bischöfe standen, die aus der Verantwortung katholischer Laien entstanden und von ihnen geführt wurden, war mit diesem Kirchenbild nicht vereinbar. Diese Aufbrüche „von unten" sollten durch die Einbindung in die Katholische Aktion in hierarchisch geleitete Strukturen überführt werden. Konflikte konnten nicht ausbleiben, sie fanden in Deutschland im Gewerkschaftsstreit ihren Höhepunkt.

Kirchenamtlich verstand man die Katholische Aktion als „ein Werkzeug in der Hand der Hierarchie, sie soll gleichsam die Verlängerung ihres Armes sein, sie ist darum ihrer Natur gemäß der Leitung der kirchlichen Obrigkeit unterstellt"[12]. Die Mitarbeit der Laien war also durchaus erwünscht, aber nur in voller Unterordnung unter die Hierarchie. Als „acies bene ordinata" sollte sie nach einem immer wieder zitierten Wort Papst Pius' XII. den „verlängerten Arm der Bischöfe" bilden.[13] Demnach hat der Laie seine kirchliche Vollmacht allein aus Delegation durch die Hierarchie, der alle Gewalt ursprünglich eignet und die sie jederzeit wieder an sich ziehen kann. Sowohl vom Wesen als von der Art der Ausführung her ist das Laienapostolat vollständig von der Hierarchie abhängig. Weil dieses Modell auf die katholischen Verbände im deutschen Sprachraum, aber auch in Frankreich und in Italien, nur bedingt angewendet werden konnte und die Verbände sich dagegen verwahrten, taten sich Kirchenleitungen und Theologen schwer mit ihnen. Der Gewerkschaftsstreit bildete den Höhepunkt dieser Kontroversen.

Das in der Lehre von der Katholischen Aktion bestimmte Bild des Laien prägte die katholische Theologie bis zum Vorabend des II. Vatikanischen Konzils. Dieses hat im Rückgriff auf die Alte Kirche mit dieser Konzeption einfachhin gebrochen. Das Konzil bestimmte die Kirche nicht mehr von der Hierarchie her, sondern sah in ihr ein Mysterium, eine geistliche Wirklichkeit, die sich über die organisatorisch-institutionelle Dimension hinaus erstreckt, und es sah Kirche als Volk Gottes. Noch vor jeder Differenzierung in einzelne Aufgaben, Charismen und Ämter ist die Kirche zunächst Mysterium und sie ist

---

12 Zitiert nach *F. Klostermann*, Das christliche Apostolat, Innsbruck u.a. 1962, 607.

13 *P. Becher*, Katholische Aktion, in: LThK 5 (1996) 1347f, hier 1347.

Volk Gottes. In ihm sind alle Brüder und Schwestern und als solche einander gleich. Dabei soll nicht bestritten werden, dass im II. Vatikanum auch andere Kirchenverständnisse zum Tragen gekommen sind, auch traditionell-klerikalistische Modelle von Kirche lassen sich nachweisen und entsprechende Passagen des Konzils werden in nachkonziliarer Zeit besonders eifrig zitiert. Aber wo um den Laien gehandelt wird, dort dominiert im Konzil das hier umrissene Konzept von der Kirche als Communio.

Damit hat die Wertung der Laien eine völlig neue Grundlage gefunden. „Der Apostolat der Laien ist Teilnahme an der Heilssendung der Kirche selbst. Zu diesem Apostolat werden alle vom Herrn selbst durch Taufe und Firmung bestellt“[14]. Entscheidend ist hier das betonte „selbst“: Laien haben teil am Apostolat der Kirche selbst; sie sind von Christus selbst dazu berufen. Damit ist das Konzept der Katholischen Aktion, derzufolge die Laien nur Anteil erhalten am Apostolat der Hierarchie und von ihnen delegiert werden können, überwunden; die Vorstellung vom „verlängerten Arm der Bischöfe“ kommt nicht mehr vor. Die Laien sind nicht durch die Hierarchie, sondern „vom Herrn selbst mit dem Apostolat betraut“; sie haben „Pflicht und Recht zum Apostolat [...] kraft ihrer Vereinigung mit Christus, dem Haupt“[15]. Sie haben teil am Apostolat der Kirche, nicht an dem der Hierarchie. Es war nur folgerichtig, dass in der Umsetzung dieser Konzilsaussagen die Laien ihre Vertreter in Pfarrgemeinderäten, Dekanats- und Diözesanräten gewählt haben, und dass sie nicht mehr von oben ernannt wurden. Der Alleingang einer deutschen Diözese, die mit dieser konziliar gut begründeten Praxis wieder brach, fand Gott sei Dank keine Nachfolge.

Wer ist ein Laie?

In seiner Aufwertung des Laien und in seinem Rückgriff auf biblische und altkirchliche Gemeindemodelle hat das Zweite Vatikanum in Kauf genommen, dass der Begriff „Laie“ unscharf wurde, ja dass er sich einer Definition mehr und mehr entzog. Hatte man den Laien bisher einfachhin als Nicht-Priester, als Nicht-Kleriker verstanden, bemühte sich das Konzil, ihn positiv zu bestimmen durch seine Einbeziehung in das Volk Gottes. Das Konzil hat die Laien wiederentdeckt und ihnen eine genuine Stellung in Kirche und Christenheit zurückgegeben. Es spricht von einer wahren „Gleichheit in der allen Gläubigen gemein-

14 LG 33.
15 AA 3.

samen Würde und Tätigkeit zum Aufbau des Leibes Christi"[16]. Es sagt, dass alles, was in der Kirchenkonstitution „über das Volk Gottes gesagt wurde, in gleicher Weise (für) Laien, Ordensleute und Kleriker"[17] gilt, es bezeichnet die Laien als „wahre Apostel"[18]. Und sogar das dreifache Amt Christi, von dem her oft das Bischofsamt interpretiert wurde, wird ihnen zugesprochen, wenn es heißt, dass Laien als Getaufte und Gefirmte am königlichen, prophetischen und am priesterlichen Amt teilhaben.

Wer ist eigentlich der Laie, über den das Konzil so große Dinge sagt?[19] Die Kirchenkonstitution selbst gibt eine Arbeitsdefinition: „Unter der Bezeichnung Laien sind hier alle Christgläubigen verstanden mit Ausnahme der Glieder des Weihestandes und des in der Kirche anerkannten Ordensstandes, das heißt die Christgläubigen, die, durch die Taufe Christus einverleibt, zum Volk Gottes gemacht und des priesterlichen, prophetischen und königlichen Amtes Christi auf ihre Weise teilhaftig, zu ihrem Teil die Sendung des ganzen christlichen Volkes in der Kirche und in der Welt ausüben"[20]. So sehr diese positive Umschreibung einen Fortschritt gegenüber der früheren negativ abgrenzenden Sicht darstellt, ist doch festzuhalten, dass sie keine schlüssige Definition erbringt. Denn alles, was über den Laien positiv ausgesagt wird, trifft auch für den Amtsträger zu. Wenn der Laie als Glied des Volkes Gottes im biblischen Sinn verstanden und der Begriff „Volk" nicht mehr soziologisch verwendet wird und eine Unterschicht von der Oberschicht abgrenzt, wenn damit ernst gemacht wird, dass auch der Amtsträger zum laós gehört, im Volk steht und für dieses bestellt ist, dann wird die gegenseitige Abgrenzung von Laien und Klerikern notwendigerweise unscharf. Der Beruf des Diakons, der zum Ordo gehört, aber in der Welt und normalerweise in Familie lebt, und der des Pastoralreferenten, der in der Kirche angesiedelt ist, ohne dass er dem Ordo zugerechnet würde, haben die Grenzen ins Schwimmen gebracht. Die Festlegung des Laien auf den Weltdienst scheiterte, sowohl in der Bischofssynode 1987 als auch im Lehrschreiben „Christifideles laici" (1988) über die Aufgabe der Laien, an den zahlreichen Konzilstexten, die von der Verpflichtung des Laien in Kirche und Welt sprechen. Alle Bemühungen, den Laien in der Kirche so zu

---

16 LG 32.

17 LG 30.

18 AA 6.

19 Für die Theologie des Laien ist immer noch klassisch *Y. Congar*, Der Laie. Entwurf einer Theologie des Laientums, Stuttgart ³1964. Die hier vorgetragenen Ausführungen werden historisch ausführlicher belegt und begründet in: *P. Neuner*, Der Laie und das Gottesvolk, Frankfurt/M. 1988.

20 LG 31.

bestimmen, dass seine Sendung zutreffend umrissen und nicht gleichzeitig auch die Aufgaben des Klerus damit beschrieben werden, scheinen mir nicht erfolgreich gewesen zu sein. Es ist heute nicht mehr möglich, den Laien schlüssig zu definieren, wenn man ihn nicht auf eine Kontraststellung zum Priester festlegen will.

Vielleicht findet man auf die Frage: „Was ist ein Laie?“ deshalb keine zureichende Antwort, weil sie falsch gestellt ist, und auf eine falsch gestellte Frage kann es nun einmal keine richtige Antwort geben. Diese These gilt es zu überprüfen.

Bereits im Konzil war vorgeschlagen worden, den Begriff „Laie“ als negative Qualifikation zu vermeiden und von „Christgläubigen“ zu sprechen. Dies konnte sich aber, vorwiegend aus praktischen Gründen, nicht durchsetzen. Aus kirchenrechtlicher Sicht verweist der frühere Regensburger Kirchenrechtler Matthäus Kaiser auf unsere Gesellschaftsordnung, schließlich hat sich die Struktur der Kirche immer in Auseinandersetzung mit den jeweils herrschenden Sozialformen entwickelt. In unseren Staatswesen gibt es nirgendwo eine Sammelbezeichnung für jene, die kein besonderes Amt ausüben, die keine hoheitliche Funktion haben. Es gibt im staatlichen Bereich keinen Begriff, der die Nicht-Beamten zu einer eigenen Gruppe zusammenfassen und sie gegenüber den Beamten abgrenzen würde. Zwar können die Beamten eine eigene Gruppe bilden, für sie gibt es einen eigenen Namen. Aber es gibt keinen Zusammenschluss, nicht einmal eine gemeinsame Bezeichnung für die Nicht-Beamten.
Die Entsprechung für den Begriff „Staatsbürger“ wäre, so Kaiser, in der Kirche der Begriff „Kirchenglied“, parallel zum Beamten im Staat steht in der Kirche der Amtsträger. Für den kirchlichen Begriff „Laie“ gibt es im staatlichen Bereich kein Analogon. „Gäbe es ein solches, dann könnte es nur die Bedeutung ‚Nicht-Beamter‘ haben“[21]. Handelnde Subjekte im Staat sind das Volk, es sind die Beamten, die „Nicht-Beamten“ sind keine in sich stehende Realität. Das ist natürlich kein Beweis, aber ein Hinweis, der zu denken gibt. Jedenfalls wird aus kirchenrechtlicher Perspektive die These vorgetragen, dass dem Wort „Laie“ keine kirchliche Realität entspricht.

Diese These trifft sich mit dem biblischen Befund. Der Begriff „laós“ wird an allen theologisch bedeutsamen Stellen nicht auf die einfachen Leute im Gegensatz zu den geistlichen und weltlichen Führern des Volkes bezogen, sondern er umschreibt die Glaubenden und Getauften im Gegensatz zu den Nichtgetauf-

---

21 *M. Kaiser*, Die Laien, in: *J. Listl – H. Müller – H. Schmitz* (Hg.), Handbuch des katholischen Kirchenrechts, Regensburg 1983, 184–189, hier 185.

ten und Nichtglaubenden. Die Trennungslinie verläuft zwischen dem Volk und dem Nicht-Volk, den Glaubenden und den Ungläubigen. Und der Begriff „laikós", der einen Unterschied innerhalb des Volkes zum Ausdruck bringen könnte, wird im Neuen Testament vermieden. Das bedeutet nicht, dass es innerhalb des Volkes Gottes nach neutestamentlichem Zeugnis nicht besondere Aufgaben und Funktionen gegeben hätte: bestimmte Charismen und Ämter, die spontan oder im Auftrag, auf Zeit oder auf Dauer ausgeübt wurden. Aber nirgendwo finden wir einen Hinweis darauf, dass die Gemeindemitglieder mit besonderer charismatischer oder amtlicher Vollmacht nicht mehr zum Volk gehört hätten. Es waren eben alle Schwestern und Brüder.

Um diesem biblischen Sprachgebrauch gerecht zu werden, haben Exegeten vorgeschlagen, „auf den Hilfsbegriff ‚Laie' zu verzichten und sich stärker an den neutestamentlichen Gemeindeordnungen zu orientieren. Sie kamen ohne den Hilfsbegriff ‚Laie' aus, nahmen die Basis ernst und benannten nur die Dienstämter eigens"[22].

Inzwischen wird die These, Theologie und Kirche hätten „auf den Begriff ‚Laie' zu verzichten", zunehmend auch in der Dogmatik laut, denn, wie der italienische Dogmatiker und Erzbischof Bruno Forte schreibt, „den ‚Laien' gibt es eigentlich nicht"[23]. Und was es nicht gibt, lässt sich natürlich auch nicht definieren.

Wenn ich im Folgenden das Wort „Laie" immer in Anführungszeichen setze und die These zur Diskussion stelle, dieser Begriff sei deswegen nicht definierbar, weil ihm keine kirchliche Wirklichkeit entspricht, dann bedeutet das nicht, dass ich zur alten „Hierarchologie" zurückkehren und Kirche auf das Amt reduzieren oder das höchst missverständliche Wort von der „Amtskirche" legitimieren wollte. Ganz im Gegenteil: Es gilt, den Begriff „laós" wieder in dem Sinne ernst zu nehmen, den er vom Ursprung her hatte, nämlich als Bezeichnung für die Kirche als ganze. „Volk" bezeichnet in biblischem Verständnis keine soziologische Größe, er trennt nicht Stände innerhalb der Kirche, die Nicht-Priester von den Amtsträgern. Die Theologie des Volkes Gottes schließt eine Sicht der Kirche aus, in der das Amt oder einige Amtsträger für die Kirche sprechen und entscheiden und die Nicht-Amtsträger nur hören und gehorchen. Volk Gottes bezeichnet aber auch nicht die Masse der Unterdrückten und Aus-

---

22 *A. Weiser*, Diskussion über den Laien, in: Christ in der Gegenwart 39 (1987) 236.

23 *B. Forte*, Laie sein. Beiträge zu einem ganzheitlichen Kirchenverständnis, München u.a. 1987, 112f. Vgl. dazu die Beiträge von G. Kraus und W. Beinert in: *G. Kraus* (Hg.), Wozu noch Laien? Für das Miteinander in der Kirche., Frankfurt/M. u. a. (Bamberger theologisches Forum 1), 2001.

gebeuteten, die Armen der oft beschworenen Basis, gegebenenfalls im Gegensatz zur Hierarchie. Das ist gegen manche Tendenzen der Theologie der Befreiung zu sagen. Volk Gottes umreißt vielmehr die Einheit und Gemeinschaft aller in der Kirche und ihre legitime Vielfalt.

Mir scheint: Wenn wir eine rechte Theologie des Volkes Gottes hätten, bräuchten wir keine Theologie des „Laien". Wenn die Wirklichkeit des Volkes Gottes in den kirchlichen Organisationsformen realisiert und Strukturen und Entscheidungswege etabliert wären, die dem Volk Gottes angemessen sind, müssten wir uns nicht den Kopf zerbrechen über eine Aktivierung der „Laien" oder die Entwicklung einer eigenen Laienspiritualität. Die Besinnung auf den „Laien", die derzeit weithin gefordert wird, sollte übergehen in eine Besinnung auf das Volk Gottes, seine rechte Gestalt und seine Strukturen.

Die derzeitige Bemühung um eine Theologie des „Laien" scheint mir ein Zeichen dafür, dass in unserer Theologie und in unserer kirchlichen Praxis die Wirklichkeit des Volkes Gottes noch nicht entsprechend ernst genommen wird. Nach wie vor entscheiden wenige Amtsträger für und über das Volk. Die Organisationsformen, in denen das Volk Gottes seinen Glauben formulieren könnte, sind erst sehr anfanghaft entwickelt und Entscheidungskompetenz haben sie kaum. Immer noch sind die Vollmachten in der Kirche fast völlig dem Klerus vorbehalten, und dieser ist frei, ob und wie er die „Laien" in den Prozess der Entscheidungsfindung einbezieht, wer gehört wird und wer nicht. Sicher versteht sich jedes Amt als Dienst, aber es ist nicht gelungen, für eine breite kirchliche Öffentlichkeit deutlich zu machen, dass das Amt um des Volkes willen da ist und von dieser Dienstfunktion her verstanden werden muss, und nicht umgekehrt das Volk Gottes vom Amt her. Dem Amt sind im Laufe der Geschichte vielfältige Vollmachten und Kompetenzen zugewachsen, die sich keineswegs notwendig und vom Wesen der Kirche her mit ihm verbinden. Damit wurde die Idee des Volkes Gottes und der gemeinsamen und gleichen Würde aller verdunkelt. Kirche erscheint auch nach dem Konzil häufig nach innen und nach außen weniger als Volk Gottes, denn als eine von oben nach unten durchstrukturierte Größe, in der die Oberen ihre Position verteidigen und die „Laien" weithin von der Verantwortung ausgeschlossen sind.

Diese These widerspricht nicht der Aussage, dass es in der Kirche verschiedene Dienste und Ämter geben muss, die bestimmte Aufgaben zu vollziehen haben. Ohne diese Ämter wäre das Volk nicht das Volk Gottes, nicht die Kirche. Schon das Neue Testament zeigt eine Vielzahl von Charismen, Funktionen und Ämtern, die auf Zeit oder auf Dauer, spontan oder formell übertragen ausgeübt wurden. Sie gründen im Auftrag Christi und seines Geistes, sind also nicht als (von unten) delegiert zu verstehen. Das gilt vor allem für das durch Ordination verliehene Amt, das der Gemeinde sehr wohl auch in Vollmacht gegenübertritt. Dennoch stehen alle diese Ämter und Charismen im Volk Gottes, im laós, nicht über ihm, sie definieren sich durch ihren Dienst, den sie für das Volk wahrzunehmen haben. Sie erweisen sich dadurch als geistgewirkt, dass sie der Auferbauung der Gemeinde dienen, nicht wenn sie alle Vollmacht für sich allein beanspruchen und jene, die ihre Brüder und Schwestern sein sollten, auf das Hören und Gehorchen festlegen. Und nichts berechtigt, diese als „Laien" im negativen Sinn des Wortes abzuqualifizieren. „Aus der ‚Ordination' der einen, darf nicht eine ‚Subordination' der anderen werden"[24].

Zum Beruf des Pastoralassistenten

In den vergangenen Jahrzehnten hat der Begriff „Laie" nochmals eine Bedeutungsverschiebung erfahren. Scherzhaft hat man als Stände der Kirche genannt die Priester, die Laien und die Leute. Laien sind in dieser Terminologie die Laientheologen, die zu einem eigenen, privilegierten Stand in der Kirche zu werden schienen, abgesondert von den Leuten. In den bisherigen Überlegungen waren als Laien die Leute im Blick. Aber ein kurzer Ausblick muss auch denen gelten, die nach einem theologischen Studium hauptamtlich oder gegebenenfalls auch nebenamtlich oder ehrenamtlich in Kirche und Pfarrei arbeiten, vor allem also den Pastoralassistenten und -assistentinnen.

Diese Berufsgruppe ist aus unseren Pfarreien nicht mehr wegzudenken. Weite Bereiche der Seelsorgsarbeit, des Religionsunterrichts, der Sakramentenvorbereitung, der seelsorglichen Beratung, der Krankenpastoral, besonders der Jugendarbeit werden von ihnen getragen. Die Einführung des Berufs war sicherlich durch den Priestermangel mitbedingt: Es mussten Aufgaben erfüllt werden, für die keine Priester mehr zur Verfügung standen. Und man hatte gut ausgebildete Theologen, die nicht oder nicht mehr Priester werden wollten, die aber bereit waren, diese Tätigkeiten zu übernehmen. Es war nur nahe liegend, einen Beruf zu etablieren, der Nachfrage und Angebot abzudecken vermochte. Inzwischen ist dieser Beruf in die Jahre gekommen, erwachsen und eigenständig geworden. Schon die Tatsache, dass derzeit rund die Hälfte der Studierenden, die ihn anstreben, Frauen sind, zeigt, dass es sich nicht mehr um einen Priesterersatz handelt. Faktisch ist die Kirche in ihrem seelsorglichen Dienst durch diesen neuen Beruf bereichert worden. Pastoralassistenten und

---

24 *P. M. Zulehner*, Das Gottesgerücht. Bausteine für eine Kirche der Zukunft, Düsseldorf 1987, 74.

-assistentinnen bringen neue Erfahrungen in die Pfarreien ein. Die Seelsorge vor dem Hintergrund eines Lebens in Familie und mit Kindern, vor allem auch die Beratung durch Frauen, hat neue Dimensionen erschlossen. Dies wird in den Gemeinden in aller Regel bereitwillig und dankbar angenommen. Die Pastoral wurde vielgestaltiger, die Kirche bunter. Die Untersuchung, die Paul M. Zulehner unter dem Titel „Ortsuche“[25] zur Situation der Pastoralassistenten und -assistentinnen durchgeführt hat, zeigt, dass die Betroffenen in überwiegender Mehrzahl Freude an ihrem Beruf haben und dies in die Pfarreien zu vermitteln vermögen.

Am Anfang stand also die Praxis. Aus der Notsituation war ein neuer Beruf in der Kirche entstanden und es galt nun, ihn theologisch zu deuten. Dazu konnte man sich auf die Konzilsaussage berufen: „Außer diesem Apostolat, das schlechthin alle Christgläubigen angeht, können die Laien darüber hinaus in verschiedener Weise zu unmittelbarerer Mitarbeit mit dem Apostolat der Hierarchie berufen werden [...] Außerdem haben sie die Befähigung dazu, von der Hierarchie zu gewissen kirchlichen Ämtern herangezogen zu werden, die geistlichen Zielen dienen“ (LG 33). Das Konzil kennt also neben der jedem Christen zukommenden und von Taufe und Firmung hergeleiteten Bevollmächtigung zum kirchlichen Apostolat eine besondere Beauftragung durch die Hierarchie, in der amtliche Funktionen an Nichtordinierte delegiert werden. Damit hatte man zunächst wohl vor allem die Katecheten in den Missionsgebieten in Afrika und Südamerika im Auge.

Auf dieser Basis gründet der Beruf des Pastoralassistenten. Die theologischen Deutungen, die man ihm gab, waren jedoch sehr unterschiedlich. Auf der einen Seite versuchte man, ihm einen bewusst laikalen Status zuzuweisen und ihn von amtlichen Aufgaben und Vollmachten, insbesondere von der Predigt, möglichst fern zu halten. Auf der anderen Seite stand die Bemühung, den mit diesem Dienst Betrauten, wenn sie schon weithin amtliche Funktionen in der Kirche ausüben, auch eine „Teilhabe am kirchlichen Amt“ oder eine „Teilhabe am Auftrag des kirchlichen Amtes“[26] zuzubilligen. Im ersten Sinn haben sich vor allem Gisbert Greshake und Hermann J. Pottmeyer ausgesprochen, im zweiten Sinn Karl Rahner, Peter Hünermann und Ferdinand Klostermann. Das Selbstverständnis der Pastoralassistenten/innen scheint diese Spannung wiederzugeben: Die Untersuchung von Zulehner zeigt, dass die eine Hälfte vom kirchlichen Amt her denkt und sich um eine möglichst enge Anbindung an dieses

---

25 *P. M. Zulehner – K. Renner*, Ortsuche. Umfrage unter Pastoralreferentinnen und Pastoralreferenten im deutschsprachigen Raum, Ostfildern 2006.

26 *Zulehner – Renner*, Ortsuche, 174f.

bemüht, die andere Hälfte lehnt eine Veramtlichung im Sinne der Zugehörigkeit zum klerikalen Stand ab. Allerdings weichen die Zuordnungen, wie Zulehner in seinen Umfragen festgestellt hat, in Österreich, Deutschland und in der Schweiz deutlich voneinander ab.

Die derzeitige kirchenoffizielle Position hat sich weitgehend auf den Laienstatus festgelegt, am deutlichsten formuliert ihn die Verlautbarung der Deutschen Bischofskonferenz „Zur Ordnung der pastoralen Dienste“[27]. Andererseits, und das scheint in deutlicher Spannung dazu zu stehen, überträgt man den Betroffenen aus der konkreten Personalnot heraus derzeit immer mehr Aufgaben, die herkömmlicherweise als amtlich verstanden und von Amtsträgern erfüllt werden, lediglich unter Ausklammerung der Sakramente von Buße und Herrenmahl. Fast alles andere kann heute nach Aussage des CIC in Laienhand sein und ist es auch in vielen Fällen, von der Verkündigung mit Ausnahme der Homilie, der Leitung von Wortgottesdiensten, der Spendung der Taufe, der Eheassistenz, dem Vollzug der Sakramentalien bis hin zum kirchlichen Begräbnis. Das alles ist im Codex als Möglichkeit vorgesehen, selbst wenn es nicht überall praktiziert wird. In den offiziellen liturgischen Büchern ist vorgesehen, dass Nicht-Ordinierte in breitem Umfang Gottesdiensten vorstehen und Segnungen vollziehen. Das sind Aufgaben, die theologisch seit alters mit Amt und Gemeindeleitung verbunden sind. Zufolge c. 517 §2 CIC kann auch die Gemeindeleitung nicht-ordinierten Personen zugewiesen werden, sofern nur eine gegebenenfalls recht fiktive Zuordnung zu einem Priester gegeben ist, die jedoch die Zuständigkeit des Pastoralreferenten nicht beschneidet. Die Schere zwischen der theoretischen Deutung dieses Berufs und seiner praktischen Aufgabenstellung öffnet sich faktisch immer weiter.

Hier stellt sich die Frage, ob damit nicht die amtliche und sakramentale Struktur der Kirche überhaupt in Frage gestellt wird. Auch im ökumenischen Bereich wird es immer schwieriger, einsichtig zu machen, dass die katholische Kirche einerseits die Bedeutung des Amtes stärker betont als alle anderen Kirchen, andererseits aber in ihrem eigenen Bereich das Amt und seine Übertragung faktisch weithin von der sakramentalen Ordination trennt. Die als Notlösung gedachte und weithin auch praktizierte Betrauung mit Amtsfunktionen ohne Ordination, lediglich durch Dekret und Dienstanweisung, würde kaum eine Kirche der Reformation so vollziehen[28] und katholischerseits würde man

---

27 Zur Ordnung der pastoralen Dienste. 2. März 1977. Hg. v. Sekretariat der Deutschen Bischofskonferenz (Die Deutschen Bischöfe 11), Bonn 1977.

28 Vgl. *P. Neuner*, Das kirchliche Amt. Identität im Wandel, in: *J. Kerkhofs – P. M. Zulehner* (Hg.), Europa ohne Priester, Düsseldorf 1995, 178–207, hier bes. 197–204.

bei ihnen eine derartige Praxis als massiven Verstoß gegen die Ökumene kritisieren. Mich treibt die Frage um, ob der oft zitierte „defectus ordinis", der Mangel am Weihesakrament[29], den das Konzil den Kirchen der Reformation angelastet hat, heute nicht vor allem unsere eigene Praxis beschreibt. Wir haben viele faktische Amtsträger, aber einen massiven Mangel an Ordinationen.

Peter Hünermann hat die These vertreten, dass die Bischöfe durch die Einführung des Berufs der Pastoralassistenten das kirchliche Amt neu gegliedert haben. Sicher ist, dass die Kirche die Vollmacht hat, die konkrete Gestalt des kirchlichen Amts zu ordnen. Anders wären etwa die Gestaltung und vor allem die Umgestaltung der so genannten Niederen Weihen nicht zu erklären. Diese sind – oder waren – mit dem Amt verbunden und führen auf dieses hin, andererseits sind sie nicht sakramental, sondern kirchlichen Ursprungs. Dieser Hinweis ist selbstverständlich nicht ein Plädoyer für die Einführung der Minores für die Pastoralassistenten. Aber diese Niederen Weihen zeigen, dass die Kirche in breitem Umfang die Vollmacht hat, das kirchliche Amt konkret zu gestalten, sicher auch die Vollmacht, das neu geschaffene Amt der Pastoralassistenten als Teilhabe am kirchlichen Amt theologisch zu deuten und es in angemessener liturgischer Form zu übertragen. Eine solche Deutung schiene mir ein Weg, der derzeitigen kirchlichen Praxis ein theologisch verantwortbares Fundament zu geben und dann Pastoralassistenten und -assistentinnen mit gutem Gewissen Aufgaben aus dem Bereich der Gemeindeleitung zu übertragen. Natürlich würde dies nicht alle Probleme lösen, der Priestermangel würde damit nicht behoben. Aber man könnte den Zwiespalt überwinden, dass man Pastoralassistenten per Dienstanweisung Aufgaben zuweist oder dass sie aus der Notsituation heraus fortlaufend Dienste übernehmen müssen, die man ihnen theoretisch nicht zuerkennt oder gar abspricht.

Ausblick

Abschließend zurück zu den „Leuten" mit der Frage, worauf sich die Mitwirkung aller im Volk Gottes beziehen soll. Auch hier soll ein kurzer Blick in die Geschichte weiterhelfen. Der große John Henry Newman schrieb im Jahre 1859 in einem Aufsatz in der Zeitschrift „The Rambler": „Bei der Vorbereitung einer Lehrentscheidung werden die Gläubigen befragt (consulted), so auch vor kurzem bei der Frage der unbefleckten Empfängnis". Diese Aussage stieß auf heftigen Widerspruch, vor allem der Begriff „consulted" wurde als Anmaßung

---

29 In UR.

verstanden. In Antwort auf derartige Angriffe verfasste Newman einen Artikel, in dem er das Recht der „Laien" thematisierte, auch in Glaubensfragen konsultiert zu werden. Anhand der Auseinandersetzung um den Arianismus im 4. Jahrhundert stellte er dar, dass die Stimme der Tradition und der rechte apostolische Glaube in der Vorgeschichte und in der Rezeption von Nizäa durch den „sensus fidelium", den Glaubenssinn der Gläubigen, formuliert und gerettet wurde. Newman kam zu dem Ergebnis, dass das „Dogma von der Göttlichkeit unseres Heilandes weit mehr von der ‚Ecclesia docta' als von der ‚Ecclesia docens' verkündet, bekräftigt und bewahrt wurde". Die Geschichte beweist, „daß das nizänische Dogma während der größeren Hälfte des 4. Jahrhunderts nicht durch die unerschütterliche Festigkeit des römischen Stuhles, der Konzilien oder Bischöfe, sondern durch den ‚consensus fidelium' aufrechterhalten wurde"[30]. Wenn selbst die grundlegende Glaubensaussage über die Wesensgleichheit des Sohnes mit dem Vater durch die „Laien" bewahrt wurde, haben diese das Recht, in Glaubensdingen gehört und befragt zu werden. Sie sind Zeugen der katholischen Wahrheit, sie sind als Gemeinschaft mit einem Glaubensinstinkt begnadet und sie haben ein feines Gespür für die Entlarvung von Irrlehren. Der „sensus fidelium" hat theologische Qualität.

Diese Aussagen wurden in der zweiten Hälfte des 19. Jahrhunderts als völlig unpassend empfunden, man hat sie Newman nie mehr ganz verziehen. Damals schrieb der römische Monsignore Talbot an Erzbischof Manning von Westminster: „Wenn den englischen Laien kein Dämpfer aufgesetzt wird, werden sie die Leiter der katholischen Kirche in England sein, an Stelle des Heiligen Stuhls und des Episkopats. Es ist vollkommen richtig, daß Newman in Rom immer verdächtig war [...] Welches ist das Gebiet der Laien? Zu jagen, zu schießen, sich zu unterhalten. Diese Dinge verstehen sie; aber sich in kirchliche Angelegenheiten zu mischen, haben sie gar kein Recht [...] Dr. Newman ist der gefährlichste Mann in England"[31]. Was beweist: Auch gefährliche Leute können Wesentliches zur Formulierung des rechten Glaubens und der richtigen Gestalt der Kirche beitragen.

---

30 Über das Zeugnis der Laien in Fragen der Glaubenslehre, in: *P. Hünermann*, Polemische Schriften (Ausgewählte Werke Bd. IV), Mainz 1959, 253–292, hier 271f; 273.

31 So George Talbot, Domkapitular von St. Peter, Rom, und Vertrauter Papst Pius' IX. in einem Brief an Erzbischof Manning, veröffentlicht in: *J. H. Newman*, Briefe und Tagebuchaufzeichnungen, Mainz ^{2}1957, 458f.

Die Kooperation von Laien mit kirchlichem Seelsorgeauftrag und Klerikern:

eine gegenseitige Ergänzung

Myriam Wijlens

Noch nie hat die Kirche so viele gut ausgebildete Laien unter ihren Angehörigen zählen dürfen wie in unserer Zeit. Weltweit begrüßen Theologische Fakultäten zahlreiche Laien als Studierende, die sich zu einer hauptamtlichen Tätigkeit in der Kirche berufen fühlen und sich auf eine solche vorbereiten. In den katholischen Bildungshäusern besuchen Laien Kurse, um sich aus- und weiterzubilden, weil sie sich ehrenamtlich engagieren und dazu „ausgerüstet" werden möchten. In der Pastoral, insbesondere in den Pfarreien, arbeiten Kleriker und Laien zusammen. Diese Zusammenarbeit läuft meistens gut, aber nicht immer reibungslos ab. In einigen Bistümern werden die intellektuellen Anforderungen an Priesteramtskandidaten geringer, so ist z.B. nicht immer Abitur notwendig. Auch auf Grund des Priestermangels gibt es immer weniger Priester, die sich z.B. mittels eines Doktorats weiterbilden dürfen. Gleichzeitig wird von Laien in vielen Einsatzbereichen ein abgeschlossenes Theologiestudium verlangt. Dies führt in Pfarreien, in denen Laien und Priester zusammenarbeiten, zu Konflikten im Spannungsfeld von Weihe und Professionalität.

Nicht nur die rückläufige Zahl von Priestern stellt die Kirche vor die Frage, wie die Seelsorge langfristig sichergestellt werden und wie die konkrete Zusammenarbeit von Laien und Priestern aussehen kann. Die Lehre des Zweiten Vatikanischen Konzils über das besondere und gemeinsame Priestertum sowie die Betonung der Taufe und die aus ihr hervorgehende Teilnahme am dreifachen Amt Christi fordern von sich aus, unabhängig von der Anzahl der zur Verfügung stehenden Priester, dass das Verhältnis zwischen Laien und Klerikern neu bestimmt wird. Dabei wird bereits die Frage nach dem jeweils eigenen Profil und der Zusammenarbeit beider Stände wesentlich von den ihr zugrundeliegenden theologischen Prämissen bestimmt. Im vorliegenden Beitrag soll es darum gehen, über diese Prämissen nachzudenken.[1]

---

[1] Ursprünglich wurde diese Studie auf der Jahrestagung der Gesellschaft der Kanonisten in den USA, *Canon Law Society of America* (= CLSA), in Cincinatti 2002 vorgestellt und anschließend als „Ecclesial Lay Ministry, Clergy and Complementarity", in: *Proceedings of the Canon Law Society of America*, Washington DC, 64 (2002), 27–47, veröffentlicht. Da dieser Text eine gewisse Vertrautheit mit den kirchenrechtlichen Debatten voraussetzt, wurde der vorliegende

1. Die übliche Einteilung der Gläubigen

Zum besseren Verständnis der Diskussionen über die Zusammenarbeit von Laien und Klerikern ist es zuerst erforderlich, sich vor Augen zu führen, welche verschiedenen Gruppen von Gläubigen in Betracht gezogen werden müssen.

1. Es gibt Getaufte und Gefirmte. Durch die Taufe nehmen sie am dreifachen Dienst Christi teil und sind aufgerufen, ihren Glauben zu leben. In dieser Gruppe gibt es Menschen, die ihrem Glauben keine Bedeutung für ihr Leben beimessen und auch solche, die sich aktiv für das Leben der Kirche und die Welt einsetzen. Hierfür werden sie nicht von der kirchlichen Autorität beauftragt, sie antworten vielmehr auf das, was ihnen in der Taufe geschenkt wird.
2. Es gibt getaufte und gefirmte Frauen und Männer, die von der kirchlichen Autorität beauftragt werden, eine bestimmte Aufgabe entweder innerhalb der Gemeinschaft der Glaubenden oder in der Welt zu übernehmen; möglicherweise haben sie hierzu ein kirchliches Amt inne.
   Innerhalb dieser Gruppe gibt es Personen, die beauftragt werden, die katholische Kirche oder den Apostolischen Stuhl in internationalen Zusammenkünften zu vertreten, etwa auf der Weltfrauenkonferenz. Diese Aufgabe ist meist auf eine bestimmte Zeit und eine bestimmte Aufgabe begrenzt.
   Andere Personen in dieser Gruppe sind zum Beispiel Verantwortliche für religiöse Erziehung, kirchliche Richter, Professoren der Theologie oder des Kirchenrechts, Krankenhausseelsorger, Beauftragte nach c. 517 §2 CIC[2] usw. Diese zweite Gruppe ist innerhalb der Kirche aktiv. In den Vereinigten Staaten von Amerika werden diese Personen als „lay ecclesial ministers" bezeichnet, als Laien, die einen kirchlichen Seelsorgeauftrag innehaben und ausüben. Sie sind Laien, die nicht nur aus ihrem Getauftsein heraus tätig werden, sondern die eine Funktion in der Kirche ausüben, die

---

Text für ein breiteres Publikum leicht überarbeitet. Mein herzlicher Dank gilt Sharon E. Euart, *Executive Coordinator* der CLSA, für die Erlaubnis, den Beitrag in dieser überarbeiteten Fassung und Übersetzung hier veröffentlichen zu dürfen, und ferner Alexander Schlüter, wissenschaftlicher Mitarbeiter am Lehrstuhl für Kirchenrecht an der Universität Erfurt, für die Erstellung der Übersetzung.

2 C. 517 handelt von der Leitung einer Pfarrei: §2: „Wenn der Diözesanbischof wegen Priestermangels glaubt, einen Diakon oder eine andere Person, die nicht die Priesterweihe empfangen hat, oder eine Gemeinschaft von Personen an der Ausübung der Hirtensorge (participationem in exercitio cura pastoralis) einer Pfarrei beteiligen zu müssen, hat er einen Priester zu bestimmen, der, mit den Vollmachten und Befugnissen eines Pfarrers ausgestattet, die Hirtensorge leitet (curam pastoralem moderetur)."

„dem Urteil und der Leitung der Hierarchie unterstellt"[3] ist. Die Betonung der Kirchlichkeit des Dienstes weist darauf hin, dass es sich nicht um die Ausübung einer privaten Initiative handelt, sondern um eine wirklich kirchliche Beauftragung. Weitere Charakteristika dieser Personengruppe sind, dass die Beauftragten für die Aufgabe ausgebildet wurden und sie qualifiziert sind, die ihnen übertragenen Aufgaben auszuüben. Das von ihnen ausgeübte „Mandat" wurde vom Diözesanbischof oder einem Vertreter verliehen. Die Aufgabe oder das Amt wurde eventuell in einem öffentlichen Ritual oder während eines Gottesdienstes übertragen. Ein interessantes Beispiel hierzu stellen die Liturgiefeiern in einigen deutschen Diözesen dar: Nach der erfolgreichen Ausbildung zum „pastoralen Mitarbeiter" übernimmt der Diözesanbischof entsprechende Kandidaten im Rahmen einer Eucharistiefeier in den „Dienst der Diözese". In dieser Zeremonie versprechen sie dem Bischof und seinen Nachfolgern Gehorsam und erhalten einen (staatlich gültigen) unbefristeten Arbeitsvertrag mit der Diözese. Zusätzlich erhalten sie eine Beauftragung für ihre erste konkrete Dienststelle, etwa zur Mitarbeit in einer Pfarrei oder die Wahrnehmung der Seelsorge in einem Krankenhaus.[4]

3. Es gibt Männer, die getauft, gefirmt und geweiht sind. Sie können je nach ihrer Weihestufe (Diakon, Priester, Bischof) diejenigen Aufgaben ausüben, für die das Kirchenrecht die Weihe vorschreibt. Sie sind in einer bestimmten Ortskirche oder Ordensgemeinschaft inkardiniert, auch wenn sie dort kein Amt oder keine Tätigkeit ausüben.
4. Es gibt Männer, die getauft, gefirmt und geweiht sind und denen in der Terminologie der vorkonziliaren Zeit und des CIC/1917 Jurisdiktion übertragen wurde. Diese Vollmacht ist oft an ein Kirchenamt geknüpft. Beispiele hierfür sind etwa die Ämter eines Pfarrers, Diözesanbischofs usw.

---

3 „Submitted to the judgment and supervision of the hierarchy", *Committee on the Laity, United States Conference of Catholic Bishops*, Lay Ecclesial Ministry: The State of the Questions. A Report of the Subcommittee on Lay Ministry, Washington DC 1999, 7.

4 Im Anhang sind die betreffenden Teile der liturgischen Riten der Diözesen Münster (nach diesem Ritus gefeiert am 29. September 2002) und Basel (gefeiert am 12. Juni 1993) abgedruckt. Der zweite Text weist große Ähnlichkeit zu einer „Inkardination" auf. Diözesanbischof und Laie bekennen sich zu einer gegenseitigen Verpflichtung: Der Bischof verspricht, eine angemessene Arbeitsstelle in der Diözese zur Verfügung zu stellen, der Laie verspricht dem Diözesanbischof und seinen Nachfolgern den Gehorsam. Mehr noch: Die Ehepartner versprechen, ihre Partner zu unterstützen. Aus diesem Inhalt ergeben sich Fragen hinsichtlich der theologischen Natur sowie den theologischen und kanonistischen Implikationen der Feiern. Vgl. auch *R. Blittersdorf – W. Meurer* (Hg.), Die Sendungsfeier. Bischöfliche Beauftragung von Pastoralreferent-inn-en, Aachen 2004.

Zu dieser Einteilung der Gläubigen müssen einige Anmerkungen gemacht werden.

2. Die ökumenische Dimension der Taufe

Die Einteilung in vier Gruppen lässt den Eindruck einer klaren Aufteilung der Gläubigen in der katholischen Kirche entstehen. Ist das Bild aber so eindeutig? Es scheint, dass diese Einteilung auf der alten Ekklesiologie beruht, nach der die Kirche Christi exklusiv mit der katholischen Kirche gleichgesetzt wurde. Schließlich werden die Laien einfach als diejenigen bezeichnet, die getauft und gefirmt sind. Was sagt dies über diejenigen aus, die außerhalb der katholischen Kirche getauft wurden? Auch sie sind durch ihre Taufe und ihre vielleicht erfolgte Firmung Christus eingegliedert. Sie nehmen damit am dreifachen Dienst Christi teil und damit auch an der Aufgabe der Kirche, das Evangelium zu verkünden und das Heil aufzuzeigen. Es ist nicht irrelevant, sich die Aufgabe dieser Christen vor Augen zu halten, da es Aufgaben in der katholischen Kirche gibt, die von Nichtkatholiken ausgeübt werden können und werden. Beispiele dieser Aufgaben könnten etwa das Amt des Ökonomen oder des Notars darstellen.[5] Solche getauften Nichtkatholiken könnten sich vielleicht zum Dienst für die katholische Kirche oder für die Aufgaben, die die Laien in der Welt wahrnehmen, berufen fühlen. So wurde zum Beispiel die Frage gestellt, ob ein Bischof einen orthodoxen Priester mit dem Richteramt in einem Ehegericht betrauen könne. Die Intention war, dass dieser Priester in einem Kollegialgericht mitwirken sollte, das Ehen zwischen katholischen und orthodoxen Parteien beurteilt. Könnte er, falls dies nicht möglich sein sollte, als beratender Beisitzer (c. 1425 §4)[6] mitwirken? Diese Beispiele zeigen Bereiche auf, in denen noch nicht hinreichend über die kanonistischen und praktischen Auswirkungen des neuen Kirchenverständnisses, näherhin des Verständnisses, dass die Kirche Christi in der katholischen Kirche subsistiert, nachgedacht wurde. Die

5 Verschiedene Gerichtshöfe in verschiedenen Teilen der Welt haben nichtkatholisch Getaufte als Notare, teils sogar Ungetaufte. Einige Gerichtsvikare in Indien teilten mir hierzu mit, dass sie manchmal keine Katholiken finden können, die für diese Aufgabe qualifiziert sind. Sie argumentieren, dass die Normen zu diesem Amt keine (volle) Gemeinschaft mit der katholischen Kirche fordern und dass das Amt allein Lese- und (Maschinen-)Schreibfähigkeiten sowie Ehrlichkeit verlangt und daher mit Nichtkatholiken besetzt werden könne, wenn kein geeigneter Katholik gefunden werden kann.

6 Die Frage ist dadurch interessant, dass die katholische Kirche die Binde- und Lösegewalt der orthodoxen Priester in Bezug auf das Bußsakrament anerkennt. (Vgl. c. 844 §2: „Die orthodoxen Priester sind gültig geweiht, aber nicht in voller Gemeinschaft mit der katholischen Kirche“).

Diskussion über Laien und Kleriker sollte diesen Bereich daher nicht ausklammern.

3. Zusammenarbeit oder gegenseitige Ergänzung?

In der vorkonziliaren Zeit wurde zwischen Weihe- und Jurisdiktionsgewalt unterschieden. Das II. Vatikanische Konzil vermied in *Lumen gentium* diese Begriffe und sprach in Bezug auf das Bischofsamt von einer *sacra potestas*, die die Bischöfe aufgrund der Bischofsweihe inne hätten.[7] Das Konzil selbst äußerte sich in Bezug auf Laien und die Ausübung von Jurisdiktion nicht. Für die Kanonisten stellte sich somit bei der Abfassung des Gesetzes bereits die Frage, wie nun die Jurisdiktionsvollmacht in Bezug auf Laien geregelt werden könne. Es entwickelten sich im Grunde zwei verschiedene Schulen: Die Römische Schule sprach sich aus historischen Gründen für eine Beteiligung der Laien an der Leitungsgewalt der Kirche aus; die sogenannte Münchener Schule vertrat dagegen jedoch unter Berufung auf die im II. Vatikanischen Konzil wiedervereinte *sacra potestas* die Position, dass Laien keine Jurisdiktion übertragen werden könne. In der Debatte wurde entscheidend, welche Bedeutung den Worten *cooperare* und *participare* beigemessen wurde. Wenn Kanonisten deswegen den Vortragstitel „Die gegenseitige Ergänzung von hauptamtlichen Laien und Klerikern" hören, denken viele fast automatisch an c. 129 §2, wo bestimmt wird, dass Laien am Dienst der Kleriker mitarbeiten (*cooperare*) können. Sie seufzen dann leise, da sie nur allzu genau wissen, dass sie sich bald in einer langen und offenbar nie endenden Diskussion um die Bedeutung von *cooperare* und *participare* wiederfinden könnten. Einige (insbesondere die römischen Kanonisten) wünschten dabei wahrscheinlich, dass *cooperare* eigentlich *participare* meint, weil sie so die Sache der Laien „voranbringen" wollen. Andere (die alte Münchener Schule) argumentierten, dass es an der Zeit sei, die zunehmende Klerikalisierung der Laien zu beenden, und dass das *cooperare* bedeute, dass die Laien nicht an der Leitungsgewalt teilhaben können. Die ausführliche Studie John Beals über Laien und Leitungsgewalt[8] zeigt dabei, dass

7 Bereits in der Nota explicativa praevia, die an Lumen Gentium angefügt wurde, aber nicht ursprünglicher Bestandteil der Konstitution ist, wurde über die Frage der Zuordnung von Weihe- und Jurisdiktionsvollmacht in Beziehung zu den drei *munera* und der *sacra potestas* gesprochen. Endgültig geklärt wurde die Frage nicht, was direkte Folgen für die Verfassung der Gesetze hatte, da eine eindeutige theologische Grundlage fehlte.

8 *J. Beal*, The Exercise of the Power of Governance by Lay People: State of the Question, in: The Jurist 55 (1995), 1–92. Vgl. zu diesem Thema ebenfalls die ausgezeichnete Doktorarbeit von *L.*

die Diskussion zu diesem Thema stagniert. Es scheint, dass die Vertreter der verschiedenen Lehrmeinungen in ihren Positionen festgefahren sind und dass es aus diesen Positionen heraus zu leicht vorhersagbaren Antworten auf bestimmte Fragen kommt wie der Dispensgewalt von Laien oder der Möglichkeit eines Laien, eine Position, wie sie im c. 517 §2 benannt ist, zu bekleiden. Was also sollte hierzu noch gesagt werden?

Nach der Betrachtung der verschiedenen Argumente, die die verschiedenen Schulen vorbringen, stellt sich m. E. vor allem die Frage, ob überhaupt die richtigen Fragen gestellt werden. Worum ging es bisher? Zwei Themenfelder können identifiziert werden: Erstens scheint es nicht um die Frage der gegenseitigen Ergänzung von Laien und Klerikern zu gehen, sondern um die Frage der Zusammenarbeit von Klerikern und Laien; zweitens wird der Blick bei dieser Zusammenarbeit auf die Frage der Weihe fixiert: Wo die einen die Weihe als unaufgebbare Voraussetzung für die Ausübung von Jurisdiktion ansehen – sie greifen dabei auf die Erklärung des II. Vatikanums zurück, dass es bei Bischöfen eine Einheit von Jurisdiktionsgewalt und Weihegewalt gebe (*sacra potestas*), und wenden dies auf den ganzen Bereich der Jurisdiktion an –, benutzen die anderen historische Argumente, um herauszustellen, dass das Innehaben von Weihegewalt nicht immer notwendig ist, um Jurisdiktion ausüben zu können. In dieser Diskussion drehen sich die Argumente beider Seiten um die Weihe. Die Erörterungen zu diesem Thema bieten also Antworten auf die Frage, ob die Nichtgeweihten Leitungsgewalt ausüben können. Anzumerken ist, dass die Laien damit immer noch im Wesentlichen als Nichtgeweihte betrachtet werden. Es wird nicht nach der Bedeutung von Taufe und Firmung für die Ausübung von Leitungsgewalt gefragt, auch nicht nach der Notwendigkeit, in voller Gemeinschaft mit der katholischen Kirche zu stehen.

Man könnte den Eindruck gewinnen, dass die Diskussionen über die Möglichkeit, ein Kirchenamt (*officium*) zu bekleiden, ebenso auf die Weihe oder ihr Nichtvorhandensein konzentriert sind. Diese Konzentration in Hinblick auf Leitungsgewalt und auf die Amtsfrage ist auch ein zentrales Thema der Instruktion aus dem Jahre 1997 über die Kooperation von Laien und Klerikern.[9] Die

---

Villemin, Pouvoir d'ordre, pouvoir de juridiction, Histoire théologique de leur distinction, Paris 2003.

9 *Congretatio pro Clericis et aliae*, Instructio „De quibusdam quaestionibus circa fidelium laicorum cooperationem sacerdotum ministerium spectantem", in: Acta Apostolicae Sedis 89 (1997), 852–877. Deutsche Übersetzung: Instruktion zu einigen Fragen über die Mitarbeit der Laien am Dienst der Priester. 15. August 1997. Hg. v. Sekretariat der Deutschen Bischofskonferenz (Verlautbarungen des Apostolischen Stuhls 129), Bonn 1997. Die englische Übersetzung auf der Website des Vatikans gibt den Titel mit „Instruction on Certain Questions Regarding the Col-

Hauptfrage der Instruktion scheint zu sein, wie die Kirche angesichts der größeren Aktivität der Laien in der Kirche der Bedeutung des Priesteramtes gerecht wird.

Ist es überraschend, dass sich die Diskussion um die Weihe dreht? Im Lichte des historischen Gehalts der Frage muss die Antwort „Nein" lauten: Im Mittelalter ist das Verständnis, dass die kirchliche Gemeinschaft Trägerin der Liturgie sei und dass in ihr die Wortverkündigung besonderes Gewicht habe, durch das Verständnis von klerikalem und laikalem Stand in Verbindung mit einer besonderen Gewichtung der sakramentalen Handlungen abgelöst worden. Gratian beschreibt dementsprechend zwei verschiedene Arten (*genera*) der Christen: diejenigen, die für den Gottesdienst zuständig sind, ein Leben der Einkehr und des Gebetes führen und die sich von weltlichen Dingen fernhalten sollen. Dies sind die Kleriker und die Religiosen. Die anderen Christen sind diejenigen, die nach dem griechischen Wort *laos* (lat. *populus*, Volk) als Laien bezeichnet werden. Sie dürfen zeitliche Güter (aber nur zum Gebrauch) besitzen, dürfen heiraten, die Erde bestellen, vor Gericht treten, ihre Gaben vor den Altar bringen usw.[10] Diese Unterteilung ist weder eine rein moralische Unterscheidung noch allein eine Bestimmung der jeweiligen Kompetenzen. Im Kern wird mehr ausgesagt: Die eigentlichen Gläubigen sind die Kleriker und Religiosen. Den anderen Gläubigen wird allein gestattet, sich mit weltlichen Dingen oder zeitlichen Gütern zu beschäftigen. Die Konsequenz dieser Trennung war es, dass Laien an der Beteiligung in kirchlichen Angelegenheiten rechtlich gehindert wurden. Auch wenn bekannt ist, dass die rechtlichen Implikationen dieser Trennung in ihrem spezifischen historischen Kontext, nämlich im Drängen nach Freiheit und Unabhängigkeit der Kirche gegenüber den weltlichen Fürsten betrachtet werden müssen und dass sie nicht die heutige Bedeutung des Begriffs „Laien" berühren, hat die deutliche Trennung hier ihren Ursprung.[11] Diese Trennung impliziert, so Hervé Legrand, die Anerkennung der Einheit und Autonomie des Klerus gegenüber (dem Rest) der Gemeinschaft und schließt ein, dass die Laien unfähig und unzuständig im Hinblick auf Glau-

laboration of the Non-ordained Faithful in the Sacred Ministry of Priests" wieder; vgl. http://www.vatican.va/roman_curia/pontifical_councils/laity/documents/rc_con_interdic_doc_15081997_en.html (1.9.2009). Die Übersetzung setzt damit andere Akzente: „fidelium laicorum" wird mit „non-ordained" und nicht mit „lay faithful" übersetzt; „cooperare" mit „collaboration". Die deutschen, französischen und italienischen Übersetzungen greifen diese andere Akzentuierung nicht auf.

10 Decretum Gratiani, c. 12, q.1, c. 7.

11 *R.G.W. Huysmans*, Het Recht van de Leek in de Rooms-katholieke kerk van Nederland, Hilversum 1986, 11–13.

bensdinge sind.[12] Während das Wort „Klerus" (*klèros*) ursprünglich auf die ganze Gemeinschaft als Erben Gottes (Röm 8,17; Kol 1,12) bezogen war, wird es zur Bezeichnung einer Gruppe in der Kirche. Auf die Kritik, die diese Zweiteilung von Seiten der Reformatoren erfährt, reagiert die katholische Gegenreformation mit einer Amtstheologie, die bis zum II. Vatikanum Bestand haben sollte und die nach Ansicht von Ton van Eijk vier Charakteristika beinhaltet:

Erstens wird das Weiheamt als Vollmacht betrachtet, die sich insbesonders beim Sprechen der Konsekrationsformel in der Eucharistiefeier und bei der Absolution im Bußsakrament (*potestas consecrandi et absolvendi*) manifestiert. Diese Vollmacht wird in der Weihehandlung durch die weihenden Bischöfe übertragen.

Zweitens übt der Geweihte diese Vollmacht *in persona Christi* aus. Diese Terminologie, die ihre Ursprünge in scholastischen Denkmustern hat, sollte nie ausdrücken, dass der geweihte Amtsträger Christus ersetze. Sie verdunkelte jedoch, dass er auch *in persona ecclesiae* handelt; es besteht somit bei dieser Bezeichnung die Gefahr, dass diese Verbindung vernachlässigt wird.[13] Die hier aufscheinende christologische Fundierung des Weiheamtes erscheint auch im Begriff des *alter Christus*. Es ist nicht schwer zu erkennen, dass eine solche stark christologisch geprägte Begründung leicht zu einer Unterbewertung der in der Taufe grundgelegten Spiritualität aller Christen führen kann. Nach dieser einseitig christologisch orientierten Theologie des Amtes verleiht Christus, dem alle Vollmachten (*exousia*) gegeben sind, diese dem Petrus und den anderen Aposteln. Diese wiederum geben sie an den Bischof von Rom und die anderen Bischöfe weiter. Letztere übertragen diese Vollmacht zum Teil auf die Presbyter. Die Konsequenz ist, dass die Kirche als große Pyramide gedacht wird,

---

12 *H.M. Legrand*, La réalisation de l'église en un lieu, in: *B. Lauret – F. Refoulé* (Hg.), Initiation à la pratique de la théologie, III/II, Paris 1983, 184: „La tendance à disqualifier religieusement les laïcs". Ebd., 186: „l'autonomisation des clercs et leur scission d'avec l'ecclesia". In seinen Ausführungen stellt Legrand heraus, dass die Theologie vor dem II. Vatikanum das geistliche Amt und die Weihe mit mangelnder Rücksicht auf die Beziehungen zur Ortskirche (vgl. ebd., 180–182) und auf das Wirken des Hl. Geistes betrachtete. Das II. Vatikanum betrachtete das Wirken des Geistes in der Kirche (LG 4), wies diesem aber nach Legrand (vgl. ebd., 159–161) nur bescheidenen Raum zu. Er schreibt, dass dies auch Konsequenzen für das Amtsverständnis habe. Er schlägt daher vor, das kirchliche Amt nicht aus christologischer Perspektive zu betrachten, sondern im Kontext einer Communio-Ekklesiologie.

13 Vgl. auch *B.-D. Marliangeas*, Clés pour une théologie du ministère. In persona Christi – In persona Ecclesiae (Théologie historique 51), Paris 1978. In diesem Buch untersucht Marliangea die Geschichte der Begriffe *in persona Christi* und *in (ex) persona ecclesiae* auf ihren Gebrauch bei den Hauptvertretern der Scholastik. Er zeigt dabei auf, dass dieser Konstruktion der rechtliche Begriff *nomine Ecclesiae* (235) entspricht.

deren breite Basis die Laien bilden. Sie sind diejenigen, die empfangen, die als Kirche belehrt werden (*ecclesia discens*) und die von der lehrenden Kirche (*ecclesia docens*) unterschieden werden müssen.

Drittens, so charakterisiert von Eijk, ist diese scharfe Trennung zwischen Klerus und Religiosen auf der einen, Laien auf der anderen Seite nicht plötzlich am Beginn des zweiten Jahrtausends entstanden. Die Entwicklung eines festen Klerus und damit einer Klerikalisierung und hierarchischen Sicht der Ämter beginnt bereits im 4. und 5. Jahrhundert. In dieser Zeit fängt man an, Ämter und Aufgaben in der Gemeinschaft einer bestimmten Gruppe zu übertragen, deren Mitglieder sich durch eine besondere Lebensweise auszeichnen und die jeweils in bestimmten Beziehungen zueinander standen. Diese Ordnung wird dabei gleichsam als „Karriereleiter" betrachtet, auf der die einzelnen Kleriker aufsteigen können und deren letzte Stufe das Bischofsamt ist. Aus diesem Verständnis folgt die Kompetenz- und Aufgabenhierarchie.[14]

Viertens wird bereits sehr früh – zwischen 180 und 260 – die Vollmacht der geweihten Amtsträger als „priesterlich" bezeichnet und besonders im Zusammenhang mit sakramentalen Feiern betrachtet. Der Begriff „Priestertum" spielt hierauf an, während die Verkündigungs- und Leitungsfunktionen hinter diesen Begriff zurücktreten. Das „priesterliche Volk" (1 Petr 2,5–9) wird somit zu einem „Volk der Priester".[15]

Van Eijk merkt an, dass jedes dieser Charakteristika der vorkonziliaren Amtstheologie für sich stehend legitim ist, dass aber die Zusammenschau aller Punkte einige Grenzen dieser Theologie sichtbar macht: Es gibt eine nur beschränkte Verankerung der geweihten Amtsträger in der (örtlichen) Gemeinschaft der Glaubenden, ferner wird die priesterliche Funktion zu Lasten der anderen Funktionen hervorgehoben.[16] Von Theologen wird diese Amtstheologie insofern als isolierte Christusrepräsentation bezeichnet, als sie von der Kirche isoliert ist, die ja den ganzen Leib Christi bildet. Es scheint also ein Ungleichgewicht in der Kirche zu existieren: Den Klerikern als Akteuren stehen die Laien als Empfänger ihrer Hirtensorge gegenüber. Der Laie wird nun als

---

[14] *T. van Eijk*, Teken van aanwezigheid. Een katholieke ecclesiologie in oecumenisch perspectief, Zoetermeer 2000, 274, folgt hier *A. Faivre*, Naissance d'une hiérarchie. Les premières étapes du cursus clérical, (Théologie historique 40), Paris 1977.

[15] So beschreibt es *A. Faivre,* Ordonner la fraternité. Pouvoir d'innover et retour à l'ordre dans l'Église ancienne, Paris 1992, 83: „Du peuple du prêtre au peuple des prêtres." (Zitiert bei *van Eijk*, Teken van Aanwezigheid, 274).

[16] *H. Legrand* beschreibt dies sehr deutlich in seinem Beitrag „La réalisation de l'église en un lieu", in: *Lauret – Refoulé* (Hg.), Initiation à la pratique de la théologie, Paris 1983, 181–193.

Nichtkleriker verstanden, als jemand, der zum gewöhnlichen Volk gehört und der keine Leitung oder Ämter besitzen darf.[17]

Diese Unterscheidung zwischen Laien und Klerus durch den Empfang der Weihe ist nicht mit der alttestamentlichen Bedeutung des Wortes *laos* zu vereinbaren. Es wurde dort als Gegensatz zu *ethnè*, den heidnischen Völkern gebraucht. „Laie“ ist daher ein Ehrentitel für diejenigen, die erwählt wurden. Im ersten Petrusbrief ist zu lesen: „Ihr aber seid ein auserwähltes Geschlecht, eine königliche Priesterschaft, ein heiliger Stamm, ein Volk, das sein besonderes Eigentum wurde” (1 Petr 2,9). Durch diese gemeinsame Erwählung gehören alle Getauften zum Volk Gottes: Eine Unterscheidung erfolgt nicht zwischen Klerikern und Laien, sondern zwischen Christen und Nichtchristen.

Vor diesem Hintergrund ist es nicht überraschend, dass Theologen und Kanonisten beim Titel „Die gegenseitige Ergänzung von Laien und Klerikern” fast instinktiv über Kooperation (*cooperare*) – und eben nicht über die gegenseitige Ergänzung – reflektieren und dass sie in diesem theologischen Kontext zum Schluss kommen müssen, dass Laien tatsächlich aufgrund der theologischen Vorraussetzungen nicht an den Vollmachten der Kleriker teilhaben (*participare*) können. Es wird also die Frage betrachtet, wie Laien am Dienst der Priester mitwirken können. Eine Antwort hierauf ist beim vorliegenden theologischen Kontext oder Ausgangspunkt aber schwierig.

Wie verhält es sich jedoch mit der Frage nach der gegenseitigen Ergänzung von Laien und Klerikern? Das II. Vatikanum und verschiedene nachkonziliare Theologen machen deutlich, dass dies wegen der Neuansätze des Kirchenverständnisses im II. Vatikanum die richtige Frage sein könnte.

---

[17] Es handelt sich also um ein monarchiales oder pyramidales Kirchenmodell. Edward Schillebeeckx schreibt, dass das monarchiale Kirchenmodell theologisch in 1) der Vorherrschaft einer Christologie, die den Einfluss des Hl. Geistes auf allen Ebenen der Kirche vernachlässigt, und 2) im sozialen Stellenwert der päpstlichen Unfehlbarkeit gründet. In diesem Verständnis bekommt der Papst als Repräsentant Christi in der Welt eine ähnliche Stellung eingeräumt wie die Repräsentanten des römischen Kaisers an entfernten Orten des Reiches. Das Geschenk des Heiligen Geistes für die niedrigeren Ebenen wird in einen gläubigen Gehorsam gegenüber allem, was die Spitze der Hierarchie entscheidet und verkündet, umgedeutet. In diesem Verständnis sind die Laien nicht Subjekte, Träger und Mitschöpfer dessen, was die Kirche ausmacht, sondern Objekte hierarchischer Entscheidungen, Predigten und Hirtensorge. Diese Perspektive beschränkt darüber hinaus die von Christus grundgelegten Vollmachten der anderen Autoritäten (wie der Bischöfe oder der Gemeinschaft der Glaubenden). Vgl. *E. Schillebeeckx*, Mensen als verhaal van God, Baarn 1989, 216–217. Deutsche Übersetzung: Menschen. die Geschichte von Gott, Freiburg/Br. u. a. 1990.

4. Das II. Vatikanum und der Begriff der gegenseitigen Ergänzung

Das II. Vatikanum verzeichnet große Umbrüche im Kirchenverständnis. Besonders die Geschichte der dogmatischen Konstitution über die Kirche, *Lumen Gentium*, zeigt, dass es dem Konzil bewusst war, dass ein einziges Kirchenmodell nicht ausreichen könne, die Natur der Kirche darzulegen. Darüber hinaus haben die Konzilsväter entschieden, dass es zuerst nötig sei, über alle Gläubigen als solche nachzudenken, bevor sie sich zu den einzelnen ekklesiologischen Themen der verschiedenen Gruppen in der Kirche äußern. Das Konzil hat die fundamentale Gleichheit aller Getauften, aller Christen, bestätigt, die den wichtigen Unterscheidungen zwischen ihnen vorausgeht und über sie hinausweist. Diese Gedanken wurden dadurch bekräftigt, dass sich die Väter dazu entschieden, den Kapiteln in *Lumen Gentium* über die Hierarchie, die Laien und die Religiosen ein Kapitel über das Volk Gottes voranzustellen. Ausdrücklich muss festgestellt werden, dass das Konzil nicht nur die Position der Laien aufgrund der Taufe gewürdigt hat. Die Väter gingen noch einen Schritt weiter: Alle Getauften werden zuerst als Gemeinschaft betrachtet, bevor die Unterschiede aufgeführt werden. Dadurch werden alle Christen als aktive, verantwortliche Glieder der Kirche angesehen. Alle Getauften nehmen an der Sendung der Kirche teil, dem Streben „nach der Ankunft des Reiches Gottes und der Verwirklichung des Heiles der ganzen Menschheit" (GS 45).

Was war der Grund für diesen Perspektivenwechsel? Die Konzilsväter stellten fest, dass die Kirche, die sich nach der Auferstehung Christi gründete, nicht nur als Leib Christi, sondern auch als Tempel oder Gemeinschaft (*koinonia*) des Hl. Geistes betrachtet werden müsse. Die nachösterlichen Texte, die Beauftragungen von Personen beschreiben, zeigen, dass es Christus ist, der die Menschen aussendet. Diese Sendung kann aber nicht verstanden werden, ohne den Heiligen Geist und die Ortskirche im Blick zu behalten, für die und in der die Menschen gesendet werden. Dies stellt den theologischen Rahmen dar, in dem das Konzil von einer fast ausschließlich christomonistischen[18] Sicht zu einer neuen Perspektive wechselte, in der sowohl der christologische als auch der pneumatologische Aspekt betrachtet werden. Dieser Zugang ist deshalb wichtig, weil er der Ortskirche eine bedeutende Position zuerkennt: Kirchliche Dienste werden immer in Gemeinschaft mit anderen zum Dienst Bestellten in

---

[18] Ein christomonistisches Modell der Kirche identifiziert die Kirche mit Christus, ohne die handelnde Gegenwart des Heiligen Geistes zu betrachten. Vgl. *S. Wood*, Sacramental Orders (Lex Orandi Series), Collegeville 2000, 25.

einer bestimmten Ortskirche ausgeübt. Das Dienstamt muss daher immer in Beziehung zu einer bestimmten Gemeinschaft betrachtet werden.

Das II. Vatikanum verortete auf diese Weise die kirchlichen Dienste und Ämter in der Ortskirche (Diözese) und der Pfarrei. Das Dekret über den Hirtendienst der Bischöfe, *Christus Dominus*, verrät dies in der Beschreibung der Diözese / Partikularkirche: „Die Diözese ist der Teil (portio) des Gottesvolkes, der dem Bischof in Zusammenarbeit mit dem Presbyterium zu weiden anvertraut wird, so dass er, seinem Hirten anhangend und von ihm durch das Evangelium und die Eucharistie im Heiligen Geist versammelt, eine Teilkirche bildet, in der die eine heilige katholische und apostolische Kirche Christi wahrhaft innewohnt und wirkt."[19] Die verschiedenen Elemente, die hier aufgeführt werden, haben nicht alle die gleiche Bedeutung: Die Kirche ist im Heiligen Geist versammelt, der der erste „Baumeister" der Gemeinschaft ist. Weitere Elemente sind das Evangelium und die Sakramente (die Eucharistie wird als Hauptsakrament aufgeführt, darf aber nicht von den anderen Sakramenten, insbesondere der Taufe getrennt werden). Der Hirte (Bischof) übt einen Dienst in der so charakterisierten Gemeinschaft aus.[20] Eine Bestätigung dieser Betonung der Gemeinschaft bietet der Codex Iuris Canonici mit Überschriften wie: „Teilkirchen und die in ihnen eingesetzte Autorität" oder „Pfarreien, Pfarrer und Pfarrvikare." Diese Überschriften deuten an, dass zuerst die Gemeinschaft existiert und dass in dieser Gemeinschaft Dienste ausgeübt werden. Die Kanones, die die Diözese und die Pfarrei beschreiben, sind entsprechend formuliert: „Eine Diözese ist der Teil des Gottesvolkes, der dem Bischof in Zusammenarbeit mit dem Presbyterium zu weiden anvertraut wird…" (c. 369)[21] und „Die Pfarrei ist eine bestimmte Gemeinschaft von Gläubigen, die in einer Teilkirche auf Dauer errichtet ist und deren Seelsorge unter der Autorität des Diözesanbischofs einem Pfarrer als ihrem eigenen Hirten anvertraut wird" (c. 515 §1). Dienstämter müssen also von der Gemeinschaft her verstanden werden.[22]

---

19 Vatikanum II, Dekret über die Hirtenaufgabe der Bischöfe in der Kirche, Christus Dominus, 11. Deutsche Übersetzung: *P. Hünermann* (Hg.), Die Dokumente des Zweiten Vatikanischen Konzils. Konstitutionen, Dekrete, Erklärungen. Lateinisch-deutsche Studienausgabe, (HThK. Vat. II), Herder, Freiburg/Br. u. a. 2004.

20 H. Legrand bietet einen detaillierten theologischen Kommentar der verschiedenen Aspekte und zeigt dabei, dass die ortskirchliche Dimension der Kirche ebenso wie das Wirken des Heiligen Geistes relevant ist und wie der Dienst der (geweihten) Seelsorger in diesem Kontext verstanden werden muss. Vgl. *H. Legrand*, L'église se réalise en un lieu, 159–171.

21 Die deutsche Übersetzung erfolgt nach Codex Iuris Canonici. Codex des kanonischen Rechtes. Lateinisch-deutsche Ausgabe, Kevelaer 2001.

22 Eine solche Perspektive hat weitreichende Konsequenzen, beispielsweise für die Ausübung des Amtes eines Diözesanbischofs. Für einen Versuch, dies in Hinblick auf die Rechtsstellung des

In Anbetracht der Diskussion, die über die Verortung des Bischofsdienstes in der Ortskirche[23] geführt wird, müsste die Frage gestellt werden, ob die kirchenrechtliche Diskussion über den Dienst von Laien in diesem ekklesiologischen Sichtfeld nicht darüber geführt werden müsse, ob Taufe und Firmung für diesen Dienst ausreichen – dies setzte den Akzent wieder allein beim Individuum und seiner Beziehung zu Gott –, oder vielmehr darüber, welche Funktion die Gemeinschaft als Empfänger solcher Dienste einnimmt.

Als Beispiel für ein solches Dienstverständnis könnte die Kirche von Korinth (1 Kor 12–14) fungieren: Es gibt eine Vielzahl von geistgeschenkten Charismen, viele Formen der *diakonia*, die alle auf den einen Herrn Jesus Christus bezogen sind und viele Formen von Tätigkeiten (*energèta*), die alle auf den einen Gott bezogen sind. Paulus beschreibt es als wesentlich, dass es zwar viele Charismen gebe, aber nur den einen Geist (12,4) und dass alles von diesem einen Geist ausgehe, der seine Gaben zuteile, wo er wolle (12,11). Einheit und Verschiedenheit existieren nebeneinander, der Geist ist die Quelle von beidem. Wo Einheit und Verschiedenheit nebeneinander bestehen, kann es nicht zu Gleichförmigkeit kommen, muss es Unterschiede geben. Der Heilige Geist schenkt eine Vielzahl von Gaben, die sich nicht voneinander ableiten lassen. Diese Gaben sind aber dadurch verbunden, dass sie und ihre Träger nicht isoliert, sondern in der Gemeinschaft aufeinander bezogen sind. Als Quelle der Gemeinschaft ist der Geist keine Quelle des Chaos oder der Anarchie, sondern eine Quelle der Ordnung, Struktur und Kommunikation. Paulus beschreibt dies am Ende dieses Abschnitts des Korintherbriefes: „Gott ist nicht ein Gott der Unordnung, sondern ein Gott des Friedens“ (1 Kor 14,33).

In diesem Modell der Kirche von Korinth hebt Paulus hervor, dass es eine große Verschiedenheit der Charismen gibt, dass diese Charismen aber alle auf die Gemeinschaft hingeordnet sind. Ebenso deutlich ist auch, dass eine wahre Gleichheit aller Getauften diesen Unterschieden vorausgeht.

Der damalige Theologieprofessor Walter Kasper betrachtet 1987 in einem Artikel die verschiedenen Charismen, Dienste und Ämter in ihrer gegenseitigen Ergänzung. Er bezieht sich dabei auf das Konzept *communio*, um zu erklären, dass hier eine Vielfalt in Einheit vorliege.[24] Die Laien nehmen nach Kasper

---

Bischofs darzulegen, vgl. *M. Wijlens*, „For You I am a Bishop, With you I am a Christian“: The Bishop as Legislator, in: The Jurist 56 (1996) 68–91.

23 Diskussionen über den theologischen und juridischen Status von Bischofskonferenzen sind ebenso Ausdruck dieser Debatte wie der Streit um den Vorrang von Orts- oder Universalkirche.

24 Vgl. *W. Kasper*, Berufung und Sendung des Laien in Kirche und Welt, in: Stimmen der Zeit 205 (1987) 579–593.

aktiv an der dreifachen Sendung der Kirche teil, was auch Ausdruck in Räten und Synoden finden sollte. Kasper stellt jedoch auch heraus, dass die Communio-Ekklesiologie es erfordere, ein neues Verständnis für die biblisch begründete Differenzierung von Klerikern und Laien zu finden.[25] Das Konzil betonte, dass es eine essenzielle und nicht nur graduelle Unterschiedenheit zwischen dem gemeinsamen Priestertum aller Getauften und dem Priestertum des Dienstes gebe. Dies bedeute aber nicht, so Kasper, dass das Priestertum des Dienstes intensiver oder von höherem Wert sei als das gemeinsame Priestertum. Wäre dies so, dann wären Kleriker nach Kasper bessere Christen als Laien, was aber nicht der Fall ist. Das gemeinsame Priestertum und das Priestertum des Dienstes unterscheiden sich nicht auf der Ebene des Christseins. Die Unterschiedenheit liegt in der Verschiedenheit der Berufungen und Aufgaben innerhalb der Gemeinschaft aller Christen.[26]

Kasper weist darauf hin, dass das II. Vatikanum absichtlich keine theologische Definition der Laien aufgestellt und nur eine typologische Beschreibung gegeben habe. Laien sind diejenigen, die keine Weihe empfangen haben. Dieser negativen Beschreibung wurde ein positives Element zur Seite gestellt: Laien haben spezielle Aufgaben in der Welt. Dies kann nicht in einem dualistischen Verständnis eines Gegenübers von Welt und Kirche gesehen werden, sondern muss vom Verständnis der Kirche *in* der Welt betrachtet werden. Kirche und Welt sind eng miteinander verbunden, wie aus der Eröffnung von *Gaudium et*

---

[25] Auf einer Tagung, die vom 2.–6. März 2002 unter dem Titel „Im Dienst der Gemeinde" in Regensburg stattfand, stellte Karl Lehmann die Notwendigkeit einer Einheit in Verschiedenheit und einer Verschiedenheit in Einheit heraus. Es gibt eine Einheit in der Aufgabe, jedoch eine Verschiedenheit der Dienste. Er gibt zu, dass es zuweilen schwierig ist, die Balance zwischen Verschiedenheit und Einheit zu finden. Dieses Streben entspricht aber der Darstellung im Konzilsdekret über das Laienapostolat: „Es besteht in der Kirche eine Verschiedenheit des Dienstes (*diversitas ministerii*), aber eine Einheit der Sendung (*unitas missionis*)" (AA 2). Es ist nötig, so Lehmann, dass alle sich bewusst werden, dass sie an einem gemeinsamen Ziel arbeiten und dass die jeweilige Handlungskompetenz und Anerkennung aus dem spezifischen Beitrag folge, der der Gemeinschaft erbracht werde. Hieraus folgt, dass niemand Kompetenz in allen Bereichen erhalte und dass niemand die allein zuständige Person sein könne. Vgl. *K. Lehmann*, Kirchliche Dienste, Aufgaben und Ämter im deutschsprachigen Raum: Chancen und Gefahren, in: *S. Demel* u. a. (Hg.), Im Dienst der Gemeinde: Wirklichkeit und Zukunftsgestalt der kirchlichen Ämter, Münster 2002, 11–27, hier 16. Es muss angemerkt werden, dass Lehmann den Begriff „Amt" nicht im Sinne von *officium* gebraucht, sondern damit die geweihten Amtsträger bezeichnet.

[26] Auch Lehmann stellt heraus, dass der lateinische Text von LG 10 deutlich macht, dass gemeinsames Priestertum und das Priestertum des Dienstes zuerst gemeinsam betrachtet werden, bevor die Unterschiede beschrieben werden. Er betont, dass das Weihepriestertum nicht aus dem gemeinsamen Priestertum losgelöst werden könne: Derjenige, der ein Amt inne hat, steht nicht einer Gemeinschaft gegenüber, sondern lebt und wirkt in dieser. Vgl. *Lehmann*, Kirchliche Dienste, 17f.

Spes hervorgeht: „Freude und Hoffnung, Trauer und Angst der Menschen von heute, besonders der Armen und Bedrängten aller Art, sind auch Freude und Hoffnung, Trauer und Angst der Jünger Christi. Und es gibt nichts wahrhaft Menschliches, das nicht in ihren Herzen seinen Widerhall fände" (GS 1). Dies beinhaltet, dass der Dienst der Laien in der Welt keine rein weltliche Aufgabe ist, sondern dass er eine ekklesiale Dimension trägt. Die Laien sorgen dafür, dass die Fragen und Erfahrungen der Welt in der Kirche präsent sind und in ihr Frucht bringen. Sie bringen also etwas „frischen Wind" in die Kirche. Gleichzeitig sollen sie den Glauben in der Welt verkünden. Die Gegenwart der Laien in der Welt beinhaltet damit, dass sie am sakramentalen Charakter der Kirche teilhaben. Die Hirten haben daher die Aufgabe, die Laien mit „Licht und Stärke" für ihre Aufgabe auszustatten, ihre christliche Freiheit zu achten und auf sie zu hören, statt sie zu bevormunden. Die gegenseitige Ergänzung ist also darin zu sehen, dass das Dienstpriestertum „Dienstleister" für das gemeinsame Priestertum sein soll. Das II. Vatikanum ruft zu einer Partnerschaft zwischen Klerikern und Laien auf und spricht von einer brüderlichen Beziehung zwischen den Hirten und den Gläubigen, die ihrer Sorge anvertraut sind. Die Priester sind aufgerufen, auf die besonderen Bedürfnisse der Laien zu hören.[27]

Was bedeutet dies aber für diejenigen Laien, die in der Kirche arbeiten, für die Laien mit kirchlichem Seelsorgeauftrag? Kasper stellt fest, dass diese Dienste aus ihrer Begründung in Taufe und Firmung verstanden werden müssen und nicht von der Weihe her. Diese neuen Dienste sind weder ein Ersatz noch Konkurrenz zum Priestertum. Sie können daher, so Kasper, nicht als „notwendiges Übel" in Zeiten des Priestermangels angesehen werden. Vielmehr sind sie ein wichtiger Beitrag und eine Bereicherung für die kirchlichen Ämter. Sie sind ein Zeichen dafür, dass der Dienst in der Welt und der Heilsdienst keine zwei getrennten Bereiche bezeichnen.[28] Durch die Dienste und

---

27 „Es gibt also innerhalb der gemeinsamen Anteilhabe aller Christgläubigen an allen drei Ämtern Christi unterschiedliche Berufungen und Sendungen. Darin ist die differentia specifica des Laien begründet. In ihrer spezifischen Berufung und Sendung ist ihnen das Amt nicht übergeordnet, sondern dienend zugeordnet. Anders ausgedrückt: Das Konzil hat zu einer partnerschaftlichen Verhältnisbestimmung zwischen Priestern und Laien gefunden. Deshalb hat es ausdrücklich von einem brüderlichen Verhältnis der Hirten zu den ihnen anvertrauten Gläubigen gesprochen und die Hirten ermahnt, auf die berechtigten Anliegen der Laien zu hören. Das ist ein Leitbild von Communio-Ekklesiologie und Mitverantwortung, das noch längst nicht überall der Wirklichkeit entspricht." (*Kasper*, Berufung und Sendung, 586).

28 „Von grundsätzlicher Bedeutung ist, dass es sich bei diesen neuen Ämtern um Ämter von Laien handelt, welche ihre sakramentale Grundlage in Taufe und Firmung haben und welche darum nicht als Ausgliederung aus dem Sakrament des Ordo verstanden werden dürfen. Die neuen Ämter der Laien sind weder ein Ersatz noch eine Konkurrenz für die Priester. Sie sind darum auch kein notwendiges Übel wegen der zu geringen Zahl von Priestern. Sie sind ein positiver

Ämter, die von Laien ausgeübt werden, wird die pastorale Aktivität der Kirche positiv „weltlicher". Die Kirche bedarf dieses Einsatzes, um das Evangelium wirksamer zu verkünden. Gleichzeitig brauchen die Laien aber Priester, die sich in der Welt engagieren und die somit mit der Situation der Laien in der Welt vertraut sind.

Um zur Frage zurückzukehren, ob die Fragen zur Begründung der Zusammenarbeit von Klerikern und Laien richtig formuliert sind, muss vielleicht zugegeben werden, dass die Kanonisten einige Bereiche neu bedenken müssen. Im Lichte der oben beschriebenen Ausführungen erscheint es als nicht ausreichend, ein allein christologisches Dienstmodell zu verwenden.[29] Es gilt vielmehr, ein Modell oder Paradigma zu entwickeln, das sowohl das christologische als auch das pneumatologische Modell aufnimmt. Kasper schlägt hierfür ein Communio-Modell vor. Ein solches Modell ermöglicht es vielleicht ebenfalls, die Position der getauften Nichtkatholiken und ihrer Gaben für die Kirche zu verstehen.

Die Ergebnisse dieser Überlegungen können so zusammengefasst werden:

1. Es gibt verschiedene ekklesiologische Modelle zum Verständnis der Dienste in der Kirche. Aufmerksamkeit bei der Auswahl dieser Modelle ist erforderlich.[30]

2. Das II. Vatikanum versteht die Dienste aus ihrer Gebundenheit an die Gemeinschaft. Laien und Geweihte haben einander ergänzende Gaben, sie stehen zueinander nicht in Opposition.[31]

Beitrag und Zuwachs für das kirchliche Amt und ein Zeichen dafür, dass Weltdienst und Heilsdienst nicht zwei hermetisch voneinander geschiedene Bereiche sind." (*Kasper*, Berufung und Sendung, 588).

29 Lehmann warnt jedoch davor, Ämter und Dienste theologisch nur aus einem ekklesiologischen Kontext zu betrachten. Die Verbindung des Amts/Dienstträgers mit der Kirche ist wichtig und wurde in der Vergangenheit teilweise unterbetont. Die Ekklesiologie kann aber nicht die alleinige Grundlage von Ämtern und Diensten sein. Der Christologie müsse hier ein Vorrang eingeräumt werden. Ein Amtsträger ist immer ein *Vikar*, Platzhalter für Christus, und nie ein *Chef.* Vgl. *Lehmann*, Kirchliche Dienste, 18. Im Zusammenspiel der verschiedenen Charismen, Ämter und Dienste bezieht sich Lehmann dabei auch auf das paulinische Modell aus 1 Kor 12–14, vgl. *Lehmann*, Kirchliche Dienste, 20–27.

30 Susan Wood untersucht die Weiheriten von 1990 auf die in ihnen grundgelegte Theologie. Sie identifiziert vier Konzepte der Kirche, die die Beziehung zwischen geweihten Dienstträgern und der Kirche beeinflussen: ein monarchisches und hierarchisches Konzept; ein eucharistisches, kollegiales Konzept, das die Gemeinschaft der Teilkirchen repräsentiert; das Konzept der priesterlichen, königlichen und prophetischen Aufgaben, das die Kirche als Volk Gottes strukturiert; das Konzept, das die Kirche als Sakrament Christi und die Weihedienste als Sakrament der Kirche auffasst. Vgl. *Wood*, Sacramental Orders.

31 In einer *nota*, die die *Instructio* über die Zusammenarbeit von Laien und Geweihten begleitete, stellte die Bischofskonferenz der Niederlande heraus, dass die Bischöfe anfangs ebenso wie die Gläubigen davon ausgingen, dass die Laien einen Ersatz angesichts des Rückgangs geweihter

3. Die Dienste, die in der Welt ausgeübt werden, sind ebenfalls kirchliche Dienste, da die Kirche nicht in Opposition zur Welt, sondern in der Welt steht.
4. Die Gaben, die Laien mit kirchlichem Seelsorgeauftrag in die Kirche einbringen können, können weder als Ersatz noch als Konkurrenz für die Gaben der Priester betrachtet, sondern müssen in ihrem eigenen Wert gesehen werden.
5. Das aktuelle Kirchenrecht, insbesondere c. 129, beschäftigt sich mit Fragen über die Zusammenarbeit oder Teilhaberschaft der Laien am Dienst der Kleriker. Die Erkenntnis, dass Laien und Kleriker einander ergänzen, kann zu einem Neuansatz des Verständnisses dieser Zusammenarbeit führen.

Ergebnis

Thema dieser Studie war es, zu prüfen, ob die richtigen Fragen gestellt werden, wenn es um die kirchliche Seelsorgetätigkeit von Laien, mit Klerikern und ihrer Beziehung zueinander geht. Ist es erforderlich, die entsprechenden Fragen neu zu formulieren? Mit dem II. Vatikanum ist die Kirche in eine Erneuerungsphase eingetreten. Die Konzilsväter waren in der Lage, Altes in neuem Licht zu sehen, weil sie in der Lage waren, neue Fragen zu formulieren. Eine aufmerksame Lektüre der Konzilstexte und der Diskussionen über diese Texte zeigt, dass die Konzilsväter damit etwas Neues angestoßen haben. Sie waren der Überzeugung, dass es der Heilige Geist war, der sie dabei leitete, aber auch, dass sie nicht immer alle Folgen ihrer Entscheidungen voraussehen können. Die Kirche ist eingeladen, sich dieser Dynamik anzuschließen. Papst Paul VI. sprach vor Studenten und Professoren des Kirchenrechts von dieser Dynamik als einem „novus habitus mentis". Auch was die Fragen der kirchlichen Dienste von Laien und Klerikern angeht, ist die Kirche eingeladen, in diesem Sinne neu nachzudenken und für das offen zu sein, was der Heilige Geist ihr schenken möge.

Amtsträger darstellten. Sie beschreiben jedoch, wie sie in den letzten 20–30 Jahren entdeckt haben, dass sich viele im kirchlichen Dienst befindliche Laien nicht zum Priestertum berufen fühlen und keineswegs aus einem Bewusstsein handeln, als Ersatzpriester zu fungieren. Im Gegenteil, so die Bischöfe, erkannten die Laien im kirchlichen Seelsorgsdienst, dass sie eine eigene Berufung haben. Die Bischöfe bewerten dies positiv. Vgl. *Niederländische Bischofskonferenz*, Meewerken in het pastoraat: Beleidsnota bij de "Instructie over enige vragen betreffende de medewerking van lekengelovigen aan eht dienstwerk van de priesters", in: Een-Twee-Een, Kerkelijke Documentatie 27 (1999) No. 8, 3–37.

Anhang – Zwei Beispiele einer Beauftragungsliturgie von Laien zum kirchlichen Dienst

1. Bistum Münster, 29. September 2002

Der aufgeführte Text folgt der Homilie und geht dem Fürbittgebet voraus. Er besteht aus drei Teilen: Vorstellung der Kandidaten; Versprechen der Kandidaten; Mandatsgewährung des Diözesanbischofs. Nach der Zeremonie gehen die pastoralen Mitarbeiter einen unbefristeten Vertrag mit dem Diözesanbischof über ihre pastorale Arbeit ein und werden mit der Arbeit in einer Pfarrei oder einem bestimmten Bereich beauftragt.

a. Vorstellung der Kandidatinnen und Kandidaten

Bischöflicher Beauftragter: Lieber Herr Bischof, ... Frauen und Männer haben sich bereit erklärt, als Pastoralreferentinnen und Pastoralreferenten im pastoralen Dienst des Bistums Münster mitzuarbeiten. Als Laien üben sie ihren Dienst inmitten des Volkes Gottes in Einheit mit Ihnen, ihrem Bischof, und den Priestern und Diakonen aus. Ich bitte Sie, ihnen nach erfolgreich abgeschlossener Ausbildung die kirchliche Beauftragung zu erteilen.

Die Kandidatinnen und Kandidaten werden einzeln namentlich aufgerufen und bilden im Chorraum vor dem Bischof einen Halbkreis.

b. Bereitschaftserklärung der Kandidatinnen und Kandidaten

Bischof: Liebe Pastoralreferentinnen und Pastoralreferenten, Sie wollen mitarbeiten im pastoralen Dienst des Bistums Münster. Durch Ihren Dienst sollen Sie mitwirken am Wachstum lebendiger Gemeinden. Dafür erbitten Sie die Beauftragung und Sendung durch die Kirche.

Bevor ich Sie nun beauftrage, frage ich Sie: Sind Sie bereit, sich mit ganzer Kraft im Dienst des Evangeliums und der Kirche einzusetzen?

Pastoralreferentinnen und Pastoralreferenten: Ich bin bereit!

Bischof: Sind Sie bereit, gemäß dem Auftrag des Evangeliums und der Kirche zu leben, um so Zeugnis Ihres Glaubens abzulegen?

Pastoralreferentinnen und Pastoralreferenten: Ich bin bereit!

Bischof: Sind Sie bereit, in Ehrfurcht und Gehorsam gegenüber dem Bischof Ihren Dienst zu tun und mit den Priestern, Diakonen und Laien zusammenzuarbeiten zum Heil aller?

Pastoralreferentinnen und Pastoralreferenten: Ich bin bereit und verspreche es!

Bischof: So sprechen Sie nun als Zeichen Ihrer Bereitschaft das Apostolische Glaubensbekenntnis!

Pastoralreferentinnen und Pastoralreferenten: Ich glaube an Gott, ...

c. Beauftragung
Bischof: Ich beauftrage Sie zum Dienst in der Kirche von Münster. Dienen Sie den Menschen mit dem Zeugnis des Glaubens, der Hoffnung und der Liebe und helfen Sie mit beim Aufbau der Gemeinde des Herrn.

Lasset uns beten: Gott, in deiner Liebe führst du die Kirche und schenkst ihr Menschen mit verschiedenen Gnadengaben. Segne + diese Frauen und Männer. Lass sie im Glauben und in der Liebe wachsen, damit sie reiche Frucht bringen. Öffne ihre Herzen für die Freude und die Hoffnung, die Trauer und die Angst der Menschen, mit denen sie leben. Hilf ihnen, dich zu bezeugen und deine Liebe den Menschen erfahrbar zu machen. Darum bitten wir dich durch Christus, unseren Herrn.

Alle: Amen.

Bischof: Mitte Ihres Dienstes und Ihres ganzen Lebens ist das Evangelium und der Glaube der Kirche. Zum Zeichen dafür überreiche ich Ihnen die Heilige Schrift.

Der Bischof überreicht den Beauftragten eine Bibel.

2. Bistum Basel, 12. Juni 1993
Der Vorsteher der nachfolgenden Liturgie ist ein Auxiliarbischof der Diözese. Die Liturgie besteht aus zwei Teilen, einer betrifft diejenigen, die eine *institutio* erfahren, andere erhalten eine *missio canonica.* Die *institutio* hat viele Gemein-

samkeiten mit einer Inkardination, es kommt zu einer lebenslangen Bindung zwischen der Diözese und dem pastoralen Mitarbeiter. Auch der Ehepartner des Mitarbeiters ist in das Versprechen des Partners eingebunden. Die *institutio* geschieht nach der Homilie, die *missio canonica* wird denjenigen, die keine *institutio* erfahren, nach der Eucharistiefeier übertragen. Nachfolgend wird die *institutio* beschrieben:

Befragung der Kandidaten/innen
Ich frage Sie:

1. Sind Sie bereit, Jesus nachzufolgen und das hoffnungsvoll weiterzutragen, was mit ihm an Glaube und Heil aufgebrochen ist?
Kand.: Ich bin bereit.

2. Sind Sie bereit, auf das Wort Gottes zu hören und es immer tiefer aufzunehmen, um in Solidarität mit dem Bischof, mit den Priestern, Diakonen, Pastoralassistentinnen und Pastoralassistenten, mit allen Frauen und Männern am Aufbau der Kirche mitzuwirken?
Kand.: Ich bin bereit.

3. Zu Ihrem Auftrag gehört die Verkündigung: Sind Sie bereit, in hoffendem Vertrauen auf den Heiligen Geist die Frohe Botschaft Jesu zu verkünden?
Kand.: Ich bin bereit.

4. Zu Ihrem Auftrag gehört die Diakonie: Sind Sie bereit, sich mit Ihrer ganzen Person für die Kranken, Einsamen, Verstoßenen, Leidenden und Armen in besonderem Maß einzusetzen?
Kand.: Ich bin bereit.

5. Zu Ihrem Auftrag gehört die Liturgie: Sind Sie bereit, Gottesdienste der Gemeinde zur Ehre Gottes und zum Heil der Menschen mitzufeiern, mitzugestalten und zu leiten?
Kand.: Ich bin bereit.

6. Ihren Auftrag in unserer Bistumskirche erfüllen Sie unter der Leitung des Diözesanbischofs. Deshalb frage ich Sie, mit dem Diözesanbischof und seinen Nachfolgern in Mitverantwortung für die Kirche im Bistum Basel solidarisch

zu sein und mit ihm und seinen Nachfolgern in echtem Dialog und loyalem Gehorsam verbunden zu bleiben?
Kand.: Ich verspreche es.

Befragung der Partnerinnen
Ich bitte nun die Ehepartnerinnen hervorzutreten (*Die Frauen stellen sich nun neben ihre Ehemänner.*)

Kirchlicher Dienst ist immer eingebettet in die Gemeinschaft der Glaubenden. Ohne dieses Miteinander ist ein Leben nach dem Evangelium in unserer Kirche unmöglich. Darum frage ich Sie als Ehepartnerinnen:

Sind Sie bereit, selber Ihre christliche Berufung zu leben und in Solidarität die kirchliche Aufgabe Ihres Lebenspartners mitzutragen?
Partnerinnen: Ich bin bereit.

Befragung der Gemeinde
Zur Gemeinschaft der Glaubenden gehören nicht nur die Ehepartnerinnen, sondern auch Sie alle, Verwandte, Bekannte, Freunde und Freundinnen, Vertreter und Vertreterinnen aus den Pfarreien der Seelsorgerinnen und Seelsorger. Darum frage ich auch Sie:

Wollen Sie mit Ihrem Einsatz für eine lebendige Gemeinde die kirchlichen Mitarbeiter und Mitarbeiterinnen, denen ich die Beauftragung und Sendung erteilen darf, begleiten und unterstützen?
Falls Sie damit einverstanden sind, bitte ich Sie, dies mit einem Applaus zu bestätigen.
Gemeinde: applaudiert.

Versprechen des Diözesanbischofs
Im Namen des Diözesanbischofs und seiner Nachfolger verspreche ich, Sie in dauernden Dienst der Diözese Basel aufzunehmen.
Entsprechend den Notwendigkeiten an pastoralen Aufgaben im Bistum ist der Bischof auch bereit, für Sie eine Stelle zu suchen, die Ihre Erfahrungen und Fähigkeiten berücksichtigt.

Indienstnahme
Liebe Seelsorgerinnen und Seelsorger, nachdem Sie Ihre Bereitschaft bezeugt haben, nehme ich Sie auf in den dauernden Dienst als Seelsorgerin und Seelsorger im Bistum Basel. Gott begleite Ihr Wirken mit seinem Segen: Im Namen des Vaters, des Sohnes und des Heiligen Geistes.

(Übersetzung: Alexander Schlüter)

Laisierung der Kirche? Aspekte ihrer funktionalen Demokratisierung in der modernen Gesellschaft

Michael N. Ebertz

1. Laisierung und funktionale Demokratisierung

Beim Versuch, die Geschichte des Christentums zu überblicken, ist auffällig, dass zwar zu allen Zeiten Laien in wechselnder Form Einfluss auf die Gestaltung des religiösen Lebens hatten,[1] dass sich aber in den letzten beiden Jahrhunderten deutliche Schübe einer Entwicklung beobachten lassen, die ‚Laisierung' genannt werden kann: „In fast allen modernen Religionsgemeinschaften wurde nämlich der Unterschied zwischen Hierarchie und Laientum völlig verwischt", und auch in der römisch-katholischen Kirche hat sich eine deutliche „Laisierung der Kirche" vollzogen, die „mit einer allgemeinen Laisierung des Lebens Hand in Hand" ging, bis hin zum Laizismus des öffentlichen Lebens in Frankreich.[2] Weltweit und von heute aus gesehen, wird man auch noch an den Aufstieg der Freikirchen in Lateinamerika, Asien und Afrika zu denken haben, die dort mit ihrer Betonung des allgemeinen und unmittelbaren Priestertums teilweise die katholische ‚Priesterreligion' im religiösen Feld heftig konkurrieren.[3] Die Neutralisierung der Unterscheidung von Klerus und Laien im kirchlichen Binnenverhältnis, die Dominanz der freikirchlichen ‚Laienpriesterreligion' im religiösen Feld und der politische Laizismus im Außenbereich einer Religionsgemeinschaft sind freilich nur (denkbare) Endpunkte auf mehreren Dimensionen eines weitaus komplexeren Prozesses, der hier Laisierung

1 Jesus und der Kern seiner Bewegung waren selbst ‚Laien', auch Paulus, die Geistbegabten in den frühchristlichen Gemeinden, die Ordensstifter. Als Laien einflussreich waren auch die römischen Kaiser nach der Verfolgungszeit, die Grundherren im Eigenkirchenwesen, die Kaiser des Heiligen Römischen Reiches Deutscher Nation, die Fürsten des Absolutismus, im 19. Jahrhundert zahlreiche Katholiken in den Parlamenten, angefangen von Daniel O'Connell (1775–1847) bis hin zu Ludwig Windthorst (1812–1891) und August Reichensperger (1808–1895).

2 *K. Neundörfer*, Zwischen Kirche und Welt, in: *L. Neundörfer – W. Dirks* (Hg.), Zwischen Kirche und Welt, Frankfurt/M. 1927, 42, 105ff.

3 So *D. Martin*, On secularization: Towards a revised general theory, Aldershot 2005, 25; vgl. *J. Sweeney*, Das Ende des soziologischen Atheismus. Neufassungen der Säkularisierungstheorie, in: Fuge. Journal für Religion & Moderne 1 (2007) 37–59, hier 55. – Zur Unterscheidung des „priesterlichen Typus" bzw. „sakramentalen Religionstypus" vom prophetischen bzw. eschatologischen Typus, der im Protestantismus repräsentiert sei, vgl. *P. Tillich*, Die bleibende Bedeutung der katholischen Kirche für den Protestantismus, in: *Ders.*, Gesammelte Werke. Band 7: Der Protestantismus als Kritik und Gestaltung, Stuttgart 1962, 124–132, hier 124ff.

genannt werden soll und sich keinesfalls geradlinig und auf allen Ebenen und in allen Kontexten der Kirche gleichzeitig und in gleicher Weise vollzieht, wie im Folgenden zu zeigen sein wird.

Die folgenden Ausführungen sind eher als impressionistische Vorüberlegungen mit Thesencharakter gedacht, wollen zur Forschung anregen und beanspruchen keineswegs, das gesamte kirchliche Feld empirisch auszuleuchten. Gewissermaßen ‚hintergründig' lassen sie sich von der Theorie der „funktionalen Demokratisierung" leiten, die Norbert Elias als für moderne Gesellschaften typischen Trend der „Veränderung der gesellschaftlichen Machtverteilung", als „Verringerung der Machtdifferentiale zwischen Regierungen und Regierten" und „zwischen verschiedenen Schichten" behauptet hat.[4] Wichtig zum Verständnis auch der folgenden Ausführungen ist, dass der Begriff der ‚funktionalen Demokratisierung', Elias zufolge, „nicht identisch mit dem einer Entwicklung zur ‚institutionellen Demokratie'" ist und in der politischen Sphäre durchaus auch mit Einparteiensystemen einhergehen kann.[5] Erkennbar sei der Prozess der funktionalen Demokratisierung zum Beispiel an der „Ausbreitung des Wahlrechts, zunächst meistens auf bürgerliche Schichten, dann auf alle erwachsenen Männer, schließlich auf alle Erwachsenen überhaupt", wobei sich darin „die manifeste, institutionelle Folgeerscheinung einer latenten Verlagerung der Machtgewichte zugunsten breiterer Schichten" zeige.[6] Dies gelte auch für die Organisation von Massenparteien, in denen und durch die „die Machtunterschiede groß genug" blieben, nun aber „die Chancen der Regierten, die Regierung zu kontrollieren, im Verhältnis zu den Chancen der Regierungen, die Regierten zu kontrollieren, etwas größer [wurden]".[7] So seien auch die Unterschiede in den Machtchancen verschiedener Gesellschaftsschichten in den modernen Gesellschaften vorhanden und „sehr erheblich", aber im historischen Rückblick könne man doch deutlich sehen, dass sich die Machtdifferentiale „zwischen verschiedenen Schichten der Gesellschaften verringern: Die Abhängigkeit adliger Landbesitzer von ihren Bauern, die Abhängigkeit der Offiziere von bezahlten Söldnern in den vorausgehenden Jahrhunderten war", so Elias, „ganz erheblich geringer als die Abhängigkeit industrieller Unternehmer von ihren Arbeitern, der Berufsoffiziere von wehrpflichtigen Staatsbürgern in Uni-

4 *N. Elias*, Was ist Soziologie?, Weinheim / München [5]1986, 70f.

5 *Elias*, Soziologie, 72.

6 *Elias*, Soziologie, 70.

7 *Elias*, Soziologie, 71. – In diesem Zusammenhang wäre auch an die Entstehung einer – medial vermittelten – öffentlichen Sphäre zu denken, deren Erfolg ihrerseits auf bestimmten Bildungsvoraussetzungen aufruht.

form".[8] Elias zufolge gibt es nie vollständig unabhängige Machtbesitzer, Machtzentren oder nur einseitige Abhängigkeiten, sondern immer nur historisch wandelbare Machtdifferentiale und Machtbalancen, die den Kern menschlicher Beziehungen bildeten. Es handelt sich also immer nur um relative Zu- oder Abnahmen von Macht innerhalb eines Geflechts letztlich unhintergehbarer Interdependenzen.

Doch in der modernen Gesellschaft „verringern sich langsam die Machtdifferentiale zwischen allen Gruppen und Schichten", auch die zwischen Männern und Frauen, Eltern und Kindern,[9] weil die Macht- und Statusquellen den ehedem davon ausgeschlossenen Menschen zugänglicher werden und tendenziell alle gesellschaftlichen Beziehungen durch Spezialisierungs- und Differenzierungsprozesse in eine stärkere wechselseitige Abhängigkeit und Kontrolle geraten. So profitieren Eltern zunehmend von den partiellen Wissensvorsprüngen ihrer Kinder, die nicht mehr allein und schon gar nicht mehr andauernd unter der Kontrolle ihrer Eltern, sondern z. B. auch der Schule, der Gleichaltrigen und des Gesundheits- und Jugendamtes stehen. Hinzu kommt, dass Eltern in einer entfalteten Sozialstaatsgesellschaft nicht mehr die Einzigen sind, welche die Solidaritätschancen und das Überleben ihrer Kinder zu garantieren vermögen. Dadurch verliert auch die Familie insgesamt – ähnlich wie die Ehe – in der Relation zu anderen sozialen Gruppen und Institutionen an Gewicht, auch gegenüber dem Individuum, weil „die Familie als Wir-Gruppe nicht mehr unentrinnbar ist. Der Einzelne kann sich ab einem gewissen Alter der Familie zumeist ohne Einbuße von physischen oder sozialen Überlebenschancen entziehen". die damit ihre ehemalige Funktion als „Überlebenseinheit" weitgehend verloren hat.[10] Hiermit ist nicht einem totalen Gewichtsverlust der Familie gegenüber anderen Gruppen und gegenüber den Individuen das Wort geredet oder gar ihrem Obsoletwerden überhaupt, sondern ein Funktions- und ein relativer Machtwandel im Gefüge des gesellschaftlichen Funktionshaushalts und der gesellschaftlichen Kräfteverhältnisse angezeigt. Auch keine Auflösung des Unterschieds zwischen Eltern und Kindern ist damit impliziert, aber doch ein Machtwandel in dieser elementaren sozialen Beziehung, der familiensoziolo-

8 *Elias*, Soziologie, 71f.
9 *Elias*, Soziologie, 72.
10 *N. Elias*, Die Gesellschaft der Individuen, Frankfurt/M. 1987, 271.

gisch als Wandel vom Befehls- und Gehorsams- hin zum Aushandlungsprinzip beschrieben wird.[11]

2. *Macht- und Funktionswandel der Kirche*

Wenn nicht alles täuscht, sind in diesen fundamentalen Prozess der funktionalen Demokratisierung moderner Gesellschaften auch Religion, Christentum und Kirchen hineingenommen. Bereits das II. Vatikanische Konzil hat den engen Zusammenhang von moderner Gesellschaftsentwicklung und Religion wahrgenommen und mit dramatischen Worten darauf hingewiesen, dass „die Menschheit in einer neuen Epoche ihrer Geschichte" steht, „in der tiefgreifende und rasche Veränderungen Schritt um Schritt auf die ganze Welt übergreifen" (GS 4). Das Konzil ging davon aus, dass sich „die menschliche Gesellschaft [...] in dieser unserer Zeit auf dem Weg zu einer neuen Ordnung befindet" (CD 3), und spricht von einem „Wandel der Lebensbedingungen", der „mit einem umfassenden Wandel der Wirklichkeit" zusammenhängt (GS 5). Zugleich werden in diesem Umbruch „in Jahrhunderten gewordene Denk- und Lebensformen der Gesellschaft völlig um(gestaltet)" (GS 6), wobei insbesondere „die überlieferten örtlichen Gemeinschaften, wie patriarchalische Familien, Clans, Stämme, Dörfer [...] einen immer tiefer greifenden Wandel" (GS 6) erfahren. So könne „man schon von einer wirklichen sozialen und kulturellen Umgestaltung sprechen, die sich auch auf das religiöse Leben auswirkt" (GS 4). In diesem Modernisierungsprozess muss auch die römisch-katholische Kirche, allen Kirchenevents der vergangenen Jahre zum Trotz, seit Jahren und Jahrzehnten einen Wandel ihrer Machtstellung im Gefüge der gesellschaftlichen Kräfteverhältnisse und dabei erhebliche Einschränkungen der Reichweite ihres Einflusses erleben, zeigt sich doch, wie sich nicht nur die Deutung des Kosmos, die menschliche Kommunität und Kultur der kirchlichen Steuerung zunehmend entziehen, sondern wie auch die menschlichen Körperregionen zunehmend dem kirchlichen Zugriff entgleiten. Dieser Prozess, den Rainer Bucher dramatisch als Entmächtigung der Kirche beschreibt, vollzog sich „vom Kosmos zur Kom-

---

[11] Vgl. *P. Bücher*, Vom Befehlen und Gehorchen zum Verhandeln. Entwicklungstendenzen von Verhaltensstandards und Umgangsformen seit 1945, in: *U. Preuss-Lausitz* u. a. (Hg.), Kriegskinder, Konsumkinder, Krisenkinder. Zur Sozialisationsgeschichte seit dem Zweiten Weltkrieg, Weinheim / Basel 1983, 196–212; *A. de Swaan*, Vom Befehlsprinzip zum Verhandlungsprinzip. Über neuere Verschiebungen im Gefühlshaushalt der Menschen, in: *H. Kuzmics – I. Mörth* (Hg.), Der unendliche Prozess der Zivilisation. Zur Kultursoziologie der Moderne nach Norbert Elias, Frankfurt/M. / New York 1991, 173–198.

munität und schließlich zum Körper. Die kosmisch codierte Selbstverständlichkeit des Christentums wird zuerst in Frage gestellt von Männern wie Galilei, Kopernikus und Kepler, der kirchliche Zugriff auf die (nicht-kirchliche) Kommunität ging mit dem bürgerlichen Gesellschaftsprojekt und somit im 19. Jahrhundert verloren [...]. Zuletzt aber versuchten die Kirchen, etwa über ihre Moralverkündigung, noch Einfluss auf den Körper zu nehmen, auf seine Praktiken und Techniken“[12] – Versuche, die im 20. Jahrhundert schließlich ebenfalls leer laufen, dramatisiert am Entzug des Frauenkörpers,[13] zudem pervertiert durch die jüngste „doppelte und doppelbödige Katastrophe“[14] der sexuellen Gewalt gegen Kinder „im Schutz von Kirchenmauern“[15].

Man wird sich darüber streiten können, ob die in diesen groben Zügen umrissenen Entmächtigungen bereits zu einer völligen „Ohnmacht“ der Kirche geführt haben,[16] aber in solchen Zuspitzungen kommt jener relative Machtwandel der Kirche im Ensemble der gesellschaftlichen Kräfteverhältnisse recht gut zum Ausdruck. Tatsächlich führt die erhebliche Beschleunigung der – vom Zweiten Vatikanum selbst formulierten – „Autonomie der irdischen Wirklichkeiten“ (GS 36), also die Tatsache, dass die Daseinsbereiche wie Staat, Wissenschaft, Wirtschaft, Recht, Massenmedien, Erziehung „ihre Eigengesetzlichkeit und ihre eigenen Ordnungen“ (GS 36) entwickeln, dazu, dass auch die Kirchen nur ein Teilsystem neben den anderen werden, welche die ihnen zugewiesenen Funktionen auch ohne Kirche bearbeiten. So erledigt z. B. die Deutsche Bahn auch ohne Kirche den Transport von Gütern und Menschen (möglichst schnell, sicher und pünktlich) und hat dafür auch keine Bahnhofsmission nötig. Diese Teilsysteme müssen und können auch nicht länger ein einheitliches Ganzes

---

12 *R. Bucher,* Machtkörper und Körpermacht. Die Lage der Kirche und Gottes Niederlage, in: Concilium 40 (2004) 354–363, hier 358.

13 Vgl. *M. E. Aigner – R. Bucher,* „Nicht länger Planeten um männliche Fixsterne ...“. Warum verlassen die Frauen die Kirche?, in: *R. Bucher* (Hg.), Die Provokation der Krise. Zwölf Fragen und Antworten zur Lage der Kirche, Würzburg 2004, 63–85, hier 69.

14 *H. Haker – R. Ammicht-Quinn – M. Junker-Kenny*, Postskriptum, in: Concilium 40 (2004) 364–368, hier 364.

15 *H. Ulonska – M. J. Rainer* (Hg.), Sexualisierte Gewalt im Schutz von Kirchenmauern. Anstöße zur differenzierten (Selbst-)Wahrnehmung, Münster 2003.

16 So *R. Bucher*, Die neue Ordnung der Geschlechter und die Ohnmacht der Kirche, in: *M. Gielen – J. Kügler* (Hg.), Liebe, Macht und Religion. Interdisziplinäre Studien zu Grunddimensionen menschlicher Existenz. Gedenkschrift für Helmut Merklein, Stuttgart 2003, 339–356, hier 256: Die Kirchen müssten gegenwärtig schmerzhaft lernen, so jüngst der Grazer Theologe Rainer Bucher, „in den Ruinen ihrer ehemals triumphalen, nunmehr aber zerbrochenen Machtsystemen zu leben. Nun fehlen den Ruinen vor allem zwei Dinge: jener Zusammenhang, der einst zwischen den Teilen herrschte, als sie noch Teile eines Ganzen waren, und es fehlt das Dach [...]. Sie konstituieren keinen eigenen Raum mehr, sondern sind Elemente ‚unter freiem Himmel‘.“

bilden, sind freilich durch vielfältige wechselseitige Abhängigkeiten nolens volens zusammengeschweißt, womit freilich auch Rücksichtslosigkeiten und Störungen (negative Externalitäten) verbunden sein können. Auch die Handlungskontrolle und der Handlungssinn der modernen Menschen werden damit zwischen den einzelnen Organisationen und Institutionen aufgespalten und sind keiner übergreifenden – auch keiner kirchlichen – Logik unterworfen. So kann die Kirche, wie Religion überhaupt, in modernen Gesellschaften typischerweise „keinen übergeordneten Status mehr erfolgreich beanspruchen"[17]. Neigungen zum Integralismus, die auch in anderen Religionen aufblitzen, scheitern an der Härte dieser struktur-funktionalen Differenzierung moderner Gesellschaften und werden auch innerkirchlich als anachronistisch diskreditiert, zieht der integralistische Standpunkt doch „einerseits das Göttliche zu tief in das Menschlich-Kulturelle herab und schränkt andererseits dies Menschlich-Kulturelle durch angebliche Gottesgebote zu stark ein"[18]. Mit Heiner Meulemann wird man im Blick auf die Tatsache, dass die religiöse „Teilung Deutschlands schroffer ist als die Teilung Europas" sagen können: „Die Bevölkerungen der früheren deutschen Teilstaaten leben nun [...] anderthalb Jahrzehnte zusammen und viele ihrer politischen Einstellungen haben sich angenähert, aber ihre Religiosität liegt weit auseinander. Worauf immer eine Sozialverfassung sich gründet, die Religion ist es nicht [...]; sie ist nicht Kitt des säkularen Staates".[19] Wenn die Kirche ihre Funktion als Integrationseinheit verliert, ist damit nicht gemeint, dass sie keine integrativen Leistungen erbringt, etwa zur Eingliederung von Minderheiten, für den inneren Frieden usw. Gemeint ist nur, dass die deutsche Gesellschaft auch ohne Kirchen Integrationsbemühungen aufzubringen hat und diese auch erfolgreich aufbringt, ja dass sie bereits in der Vergangenheit selbst Mechanismen auszubilden hatte, um die desintegrativen Tendenzen zu zähmen, die von den interkonfessionellen Konflikten ausgingen. Somit verlagerte sich die gesellschaftliche Integrationsfunktion auf Recht und Staat und dabei nicht zuletzt auf die sozialen Sicherungssysteme, an denen die Kirchen mit ihren Wohlfahrtsverbänden erheblich partizipieren. Abgesehen davon,

---

17 *F.-X. Kaufmann*, Zur Einführung: Probleme und Wege einer historischen Einschätzung des II. Vatikanischen Konzils, in: *F.-X. Kaufmann – A. Zingerle* (Hg.), Vatikanum II und Modernisierung, Paderborn 1996, 9–34, hier 23.

18 So schon *Neundörfer*, Kirche, 38. – *H. Häring*, Haus Gottes – Hüterin des Abendlandes? Joseph Ratzingers Katholizismus als europäisches Kulturprojekt, in: *R. Faber*, Katholizismus in Geschichte und Gegenwart, Würzburg 2005, 159–187, hier 181f, sieht solche integralistischen Züge in der Theologie Ratzingers angelegt.

19 *H. Meulemann*, Religiosität: Die Persistenz eines Sonderfalls, in: *J. W. van Deth* (Hg.), Deutschland in Europa. Ergebnisse des European Social Survey 2002–2003, Wiesbaden 2004, 55–76, hier 74.

dass die Kirchen noch weitere Funktionen an andere gesellschaftliche Teilsysteme abgetreten haben,[20] ist offensichtlich, dass an ihnen die Kommunikations- und Handlungsströme, ja die Lebensläufe erheblicher Bevölkerungsanteile ungestraft vorbeiführen können. Im Blick bereits auf die erheblich gewachsenen Anteile an religiös Nichtorganisierten und Nichtengagierten in Deutschland wird man sagen können, dass Kirche, wie das Gesamtfeld der Religion, „nicht mehr zu den selbstverständlichen Gegebenheiten, in denen sich das Leben bewegt"[21], gehört. Zugehörigkeit zur Kirche und Teilnahme an ihren Kommunikations- und Handlungszusammenhängen sind nicht mehr Voraussetzung, um an anderen Funktionssystemen teilhaben zu können. Im Blick auf den Klerus gilt sogar, dass seine spezielle kirchliche Rolle es kirchlicherseits zunehmend ausschließt, in anderen Funktionssystemen – insbesondere in der Partei- und Staatspolitik – eine aktive Leistungsrolle zu übernehmen.

Zugleich schwächt die kulturelle und religiöse Pluralisierung die Integrationskraft und normative Verbindlichkeit des institutionalisierten Christentums, zumal spätestens seit Reformation und Aufklärung der Sinn des Christlichen ja selbst als kontrovers und ‚dissensanfällig' erfahrbar wurde und bis heute ist. In Deutschland ist permanent erlebbar, wie zwei christliche Konfessionen, wie sie in den protestantischen Landeskirchen verkörpert werden, auch ohne geweihte Priester (wenn auch nicht ganz ohne Pfarrer) auskommen und dabei nicht weniger als die katholische Konfession den Anspruch erheben, ein gültiges Christentum zu repräsentieren. Offensichtlich wird auch, dass sich unter unseren Augen eine „Neudefinition der Grenzen des Feldes"[22] vollzieht, ein Kampf um die Definition des Religiösen selbst und um die Kompetenz zur Definition des Religiösen. Ich denke hier weniger an die wachsende Präsenz des Islam, der ja ebenfalls keine geweihten Priester kennt, sondern an die Tatsache, dass heute ganze Heerscharen von Lebensberatern, Sozialarbeitern, Ärzten, Lehrer für Gymnastik, Ausdruckstanz und fernöstliche Sportarten, Psychologen und Psychotherapeuten, Fernsehstars und Künstler kraft ihrer jeweiligen professionellen Kompetenz „Prinzipien, Symbolen, Mitteln und Handlungen" anbieten,

---

20 Vgl. *F.-X. Kaufmann*, Religion und Modernität. Sozialwissenschaftliche Perspektiven, Tübingen 1989, 84ff; er denkt hier noch an die Funktionen der Affektbindung oder Angstbewältigung, der Kosmisierung, der Handlungsführung im Außeralltäglichen, der Kontingenzbewältigung, der Weltdistanzierung und der Widerstandsmotivation.

21 *K.-F. Daiber*, Religion unter den Bedingungen der Moderne. Die Situation in der Bundesrepublik Deutschland, Marburg 1995, 41.

22 *P. Bourdieu*, Die Auflösung des Religiösen, in: *Ders.*, Rede und Antwort, Frankfurt/M. 1992, 231–237, hier 234.

„mit Hilfe derer der Mensch erwartet, das summum bonum des Lebens zu erlangen“.[23] Auch an die einschlägigen Anbieter im Internet wird man zu denken haben. Damit treten sie aber auch mit dem Geistlichen alten Schlages, erst recht mit dem katholischen Klerus, der als Amtsträger einer geistlichen Körperschaft das Monopol auf die legitime Verfügung über die Heilswahrheiten und Heilsgüter reklamiert, auf dessen Terrain in Konkurrenz. In diesem „Kampf um die Durchsetzung der richtigen Weise, Leben und Welt zu erleben und zu sehen“ und das ‚summum bonum des Lebens' zu definieren, wird die Stellung des Geistlichen auch zugunsten von Intellektuellen geschwächt, „die unter Berufung auf die Wissenschaft Wahrheiten und Werte durchsetzen, die offensichtlich häufig nicht mehr und nicht weniger mit Wissenschaft zu tun haben als die der religiösen Autoritäten der Vergangenheit“.[24] Der von mir hier zitierte französische Soziologe Pierre Bourdieu führt diese Verschiebung der Machtbalance im religiösen Feld selbst, zuungunsten der Kirche und ihrer geistlichen Amtsträger, zum einen auf den „Zusammenbruch der kollektiven Kontrollen“ zurück, der mit der Urbanisierung und der Privatisierung des Lebens zusammenhängt“; zum anderen aber auf die „allgemeine Hebung des Bildungsniveaus“, die „einer bestimmten Anzahl von Personen [...] persönliche(n) Zugriff zu der kulturellen Produktion, zu der spirituellen Autogestion“ erlaube.[25] Dies gilt auch für den neuen kommunikativen Möglichkeitenraum des Computers, der auch hinsichtlich seiner spezifisch religiösen Kommunikationen so niederschwellig ist, dass „tendenziell jeder Teilnehmer an der Kommunikation sich an ein Netz der Datenverarbeitung wenden kann, aus dem Informationen gezogen werden können, die von keiner Situation [...] mehr kontrolliert werden“, jedenfalls „mit den herkömmlichen Formen der Beziehungskontrolle (via Grenzsetzung) und Quellenkritik (via Autorität) nicht mehr bewältigt werden können“[26]. Über die sozial erweiterten Zugänge zu den Bildungsgütern und religiösen (online- und offline-) Angeboten ist eine erhebliche Verschiebung

---

[23] Dies ist die Religionsdefinition von *R. Panikkar*, Religion oder Politik: Das westliche Dilemma, in: Fuge. Journal für Religion & Moderne 1 (2007) 21–36, hier 22, über die sich freilich ebenso trefflich streiten lässt wie über andere Versuche, Religion zu definieren. Auch in den Religionswissenschaften tobt ein dauernder Kampf um den Religionsbegriff. Er reflektiert damit seinen gesellschaftlichen Kontext. Vgl. *W. Essbach*, Varros drei Religionen und die soziologische Religionstheorie, in: *R. Faber – F. Hager* (Hg.), Rückkehr der Religion oder säkulare Kultur? Kultur- und Religionssoziologie heute, Würzburg 2008, 124–140. Mit Hilfe der Unterscheidung von *theologia naturalis*, *theologia fabulosa* und *theologia civilis* könnte dieser Streit entzerrt werden, aber auch im Blick auf das religiöse Feld selbst eine analytische Klärung der Konkurrenz um das Religiöse herbeigeführt werden.

[24] *Bourdieu*, Die Auflösung, 236f.

[25] *Bourdieu*, Die Auflösung, 236.

[26] *D. Baecker*, Studien zur nächsten Gesellschaft, Frankfurt/M. 2007, 84f.

nicht nur der äußeren Machtbalance zuungunsten der Kirche und ihrer geweihten Amtsträger gekommen.

3. Macht- und Funktionswandel des Klerus

Zu einer Verschiebung der Machtbalance durch eine Relativierung der Klerus-Position ist es offensichtlich auch innerhalb der römisch-katholischen Kirche gekommen, obwohl sie sich keiner institutionellen Demokratisierung unterzog. Die 2000-jährige Entwicklung des Christentums zeigt, dass die römisch-katholische Kirche, wie Clemens Bauer formulierte, „alle politisch-staatlichen Ordnungsfiguren seit dem Ausgang der Antike in ihren inneren institutionellen Organismus auf[nimmt]", sie abbildet oder sie sich anverwandelt.[27] „Die Ordnungsfigur des liberalen und demokratischen Verfassungsstaates des neunzehnten Jahrhunderts", so Bauer weiter, sei „für sie nicht assimilierbar und abbildbar oder vielmehr nicht vereinbar mit ihrem inneren Wesen und ihrem Strukturprinzip"[28]. So überlässt die katholische Kirche seit dem 19. Jahrhundert zunehmend – wenn zunächst auch nicht ausschließlich – katholischen Laien die *politische Repräsentanz*, d. h. ermöglicht das „Eintreten des Laientums" – in Deutschland stehen hier stellvertretend etwa die Namen von Franz Josef Ritter von Buß, Hermann von Mallinckrodt, Ludwig Windhorst und Reichensperger – „in die Leitung der öffentlichen katholischen, ja wir dürfen sagen, selbst der kirchlichen Angelegenheit",[29] obwohl die Zentrumspartei – etwa im Kulturkampf – zahlreiche Interessen der Kirche nicht wirkungsvoll hat vertreten können und auch nicht nur als politischer Arm des Klerus hat erscheinen wollen.[30] Unübersehbar ist auch das wachsende Gewicht, das den Laien seit der Mitte des 19. Jahrhunderts als *Experten für die Verwaltung der Diözesen* zufiel, auf die der hohe Klerus in wachsendem Maße angewiesen war.[31] Im Laufe des 20. Jahrhunderts ist auch innerhalb anderer Teilsysteme der Kirche, wie des *Cari-*

---

27 *C. Bauer*, Bild der Kirche – Abbild der Gesellschaft, in: *Ders.*, Deutscher Katholizismus. Entwicklungslinien und Profile, Frankfurt/M. 1964, 9–27, hier 25.

28 *Bauer*, Bild, 25.

29 *Neundörfer*, Kirche, 40.

30 Vgl. *H. Hürten*, Kurze Geschichte des deutschen Katholizismus 1800–1960, Mainz 1986, 146ff.

31 Vgl. *M. N. Ebertz*, „Ein Haus voll Glorie, schauet ...". Modernisierungsprozesse der römisch-katholischen Kirche im 19. Jahrhundert, in: *W. Schieder* (Hg.), Religion und Gesellschaft im 19. Jahrhundert (Industrielle Welt. Schriftenreihe des Arbeitskreises für moderne Sozialgeschichte 54), Stuttgart 1993, 62–85; *Ders.*, Die Bürokratisierung der katholischen „Priesterkirche", in: *P. Hoffmann* (Hg.), Priesterkirche (Theologie zur Zeit 3), Düsseldorf [2]1989, 132–163, bes. 151f; *Ders.*, Grundzüge katholischer Massenreligiosität in der zweiten Hälfte des 19. Jahrhunderts, in: Historicum. Zeitschrift für Geschichte 1995/96 (Winter) 14–19.

tasverbandes mit seinen heute über 500 000 Hauptamtlichen oder der *Theologischen Fakultäten* oder der *Orden* die Angewiesenheit des Klerus auf die Laien erheblich gewachsen. Besonders nach dem II. Vatikanischen Konzil erhalten Laien – Männer wie Frauen – zunehmend auch Einzug in das *Seelsorgepersonal* und treten damit, auch jenseits der ehedem bereits von Laien mitverantworteten Schule (Religionsunterricht), Katechese und Caritas, als bevollmächtigte Leistungserbringer in die operativen pastoralen Handlungsfelder der Pfarreien ein. Die bischöflichen Personalverwaltungen sind nun auch auf diese theologisch qualifizierten Laien angewiesen, um die ehemaligen Planstellen für (nicht mehr vorhandene) Kapläne, Vikare und Pfarrer zu besetzen.[32] Im Zuge dieser Integration von Gemeinde- und Pastoralreferenten und -referentinnen in das pastorale Feld wird auch ein neuer Autoritätstyp implementiert, der die traditionale, die bürokratische und (amts-)charismatische Kirchenherrschaft ergänzt und irritiert, nämlich ‚funktionale', also aus professioneller Kompetenz begründete Autorität.[33] Die auch im Zuge des Priestermangels erfolgte pastorale Eingliederung dieser fachlich oft hoch qualifizierten Laientheologen, „die dem Stand nach zwar ‚Laien' bleiben, doch immer mehr Gemeindeleiterfunktion ausüben",[34] macht sie zum „entscheidenden Amt"[35] auch im Prozess der funktionalen Demokratisierung des kirchlichen Ämtersegments. Wie auch die Gemeindereferenten und Gemeindereferentinnen (die ehemaligen „Seelsorgehelferinnen") schreiben sie sich nicht nur die ehedem dem Klerus vorbehaltene Bezeichnung „Seelsorger" (ja sogar „Seelsorgerinnen") zu,[36] sondern übernehmen auch in ihrer „breiten Palette von pastoralen Aufgaben" solche, „die vorher ausschließlich Priester wahrgenommen haben".[37] In diesem Zusammenhang kommt es zu Verunsicherungen seitens des Klerus, aber auch in der offiziellen Terminologie, ob und inwiefern die Leistungsrollen der Gemeinde- und Pastoralreferenten ‚Kirchenämter (officia ecclesiastica)' oder – in „mitunter krampf-

---

32 Vgl. *H. Hallermann*, Klerikalisierung der Laien – Laisierung der Kleriker? Die neuen Kirchenämter in der Perspektive des Kirchenrechts, in: *E. Garhammer* (Hg.), Ecclesia semper reformanda. Kirchenreform als bleibende Aufgabe, Würzburg 2006, 187–208, hier 207.

33 Vgl. zum Begriff: *H. Hartmann*, Funktionale Autorität. Systematische Abhandlung zu einem soziologischen Begriff, Stuttgart 1964.

34 *S. Lederhilger*, Kooperative Seelsorge und die Frage nach dem Amt. Kirchenrechtlich-dogmatische Probleme, in: Theologisch-praktische Quartalschrift 142 (1994) 123–136, hier 124.

35 *R. M. Bucher*, Das entscheidende Amt. Die Pluralität, das Konzil und die PastoralreferentInnen, in: Pastoraltheologische Informationen 9 (1989) 263–294.

36 Vgl. *S. Pemsel-Maier* (Hg.), Zwischen Alltag und Ausnahme: Seelsorgerinnen. Geschichte, Theologie und gegenwärtige Praxis, Ostfildern 2001.

37 LaientheologInnen in kirchlichen Berufen. Abschlussmemorandum des Symposiums von Wien, in: Lebendige Seelsorge 58 (2007) 214–219, hier 215.

haft aufrecht erhaltener Unterscheidung“[38] – bloß ‚Dienste (munera)' genannt werden.

Auffällig ist zudem, dass die Grundvollzüge von Kirche und Gemeinde bereits „heute ohne vielfältigste ehrenamtliche Mitarbeit nicht vorstellbar [wären]“.[39] Allerdings weist die Personalstruktur dieser *sekundären Leistungsrollen* seit einigen Jahren eine deutliche Feminisierungstendenz auf.[40] Auch in diesem Zusammenhang dürfte die langfristige, mit dem „Siegeslauf“ der Volksschule im 19. Jahrhundert beginnende Hebung des Bildungsniveaus ein gewichtiger Faktor sein, die „in der ganzen Breite des Volkes eine geistige Haltung [schafft], die für das kirchliche Leben nicht weniger bedeutsam ist wie für das staatliche“, wie schon Karl Neundörfer in den 1920er Jahren schrieb.[41] Diese Entwicklung brachte, so schreibt er, „nicht nur eine Höherstellung des Volkes gegenüber den Fürsten und Gelehrten, sondern auch der Frauen gegenüber den Männern“. Jene „Frauen weiterer Volkskreise, welche heute an Bildungsbesitz und politischem Einfluß gleichberechtigt neben dem Manne stehen, spüren, dass damit auch ihre Stellung in der Kirche zum Problem wird. Die Auseinandersetzungen über die Frage des weiblichen Priestertums in den letzten Jahren sind dafür Beweis genug“, so schreibt er in den 1920er Jahren weiter. Und in der Tat könne man, so Neundörfer, „die Frage nach der Stellung der Laien in der Kirche von der Frage nach der Stellung der Frau in der Kirche nicht trennen“.[42] Neben den „erfreulichen“ Seiten dieses „Aufstieges des Laientums“, die

38 *Hallermann*, Klerikalisierung, 202; vgl. *S. Demel*, Kirchenrechtliche Grundlagen, in: *H.-G. Hunstig. – M. Bogner – M. N. Ebertz* (Hg.), Kirche lebt. Mit uns. Ehrenamtliches Laienengagement aus Gottes Kraft, Düsseldorf 2004, 110–124, hier 118ff.

39 *U. Ruh*, ‚Ehrenamtliche' – Mitarbeiter im Reich Gottes, in: *Freiburger Materialdienst für die Gemeindepastoral* 2001, Heft 1: Ehrenamt – ein Amt, das Ehre bringt?, 11–14, hier 11.

40 Vgl. *M. N. Ebertz*, Ehrenamtliches (Laien-)Engagement. Einsichten und Anstöße, in: *H.-G. Hunstig – M. Bogner – M. N. Ebertz* (Hg.), Kirche lebt. Mit uns. Ehrenamtliches Laienengagement aus Gottes Kraft, Düsseldorf 2004, 142–175; *Ders*., Exodus? Frauen und die katholische Kirche in Deutschland, in: *W. Damberg – A. Liedhegener* (Hg.), Katholiken in den USA und Deutschland. Kirche, Gesellschaft und Politik, Münster 2006, 260–272. – Und neuere Untersuchungen z. B. im Bistum Essen zeigen im Blick auf die Erstkommunion- und Firmkatechese, dass sie „ganz überwiegend, vielerorts ausschließlich Sache von Frauen“ ist: „sie stellen 94% (!) der Befragten in der Erstkommunionkatechese und 73% in der Firmkatechese (86% überhaupt). Und es ist – vor allem bei Erstkommunionkursen – Müttersache. Nur 4% der Erstkommunionkatechetinnen haben selbst keine Kinder,“ so *IKSE (Institut für Kirchliche Sozialforschung des Bistums Essen)*, Ehrenamtliche Mitarbeit in der Gemeindekatechese, Essen 2005, 17. Dieser Tatbestand deckt sich sogar weitgehend mit der kirchenrechtlichen Intention (c. 914 CIC), die allerdings nicht einmal von allen deutschen Bischöfen anerkannt ist; vgl. *Hallermann*, Klerikalisierung, 199f.

41 *Neundörfer*, Kirche, 41.

42 *Neundörfer*, Kirche, 41f.

er zum Beispiel in einem Wachstum an „religiöser Innerlichkeit" sieht, liegt für Neundörfer, der ja Jurist, Priester, Zentrumspolitiker war und zum engeren Kreis um Guardini zählte, „das Bedenkliche [...] in den offensichtlichen Gefahren dieser Entwicklung für die gottgegebene Verfassung der Kirche an sich und ihren gottgewollten Einfluß auf die Welt".[43]

Für die Erklärung des innerkirchlichen Aufstiegs des Laientums und seiner damit einhergehenden Relativierung der Klerus-Position wird man historisch noch weitere Momente hinzuziehen müssen. So hat die Kirche im 19. Jahrhundert auch aus konfessionspolitischen Gründen nicht nur unterstützt, dass „jeder von Natur aus das Recht" habe, „eine Familie zu gründen, wenn er nicht freiwillig auf die Ausübung dieses Rechts verzichtet", sondern auch betont, dass „das Associationsrecht überhaupt ein natürliches Recht aller Menschen ist".[44] Der Aufbau eines immer dichteren und aufgaben- wie zielgruppendifferenzierten Netzes katholischer Vereine und Verbände sorgte auch im Umfeld parochialer und diözesaner Kirchenstrukturen für eine gewisse Konzentration der Sozialkontakte von Katholiken auf Gesinnungsgenossen und für deren weitgehende Segregation von Andersdenkenden, die sich ebenfalls zur Stabilisierung ihrer Weltanschauungen der Sozialform des Vereins bedienten. Obwohl zumeist formell oder informell vom Klerus initiiert, konstruiert, subventioniert und kontrolliert, boten sie zugleich kaum zu unterschätzende „Ansätze innerhalb der Kirche [...], die über eine Einwegkommunikation hinausgingen".[45] Diese katholischen Vereine gaben demokratischen Verfahren der Diskussion und Entscheidung, ja auch dem Prinzip der freiwilligen Mitgliedschaft und der Mitverantwortung in sozialen und religiösen Angelegenheiten Raum sowie der Ersetzung, zumindest der Ergänzung der innerkirchlichen Unterordnung durch eine tendenziell egalitäre Gleichordnung. Neben der Rückbindung an die kirchliche Institution war zum Beispiel für die Kolping-Vereine typisch, dass „der Verein durch die Gesellen selbst geführt wurde", was – im Unterschied etwa zu den zeitgenössischen, von Unternehmern oder Adeligen geführten Arbeitervereinen in Frankreich – ein Novum darstellte.[46] Folgt man einer These von Thomas Nipperdey, führte die Eigendynamik dieser partizipativen Ansätze die Kirchen-

---

43 *Neundörfer*, Kirche, 42.

44 *A. Stöckl*, Art. Familie, in: Wetzer und Welte's Kirchenlexikon IV, 1217–1227, hier 1224.

45 *G. Bergmann*, Kommunikationsmuster in der Kirche, in: *E. Golomb* (Hg.), Kirche und Katholiken in der Bundesrepublik, Aschaffenburg 1974, 110–125, hier 120.

46 *K. Schatz*, Zwischen Säkularisation und Zweitem Vatikanum. Der Weg des deutschen Katholizismus im 19. und 20. Jahrhundert, Frankfurt/M. 1986, 163.

laien schließlich sogar „über die traditionelle und autoritätsbestimmte kirchliche Kultur hinaus".[47] Der dann 1890 gegründete, vom Episkopat weitgehend unabhängige „Volksverein für das katholische Deutschland" leistete neben seiner primär staatsbürgerlichen Massenschulung „apologetische Bildungsarbeit für die Masse des katholischen Volkes", wodurch „dem einfachen Katholiken Argumente und Hilfen zur Verteidigung seines Glaubens geboten wurden".[48] Die moderne Gesellschaft mit ihrer Pluralität der Weltanschauungen ließ es gar nicht mehr zu, die Maßnahmen der Glaubenskommunikation und -reflexion allein auf den Klerus zu konzentrieren, sondern es Schritt für Schritt einem – klerikal gezügelten – „Laienapostolat" zu überlassen. Wenn auch der Einbau solcher partizipativer Strukturelemente in den Kommunikations- und Handlungszusammenhang der Kirche nicht dazu geführt hat (und dazu führen sollte), die zentralistische hierarchische Formalstruktur der katholischen Kirche aufzubrechen, so hat er doch dazu beigetragen, sie auszubalancieren und neuen Erfahrungen von Kirche Raum zu geben. Zumindest trugen sie mit dazu bei, die überkommene Glaubensform vieler Laien auf ein neues Reflexionsniveau zu heben. Damit wurde aber auch das kircheninterne priesterliche Monopol auf die legitime Verfügung über die Heilswahrheiten und Heilsgüter zunehmend in die Dauerreflexion und Dauerkommunikation hineingezogen. Davon wurde nicht zuletzt auch die spezifische Leitdifferenz der Kirche (Heil vs. Unheil) erfasst, womit das Drohpotential von Hölle und Fegefeuer einen erheblichen Geltungsverlust und darüber der Klerus einen kaum zu unterschätzenden Machtverlust erlitt.[49]

Die Kirchenlaien, zur so genannten ‚Früh-' und ‚Oftkommunion'[50] und zur eigenen Bibellektüre auch kirchenoffiziell angeregt, nehmen nicht nur das Wort Gottes zur Hand, sondern auch noch – per ‚Schott'[51] – die in die deutsche Sprache übertragenen liturgischen Texte. Sie nehmen – über die liturgischen Bewegungen – an liturgischen Experimenten teil und werden unter dem Postulat der

---

47 *Th. Nipperdey*, Religion und Gesellschaft: Deutschland um 1900, in: Historische Zeitschrift 246 (1988) 591–615, hier 594.

48 *Schatz*, Säkularisation, 177.

49 Vgl. *M. N. Ebertz*, Die Zivilisierung Gottes. Der Wandel von Jenseitsvorstellungen in Theologie und Verkündigung, Ostfildern 2004; *Ders.*, Vom Standort im Absoluten zur Bewegung ins Relative. Die Zivilisierung der christlichen Gottes- und Jenseitsvorstellungen und ihre Folgen, in: *Faber – Hager* (Hg.), Rückkehr der Religion oder säkulare Kultur?, 141–165.

50 Durch Papst Pius X. (1903–1914).

51 ‚Der Schott' ist das seit 1884 in zahlreichen Auflagen lateinisch und deutsch erscheinende „Messbuch der heiligen Kirche (Missale Romanum-) mit liturgischen Erklärungen für Laien", bearbeitet vom Beuroner Benediktiner P. Anselm Schott.

aktiven Teilnahme immer stärker in das liturgische Geschehen einbezogen. Auch hierbei sind Anpassungen an die sich gesellschaftlich vollziehenden funktionalen Demokratisierungsprozesse unübersehbar. „Nicht so sehr der Gedanke, die Tat gilt heute“, so schreibt der liturgische Experimentator von St. Gertrud, Pius Parsch, bereits 1928: „Der heutige Mensch sucht mitzutun, er will nicht bloß dastehen. Er will mitverstehen, mithandeln, vielleicht werktätig, sonst hat er kein Interesse. Ja, man kann sagen, wenn wir nicht wieder das Volk in die Handlung hineinziehen, so werden wir die Massen immer mehr verlieren“.[52] Nach dem II. Vatikanischen Konzil ergreifen die Laien schließlich auch noch ‚barhändig' – austeilend und empfangend – das Allerheiligste, was vorher nur dem Priester gestattet war. Weitere Relativierungen erfährt seine Position über den weitgehenden Wegfall der Priestersprache (Latein), den die liturgischen Erneuerer als eines der wichtigsten „zeitgemäßen Zugeständnisse“ an die Laien zwecks Überwindung ihrer „zunehmenden Kirchenentfremdung“ gefordert hatten.[53] Die dann in den 1970er Jahren anhebende „Gemeindebewegung“[54], die nicht wenige Impulse von der Liturgischen Bewegung empfing und sich von der Volk-Gottes-Lehre des II. Vatikanischen Konzils und der Würzburger Synode inspiriert sieht, konnte dann sogar soweit gehen, die intermediäre Sonderstellung des Priesters zugunsten der Laien abzuwerten. Man muss dies nicht in die ‚Gemeindebewegung' hineinprojizieren; wir finden solche Umwertungen mehr oder weniger dicht expliziert bei ihren Vertretern, beispielsweise in den „Zielvorstellungen einer kirchlichen Gemeinde von morgen“, wie sie Norbert Greinacher Anfang der 1970er Jahre vorgelegt hat: „Die Christen unterstehen nicht mehr“, so Greinacher, „der Vormundschaft von sakralen Institutionen. Sie sind nicht mehr der Gesetzesherrschaft unterworfen (vgl. Gal 4,5). Es gibt im neuen Bund keine Heilsvermittlung durch Sakralinstitutionen; es gibt keine

---

52 So *P. Parsch*, Die aktive Teilnahme des Volkes an der Liturgie, in: *Ders.*, Volksliturgie. Ihr Sinn und Umfang, Klosterneuburg / Wien 1940, 89–115, hier 112.

53 *Parsch*, Teilnahme, 114f.

54 Ein Ausdruck, der mehrfach verwendet wird und möglicherweise eingeführt wurde von *N. Mette*, ‚Pastorale Strategien' und Organisation des Gemeindelebens in Deutschland seit 1960, in: *W. Damberg – A. Liedhegener* (Hg.), Katholiken in den USA und Deutschland. Kirche, Gesellschaft und Politik, Münster 2006, 98–114, hier 114: „Wesentlich durch die Bestimmungen der Kirche als Volk Gottes und Gemeinschaft der Gläubigen, wie sie das II. Vatikanische Konzil in Erinnerung gerufen hat, ist im deutschsprachigen Raum eine Gemeindebewegung aufgebrochen. Das Motto ‚Unsere Pfarreien müssen zu Gemeinden werden', stand dafür als Devise. Es galt, lebendige und aktive Gemeinden aufzubauen, in denen das theologische Prinzip beherzigt und umgesetzt wurde, dass alle Gläubigen, also auch die Laien, Subjekte der Heilssendung der Kirche sind.“ – Ansonsten ist der Ausdruck „Gemeindebewegung“ im freikirchlichen Sektor gängig. So nennt sich zum Beispiel der Bund Freikirchlicher Pfingstgemeinden auf seiner Homepage eine „Gemeindebewegung“.

Vermittlungsinstanzen zwischen Gott und den Menschen, denen sich der Christ unterwerfen muss." Für die christliche Gemeinde stelle sich deshalb, so Greinacher weiter, „die Aufgabe, die urchristlichen Werte von Gleichheit und Brüderlichkeit, die ihren Ursprung in der Botschaft Jesu haben, die sich aber in der Neuzeit außerhalb und zum großen Teil im Kampf gegen die Kirche realisierten, in der Gemeinde von neuem zu verwirklichen. Dieser Realisierung von Gleichheit in der Gemeinde stehen zwei schwerwiegende Hindernisse im Wege: zum einen autoritäre kirchliche Herrschaftsstrukturen, zum anderen ein verbreiteter kirchlicher Patriarchalismus, wobei beide Phänomene miteinander zusammenhängen".[55] Greinacher fordert eine „herrschaftsfreie Gemeinde", was für ihn nicht bedeutet, „dass eine Gemeinde ohne Machtausübung, ohne Autorität, ohne Amtsträger, ohne eine bestimmte Ordnung dem Chaos, der Anarchie überantwortet wird. Herrschaftsfrei besagt unter anderem, dass dann, wenn in der Gemeinde von bestimmten Amtsträgern Macht ausgeübt wird, diese sich verantworten müssen".[56] Damit müsse auch der Patriarchalismus, der „eine subtile Form von Herrschaftsausübung" sei und im „Gedanken des Vaters im Hinblick auf Papst, Bischöfe und Priester in den Vordergrund kam", nicht nur terminologisch überwunden, sondern auch „zugunsten einer funktionalen, rationalen, kontrollierten Machtausübung" besonders in den Gemeinden abgebaut werden.[57]

4. Gebremste Laisierung

Spätestens an dieser Stelle meiner Ausführungen ist daran zu erinnern, dass der von Norbert Elias eingeführte Begriff der ‚funktionalen Demokratisierung' „nicht identisch mit dem einer Entwicklung zur ‚institutionellen Demokratie'" ist und sich durchaus auch innerhalb nicht-demokratisch verfasster Ordnungssysteme manifestieren kann.[58] Die offizielle Kirche ist ja auch bekanntlich jener in der Gemeindebewegung formulierten radikalen Position in ihrer Reaktion

---

55 *N. Greinacher*, Zielvorstellungen einer kirchlichen Gemeinde von morgen (1974), in: *N. Greinacher – N. Mette – W. Möhler* (Hg.), Gemeindepraxis. Analysen und Aufgaben, Mainz 1979, 126–141, hier 133. – Zur Brüderlichkeitssemantik in der christlichen Tradition und darüber hinaus vgl. *H. Tyrell,* Die christliche Brüderlichkeit. Semantische Kontinuitäten und Diskontinuitäten, in: *K. Gabriel – A. Herlth – K. P. Strohmeier* (Hg.), Modernität und Solidarität. Für Franz-Xaver Kaufmann, Freiburg/Br. u.a. 1997,189–212; *J. Ratzinger*, Die christliche Brüderlichkeit, München 1960, bes. 59 zur „Reduktion des Bruderbegriffs auf die Hierarchie und die Asketen".

56 *Greinacher*, Zielvorstellungen, 134.

57 *Greinacher*, Zielvorstellungen, 134.

58 *Elias*, Soziologie, 72.

auf den skizzierten Wandel der außer- und innerkirchlichen Machtbalance zuungunsten des Klerus, der auch dessen berufliche Identität erheblich irritiert,[59] nicht gefolgt. Die ersten Schritte der inneren Laisierung der Kirche zeigten bereits in den 1920er Jahren ein Dilemma, das Karl Neundörfer so formuliert hat: Einerseits wächst das Risiko, dass sich viele Laien „über die Lehren und Forderungen der kirchlichen Hierarchie hinweg [setzen]", andererseits erhöht sich die Wahrscheinlichkeit, dass „vielfach mit grundsätzlichem Misstrauen allem gegenüber, was von den Laien kommt", begegnet wird: Man wage, so schon Neundörfer weiter, „nicht einmal mehr das Wort von dem allgemeinen Priestertum auszusprechen, aus Furcht, schon dadurch den Rechten des hierarchischen Priestertums zu nahe zu treten".[60] Somit erwuchs dem kirchlichen Führungspersonal das „entscheidende Problem", wie es die Laien „in der notwendigen Balance zwischen Apathie und Aktivität erhalten kann",[61] ohne die für gottgegeben geglaubte hierarchische Verfassung der Kirche preiszugeben.[62] Überapathie der Laien würde der Kirche die notwendigen Ressourcen abschneiden, Überaktivität die Autonomie des Klerus angreifen und aus der Kirche eine Bewegung werden lassen, die im enthusiastischen und zugleich dilettantischen Engagement den funktionellen und konventionellen Rahmen durchbricht.[63] Überaktivitäten könnten aber auch von unzufriedenen Mitgliedern ausgehen und zur Stärkung einer innerkirchlichen Opposition bis hin zu Umsturzbewegungen führen.

Die Reaktionen der römisch-katholischen Kirche seit dem II. Vatikanischen Konzil lassen eine außerordentlich differenzierte (und binnenkirchlich durchaus konfliktreiche) Strategie erkennen, die sich als gebremste oder halbierte Laisierung bezeichnen lässt. *Doktrinär* trug sie mit dem II. Vatikanischen Konzil der äußeren Schwächung des klerikalen Machtgewichts im Ensemble der gesellschaftlichen Kräfte – nicht zuletzt mit Blick auf das Verhältnis von Kirche und Staat – durch die Anerkennung des Prinzips der Religionsfreiheit (DH) und der

59 Vgl. *H. Brosseder*, Das Priesterbild in der Predigt, München 1978, 159ff.
60 *Neundörfer*, Kirche, 43.
61 *L. Hoffmann*, Management und Gemeinde, in: *J. Wössner* (Hg.), Religion im Umbruch - soziologische Beiträge zur Situation von Religion und Kirche in der gegenwärtigen Gesellschaft, Stuttgart 1972, 369–394, hier 381.
62 Vgl. *Neundörfer*, Kirche, 42.
63 Vgl. hierzu auch *E. Pankoke*, Institution und Verantwortung. Ehre und Engagement im Wandel der Werte, in: *B. Schäfers – J. Stagl* (Hg.), Kultur und Religion, Institution und Charisma im Zivilisationsprozess. Festschrift für Wolfgang Lipp, Konstanz 2005, 177–205.

Autonomie der irdischen Wirklichkeiten (GS 36) Rechnung.[64] Sah die traditionelle, auch von den Kurialen des II. Vatikanischen Konzils vertretene und von ihnen „bis heute festgehaltene Auffassung" im Verhältnis von Kirche und Gesellschaft „eine Über- und Unterordnung mit einseitiger Anhängigkeit – die Kirche gibt, die jeweilige Gesellschaft empfängt", so sieht „die neue, vom Konzil selbst vertretene, bis heute indes nur partiell durchgeführte Auffassung [...] in diesem Verhältnis eine Gleichstellung mit wechselseitiger Abhängigkeit – beide geben, beide empfangen".[65] Auch Hermann J. Pottmeyer zufolge intendiert diese Kirchenkonzeption eine „partnerschaftliche Beziehung"[66] zwischen Kirche und Gesellschaft. Hinzu kommt eine vom Konzil – und auch im Kirchenrecht von 1983 – gepflegte Idee „einer wahren Gleichheit aller Mitglieder des Volkes Gottes", womit „Laien [...] nicht nur (sic!) Untergebene, sondern Lehrer und Lehrerinnen der Kirche" sind.[67] Zusammen mit dieser Egalitätsidee überspielt dann eine von der Kirchenleitung gepflegte Vorstellung des Dienstes und der Communio[68] die faktisch etablierte Dichotomie bzw. Heterogenität. Diese Vorstellungen können zwar auch ideologische Funktionen haben, demonstrieren aber ihrerseits auch den Zwang zur funktionalen Demokratisierung auf der doktrinären Ebene. Diese Egalitäts- und Gemeinschaftsideologie kann ergänzt werden durch „Rituale oder besondere Ereignisse", durch „kleine Feiern des ‚Wir'" und einen Leitungsstil, der in der modernen Führungsliteratur „Leiten als kollaboratives Teilnehmen" genannt wird.[69] Auf der *strukturellen Ebene* wurden in Deutschland Zonen des Laien-Engagements im binnenkirchlichen Bereich eröffnet und über die Bildung von Räten auf Pfarrei-, Diözesan- und Bischofskonferenzebene die Chancen der Übernahme von sekundären Leistungsrollen erheblich erweitert. Auch darin manifestiert sich ein Schub zur funktionalen Demokratisierung, der manchen noch nicht weit genug geht. Die Laien seien, so Sabine Demel, die den Katalog von Rechten und Pflichten für

---

64 Vgl. *M. N. Ebertz*, Kirche im Wandel der Gesellschaft, „in der sie lebt" (CD 13), in: *F. X. Bischof – S. Leimgruber* (Hg.), Vierzig Jahre II. Vatikanum. Zur Wirkungsgeschichte der Konzilstexte, Würzburg ²2005, 9–28, besonders 25f.

65 *E. Klinger*, Das Aggiornamento der Pastoralkonstitution, in: *F.-X. Kaufmann – A. Zingerle* (Hg.), Vatikanum II und Modernisierung. Historische, theologische und soziologische Perspektiven, Paderborn 1996, 171–187, hier 180f.

66 *H. J. Pottmeyer*, Modernisierung in der katholischen Kirche am Beispiel der Kirchenkonzeption des I. und II. Vatikanischen Konzils, in: *Kaufmann – Zingerle* (Hg.), Vatikanum II, 131–146, hier 144.

67 *Klinger*, Aggiornamento, 182.

68 Vgl. *Pottmeyer*, Modernisierung, 142f; *E. Klinger*, Die dogmatische Konstitution über die Kirche *Lumen gentium*, in: *Bischof – Leimgruber* (Hg.), Vierzig Jahre, 74–97, besonders 88ff.

69 So *H. Anderson* [u. a.], Die wertschätzende Organisation, in: *K. G. Deissler – K. Gergen* (Hg.), Die wertschätzende Organisation, Bielefeld 2004, 19–58, hier 33, 36.

alle Gläubigen, Kleriker und Laien, im Kirchenrecht von 1983 als „demokratische Errungenschaft in der katholischen Kirche“ lobt,[70] „bei den konkreten kirchlichen Lebensvollzügen [...] weiterhin in die Statistenrolle verwiesen“.[71] Die rechtliche und die faktische „Ausgestaltung der Dienste und Ämter in der Kirche“ werden von ihr als „im höchsten Maße unbefriedigend“ bewertet.[72] Die von Demel verwendeten Mangelstichworte lauten deshalb bezüglich der Laien: „keinerlei Mitentscheidungskompetenz“ in den nachkonziliaren Gremien der Mitverantwortung, keine Einklagbarkeit der Dialogbereitschaft der Amtsträger, keine Öffnung der meisten Dienste und Ämter für Laien, keine mitentscheidende Rolle der Laien bei der Besetzung dieser Dienste und Ämter.

5. Liturgische Domänensicherung

Tatsächlich zeigt sich die Verringerung der Machtdifferentiale zwischen Klerus und Laien darin, dass sich jener aus zahlreichen Aufgaben außerhalb und innerhalb der Kirche zugunsten von haupt- und ehrenamtlichen Laien zurückzieht und insbesondere das kircheninterne Monopol über die Heilswahrheiten und Heilsgüter verteidigt, d. h. auch den personellen Zugang zu diesem Monopol – nicht zuletzt auch mittels einer Politik des Zölibats – kontrolliert. So wird die Liturgie – insbesondere die Eucharistie – zur Domäne des Klerus, die zugleich theologisch als das Eigentliche aufgewertet und mit dem Bemühen verbunden wird, „die besondere Stellung der Priester gegenüber den übrigen Gläubigen hervorzuheben“.[73] Dabei sind Tendenzen einer ‚Redivinisierung' des Priesters unverkennbar.[74] Einbrüche in seine Domäne, die im Einzelfall sogar so weit gehen können, dass „Pastoralreferenten [...] die Kranken salben, Herrenmahl feiern und sich als durch die Akzeptanz der Kirchenvolks faktisch ordinierte PriesterInnen fühlen“[75], werden tabuisiert. Nach wie vor dem II. Vatikanischen

70 *S. Demel*, Mitmachen – Mitreden – Mitbestimmen. Grundlagen, Möglichkeiten und Grenzen in der katholischen Kirche, Regensburg 2001, 36f.

71 *S. Demel*, Laien-(Ohn-)Macht in der katholischen Kirche? Das deutschweizerische Modell im Kontext kirchenrechtlicher Reformforderungen, in: Orientierung 72 (2008) 42–48, hier 44. Deutlich affirmativer ist *Hallermann*, Klerikalisierung.

72 *Demel*, Laien-(Ohn-)Macht, 44.

73 *Hallermann*, Klerikalisierung, 208.

74 In Fragen einer so divergent verstandenen Ekklesiologie bzw. Ämterlehre liegen prinzipielle, m. E. *unüberwindbare* Unvereinbarkeiten in der ökumenischen Beziehung, insbesondere zwischen der evangelischen und der römisch-katholischen Tradition; vgl. *M. N. Ebertz*, Ökumene am Wendepunkt? Eine soziologische Perspektive, in: EPD-Dokumentation Nr. 12, 14. 3. 2006, 7–18.

75 *P. M. Zulehner*, Weiterhin hoher Nachdenk- und Gestaltungsbedarf, in: Lebendige Seelsorge 58 (2007) 225–228, hier 226.

Konzil präferiert die Weihe von Männern zur Allzuständigkeit in liturgischen Fragen, die damit auch von einer „Geschlechterhierarchie“[76] bestimmt werden. Dies gilt auch im Blick auf die Ämter des Lektors und des Akolythen, sofern sie auf Dauer und in einem liturgischen Akt (*institutio*) „nur männlichen Laien“[77] übertragen werden können. Außerdem gilt kirchenrechtlich, so Norbert Lüdecke: „Ministrantinnen muss es nicht geben, sie sind begründungsbedürftig“.[78] Dies wiederum bedeutet: „Ein Pfarrer durfte und darf nach dem verbindlichen Verständnis des Gesetzes Mädchen aufgrund ihres Geschlechts mit Blick auf das Gemeinwohl vom Ministrantendienst ausschließen. Er ist davor geschützt, Ministrantinnen zulassen zu müssen“.[79] Von der Übernahme der Rolle des liturgischen Vorstehers sind – ebenso wie bei der Spendung der Sakramente (mit Ausnahme von Taufe und Ehe) – verheiratete männliche Laien (und Diakone) ausgeschlossen: „Zelebrant ist einzig der gültig geweihte Priester“.[80] Wenn auch die Zelebration ohne Teilnahme wenigstens eines Gläubigen „unerlaubt, aber gültig“ ist, „gilt: Keine Eucharistie ohne Priester, wohl aber ohne andere Gläubige“.[81]

Auch von der Übernahme der Predigerrolle in der Eucharistiefeier (Homilie) sind alle nichtgeweihten Männer ausgeschlossen, denn „Laien sind unfähig, verbindlich zu lehren“.[82] Nicht nur der Vollzug der Liturgie erfolgt nach hierarchischer Ordnung, sondern auch die Normierung der liturgischen Ordnungskompetenzen und die „Überwachung des gesamten gottesdienstlichen Lebens“ erfolgt nach hierarchischer Weisung, d. h. unter Ausschluss der Laien.[83] „Dia-

---

76 *N. Lüdecke*, Kanonistische Bemerkungen zur rechtlichen Grundstellung der Frau im CIC/1983, in: *R. Weigand* (Hg.), Kirchliches Recht als Freiheitsordnung. Gedenkschrift für Hubert Müller, Würzburg 1997, 66–90, hier 88.

77 *N. Lüdecke*, Feiern nach Kirchenrecht. Kanonistische Bemerkungen zum Verhältnis von Liturgie und Ekklesiologie, in: Jahrbuch für Biblische Theologie 18 (2003) 395–456, hier 433. Gerade in der Liturgie zeigt sich das durch das in ‚Ordinatio Sacerdotalis' formulierte „Dogma von der Unmöglichkeit der Priesterweihe für Frauen“, so *N. Lüdecke*, Feiern, 417. Vgl. auch *N. Lüdecke*, Also doch ein Dogma? Fragen zum Verbindlichkeitsanspruch der Lehre über die Unmöglichkeit der Priesterweihe für Frauen aus kanonistischer Perspektive. Eine Nachlese, in: *W. Bock – W. Lienemann* (Hg.), Frauenordination (Studien zu Kirchenrecht und Theologie 3), Heidelberg 2000, 41–119; *W. Böckenförde*, Zur gegenwärtigen Lage in der römisch-katholischen Kirche. Kirchenrechtliche Anmerkungen, in: *N. Lüdecke – G. Bier* (Hg.), Freiheit und Gerechtigkeit in der Kirche. Gedenkschrift für Werner Böckenförde (Forschungen zur Kirchenrechtswissenschaft 37), Würzburg 2006, 143–158, hier 149.

78 *Lüdecke*, Feiern, 445.

79 *Lüdecke*, Feiern, 449.

80 *Lüdecke*, Feiern, 425.

81 *Lüdecke*, Feiern, 426.

82 *Lüdecke*, Feiern, 416f.

83 *Lüdecke*, Feiern, 419f.

kone und Laien besitzen keine Ordnungskompetenz in liturgischen Fragen."[84] Auch sind Laien – und partiell auch der Diakon (vgl. etwa c. 907 CIC) – über die Regelung durch Körpernormen vom Tragen ganz bestimmter liturgischer Gewänder und Insignien (z. B. die beim Priester ungekreuzt oder gerade hängend getragene Stola, die Kasel),[85] von der Einnahme bestimmter Plätze im liturgischen Raum (*spacing*) und von der Kommunikation ganz bestimmter Grußformeln, Gebete, Gesten und Gebärden (z. B. „Der Herr sei mit euch", die Präsidialgebete, die Orantenhaltung, der Altarkuss) ausgeschlossen. Auch die Initiative zur liturgischen Interaktion ist asymmetrisch strukturiert, d. h. dem Priester (und Diakon) vorbehalten, da es Laien nicht zukommt, aus eigenem Antrieb das Wort zu ergreifen. Insofern ist ihre participatio „actuosa, aber reactiva".[86]

Von der Teilnahme am Altarsakrament (ebenso vom liturgischen Vollzug des Sakraments der Eheschließung) sind wiederverheiratete Geschiedene und Menschen im „Konkubinat" ausgeschlossen: „Der Geschlechtsakt darf ausschließlich in der Ehe stattfinden; außerhalb der Ehe ist er stets eine schwere Sünde und schließt vom Empfang der Heiligen Kommunion aus".[87] Von der „Eucharistieberechtigung"[88] ausgeschlossen sind auch die in anderen Kirchen und kirchlichen Gemeinschaften Getauften, obwohl sie – wie es in der neuesten gegenseitigen Taufanerkennung heißt – über die Taufe „als ein Zeichen der Einheit aller Christen" mit Jesus Christus, „dem Fundament dieser Einheit" verbunden sind.[89] Im Übrigen gilt kirchenrechtlich immer noch: „Wer am Sonntag absichtlich ohne Entschuldigungsgrund und Dispens nicht an der Eucharistiefeier teilnimmt, begeht eine schwere Sünde. Wer sich ihrer bewusst ist, darf ohne vorherige Beichte nicht die Kommunion empfangen." Aus der Liturgie als organisierte, durchgestaltete und geregelte ‚Feier' sind auch besondere Formen des ‚Festes' ausgeschlossen, d. h. bestimmte Formen des spontan-emotionalen, unregelmäßigen und ungeplanten, schwärmerischen, ausgelassenen oder wilden, bisweilen ekstatischen kollektiven Ausstiegs aus dem Alltag – Formen, die wir durchaus im gesellschaftlichen Gesamthaushalt symbolischen

84 *Lüdecke*, Feiern, 421.
85 Für jedwede besondere liturgische Aufgabe und damit auch für Laien zulässig ist die Albe.
86 *Lüdecke*, Feiern, 433.
87 *Ecclesia Catholica*, Katechismus der Katholischen Kirche, München [u. a.] 1993, 604 (Nr. 2390).
88 *Lüdecke*, Feiern, 411.
89 Vgl. die Texte: http://www.dbk.de/aktuell/meldungen/01346/index.html (10. Mai 2009).

Handelns außerhalb der kirchlichen Regie vorfinden.[90] Zugelassen sind nur die von der kirchlichen Autorität gebilligten Handlungen.[91]

6. Das Bündnis mit dem Laientraditionalismus

Den seit einiger Zeit verstärkt zu beobachtenden innerkirchlichen Tendenzen, den erheblichen Verschiebungen der Machtbalance zwischen Klerus und Laien durch eine Aufwertung des geistlichen Amtsträgers gegenzusteuern, korrespondiert ein massives Bemühen der hierarchischen Spitze der Kirche, sich durch eine Art charismatisch-plebiszitäre Legitimation mit dem Laientraditionalismus zu verbünden[92] und damit den Laienintellektualismus (und die Laienprophetie) innerkirchlich zu neutralisieren. Es kommt nicht von ungefähr, dass die römisch-katholische Kirche als ältester ‚global player' und – so Kallscheuer – „einzige noch funktionierende Internationale"[93] die Sozialform des Events als „Plattform zur Unternehmenskommunikation"[94] schon seit einigen Jahren, wenn nicht Jahrhunderten für sich entdeckt hat.[95] Das Spektrum reicht von Feiern des Heiligen Jahres bis hin zu den Selig- und Heiligsprechungen, die unter Papst Johannes Paul II. (1978–2005) mit 482 Heilig- und 1338 Seligsprechungen „eine bislang beispiellose Blütezeit erfahren" haben. Freilich ist auch an den klassischen Fall der Wallfahrten zu denken, die bereits der Volkskundler Georg Schreiber einmal als die „Großkraftwerke volkstumhaften Ge-

---

90 Vgl. *B. Groen*, Einige Aspekte der heutigen ‚tätigen Teilnahme', in: Heiliger Dienst 58 (2004) 288–302, hier 297ff.

91 Vgl. *Lüdecke*, Feiern, 395, 402, 414.

92 Die „plebiszitäre Herrschaft", so hat *M. Weber*, Wirtschaft und Gesellschaft, Tübingen [5]1972, 156, für die politische Sphäre formuliert, bestehe „überall da, wo der Herr sich als Vertrauensmann der Massen legitimiert fühlt und als solcher anerkannt ist. Das adäquate Mittel dazu ist das Plebiszit. In den klassischen Fällen beider Napoleons ist es nach gewaltsamer Eroberung der Staatsgewalt angewendet, bei dem zweiten nach Prestige-Verlusten erneut angerufen worden. Gleichgültig (an dieser Stelle), wie man seinen Realitätswert veranschlagt: es ist jedenfalls formal das spezifische Mittel der Ableitung der Legitimität der Herrschaft aus dem (formal und der Fiktion nach) freien Vertrauen der Beherrschten". Das Plebiszit „ist keine ‚Wahl', sondern erstmalige oder [...] erneute Anerkennung eines Prätendenten als persönlich qualifizierten, charismatischen Herrschers", so *M. Weber*, Wirtschaft, 665. Es „ist keine gewöhnliche ‚Abstimmung' oder ‚Wahl', sondern die Bekennung eines ‚Glaubens' an den Führerberuf dessen, der für sich diese Akklamation in Anspruch nimmt", so *M. Weber*, Wirtschaft, 862.

93 *O. Kallscheuer*, Der Vatikan nach Johannes Paul II. Nachwort, in: *T. J. Reese*, Im Inneren des Vatikan. Politik und Organisation der katholischen Kirche, Frankfurt 1998, 397–426, hier 398.

94 *M. Bruhn*, Kommunikationspolitik: Grundlagen der Unternehmenskommunikation, München 1997, 777.

95 Über die Internationalisierung der römischen Kurie in den letzten Jahren: *T. J. Reese*, Im Inneren, 92ff.

schehens und volksbunter Bewegtheit"[96] bezeichnet hat. Eines der jüngeren Event-Formate stellen die Weltjugendtage dar.[97] Auch lässt sich etwa am Beispiel der kanonischen Selig- und Heiligsprechungen und erst recht an ihren Beschleunigungen, beispiellosen quantitativen Steigerungen,[98] qualitativen Veränderungen wie globalen Verschiebungen unter Johannes Paul II. nicht nur zeigen, wie die römisch-katholische Kirche den unausrottbaren ubiquitären Wunderglauben zu fördern und zugleich auch unter Kontrolle zu bringen versucht,[99] sondern wie sie sich frömmigkeits-, medien- und missionspolitische Chancen sowie „eine zusätzliche Legitimation durch die Erweiterung der charismatischen Repräsentation zu verschaffen" weiß, indem das durch Bürokratisierung und „Versachlichung bedrohte Amtscharisma mit dem personalen Charisma der Seligen und Heiligen"[100], gewissermaßen der ‚kleinen Propheten' der Kirche, verbunden wird. In allen vier Phasen dieser – 1983 reformierten – römisch-katholischen Kanonisationsprozedur, die seitens des Vatikans nun erneut reformiert werden soll,[101] kommt ‚Berichten über Wunder' der so genannten Kandidaten, Bestätigungen und Beurteilungen ihrer ‚Wundertätigkeiten' sowie

96 *G. Schreiber*, Strukturwandel der Wallfahrt. In: *Ders.* (Hg.), Wallfahrt und Volkstum, Düsseldorf 1934, bes. 90ff. – Unter dem Motto „Ich suche Dein Antlitz, Herr" können Pilger seit 2007 mit Charterflügen zu den religiösen Top-Zielen der Welt reisen – in Zusammenarbeit zwischen dem vatikanischen Pilgerbüro („Opera Romana Pellegrinaggi") und der Fluggesellschaft Mistral Air.

97 Vgl. *M. N. Ebertz*, Transzendenz im Augenblick. Über die ‚Eventisierung' des Religiösen – dargestellt am Beispiel der Katholischen Weltjugendtage, in: *W. Gebhardt – R. Hitzler – M. Pfadenhauer* (Hg.), Events. Soziologie des Außergewöhnlichen (Erlebniswelten 2), Opladen 2000, 345–362; *Forschungskonsortium WJT* (*W. Gebhardt* u. a.), Megaparty Glaubensfest. Weltjugendtag: Erlebnis – Medien – Organisation (Erlebniswelten 12), Wiesbaden 2007.

98 Bis 1978, dem Jahr des Beginns des Pontifikats von Johannes Paul II., wurden insgesamt 302 Heiligsprechungen und 980 Seligsprechungen durchgeführt.

99 Vgl. *J. Kaube*, Die wundersame Heiligenvermehrung, in: Frankfurter Allgemeine Sonntagszeitung vom 04.06.2006, Nr. 22, 66: Das Verfahren ist seit 1983 „weniger juridisch als historisch geprägt. So wird eher die Vermehrung als das Knapphalten der Heiligen begünstigt [...] Und der Wunsch, die Wunder möchten nicht abgenommen haben, wird genährt".

100 *A. Bienfait*, Zeichen und Wunder. Über die Funktion der Selig- und Heiligsprechungen in der katholischen Kirche, in: Kölner Zeitschrift für Soziologie und Sozialpsychologie 58 (2006) 1–22, hier 3.

101 Auf der Vollversammlung der Kongregation für die Heiligsprechungsverfahren Ende April 2006 forderte Papst Benedikt XVI. die Teilnehmer schriftlich auf, über das reformierte Kanonisationsverfahren neu nachzudenken und die Kriterien schärfer zu definieren: „Ein Seligsprechungsprozess könne nur eingeleitet werden, wenn der Kandidat tatsächlich im ‚Ruf der Heiligkeit' steht, betont Benedikt XVI. in seiner Botschaft. Herausragende christliche Lebensführung oder besondere kirchliche oder soziale Leistungen allein seien noch keine hinreichenden Voraussetzungen, um die Eröffnung eines Verfahrens zu rechtfertigen". Außerdem forderte der Papst die Kongregation auf, „die Frage eines Wunders im Licht der kirchlichen Tradition, der heutigen Theologie und dem neuesten Stand der Wissenschaften zu klären. Es müsse sich um ein ‚physisches Wunder' handeln; ein ‚moralisches Wunder' sei nicht ausreichend", so Die Tagespost vom 29. 04.2006, Nr. 51, 5.

medizinischen Beurteilungen und päpstlichen Approbationen von ‚Wunderheilungen' eine zentrale Bedeutung zu. Zugleich zeigt sich in der bislang durchgeführten Reform eine wachsende Anerkennung und Aufwertung der „spezifische Laienreligiosität der unteren Schichten"[102], ein Bündnis mit den Kräften des von Max Weber so genannten „Laientraditionalismus" und Teilen der „Laienprophetie" (gegen den „Laienintellektualismus"),[103] hat doch die Reform des Kanonisierungsverfahrens von 1983 über die Aufwertung des so genannten „Rufs der Heiligkeit" die ‚plebiszitäre' Mitwirkung der Laien ebenso erhöht wie die Anerkennung der Laien dadurch gesteigert wurde, dass ihre Anzahl unter den von Johannes Paul II. ‚zur Ehre der Ältäre' Erhobenen erheblich erhöht wurde.[104] Die zentrale römisch-katholische Kirchenleitung ist offensichtlich bemüht, alles daran zu setzen, das religiöse Massenphänomen der Wunderglaubensbereitschaft[105] auch im heutigen globalen religiösen Wettbewerb nicht anderen Konkurrenten zu überlassen und es als Mobilisierungsmittel gegen die außerchristlichen und außerkirchlichen Konkurrenten um das kirchliche Amtscharisma einzusetzen, auch gegen die innerkirchlichen. Die damit wiedergewonnene soziale Stärke des Katholizismus, die in seiner weltweiten Ausdehnung, in seiner medial vermittelbaren Visibilität und Zentralautorität besteht, gehört heute – neben dem unaufhaltsamen Aufstieg der Freikirchen (in Lateinamerika, Asien und Afrika) und der Expansion eines Islam, der seine traditionelle geographische Heimat verlassen hat – zu den drei aktuellen religiösen Bewegungen von weltgeschichtlicher Bedeutung.[106] Er verdankt sich der Legi-

102 *M. Weber*, Gesammelte Aufsätze zur Religionssoziologie, Band 2, Tübingen [8]1986, 247; zur „Laienreligiosität" s. auch 247, 278, 315.

103 Über diese „drei im Kreise der Laien wirksamen Mächte": *M. Weber*, Wirtschaft, 278. Diese Unterscheidung ist hilfreich, kommt es doch in der Tat darauf an, „dass man sich jeweils Rechenschaft darüber geben muss, von welchen Laien die Rede ist", so *U. Ruh*, Ein breites Spektrum. Die Rolle der Laien in der Kirche von heute, in: Herder Korrespondenz 62 (2008) 25–28, hier 28.

104 Darauf macht *Bienfait*, Zeichen, 12f, aufmerksam, ohne allerdings in ihrer Analyse Webers die wichtige Differenzierung der „drei im Kreise der Laien wirksamen Mächte" zu berücksichtigen.

105 Neuere Befragungsergebnisse des Instituts für Demoskopie Allensbach zeigen sogar, dass „die Deutschen dem Gedanken an Wunder mit großer und sogar wachsender Offenheit gegenüberstehen", so Frankfurter Allgemeine Zeitung vom 20.09.2006, Nr. 219, 5. Die Frage „Glauben Sie an Wunder?" wird 2006 von beinahe doppelt so vielen Menschen wie zur Jahrtausendwende bejaht, das ist mit 56 Prozent die Mehrheit der deutschen Bevölkerung. Vgl. hierzu auch *H. Kohle*, Fundamentalistische Marienbewegungen, in: *W. Beinert* (Hg.), Handbuch der Marienkunde, Band 2, Regensburg [2]1997, 60–106; *M. N. Ebertz – F. Schultheis* (Hg.), Volksfrömmigkeit in Europa. Beiträge zur Soziologie popularer Religiosität aus 14 Ländern, München 1986; *M. N. Ebertz*, Heilige Reste und ihr Eigensinn. Protestantische und katholische Apokalyptiker, in: *M. N. Ebertz – R. Zwick* (Hg.), Jüngste Tage. Die Gegenwart der Apokalyptik, Freiburg/Br. u.a. 1999, 120–149.

106 So *Martin*, Revised Theory, 25; vgl. *Sweeney*, Ende, 55.

timationsbereitschaft bestimmter Laien und Laienmilieus, auch solcher, deren sozialer Habitus in der Verschiebung der Machtbalance zuungunsten des Klerus keiner entsprechenden Transformation unterlag.[107] Noch kann das kaum zu unterschätzende weltweite Potential solcher Laien gegen eine weitergehende innere ‚Laisierung' der römisch-katholischen Kirche aktiviert werden – und deshalb bei anderen Laien ein „verbreitetes Unbehagen"[108] auslösen.

---

107 Es ist der Habitus solcher Menschen, die noch immer glauben, „daß in der Kirche etwas nicht als getan gilt, wenn es nicht der Priester getan hat, und daß die Kirche in bezug auf das Apostolat, den Ausdruck des Gedankens usw. hier oder dort nicht zur Stelle wäre, wenn sich da nicht eine Soutane fände", so *Y. Congar*, Der Laie. Entwurf einer Theologie des Laientums, Stuttgart ³1964, 748.

108 *Ruh*, Spektrum, 28.

Der Diözesanbischof und die Kooperation der Laien in der Seelsorge.

Amtstheologische Reflexionen

Henk Witte

Nach dem Zweiten Vatikanischen Konzil sind Laien in wachsendem Maße in der Seelsorge aktiv geworden.[1] Das gilt zum einen für diejenigen Laien mit einem abgeschlossenen theologischen Studium, die mit einer Mission des Diözesanbischofs hauptberuflich in der Seelsorge tätig sind. Sie sind in Deutschland unter der Bezeichnung „Pastoralreferent/innen" oder „Gemeindereferent/innen", in den Niederlanden als *pastoraal werkers/pastoraal werksters* und in den Vereinigten Staaten als *lay ecclesial ministers* bekannt.[2] Es gilt zum anderen für die vielen ehrenamtlich aktiven Laien. Die Entwicklung der Funktion des Pastoralreferenten kann als Ausdruck und Folge der veränderten theologischen und kirchenrechtlichen Position der Laien in der Kirche gesehen werden. Während des 19. und 20. Jahrhunderts veränderte sich die Position der Laien langsam von einem Objekt klerikaler Autorität ohne Mitspracherecht in kirchlichen Angelegenheiten hin zu einem geschätzten Teilhaber an der Mission der Kirche.[3] Das Bild, welches Yves Congar zu Beginn seines *Jalons pour une*

---

1 Die französische und die niederländische Sachlage beschreibt *A. van der Helm*, Un Clergé Parallèle? Étude socio-juridique de l'activité des laïcs dans l'église catholique en France et Pays-Bas, Strasbourg 1993, 115–188. Für Deutschland und die Schweiz vgl. *A. Loretan*, Laien im pastoralen Dienst: Ein Amt in der kirchlichen Gesetzgebung: Pastoralassistent/-assistentin, Pastoralreferent/-referentin (Praktische Theologie im Dialog 1), Freiburg/Schw. 1994, 19–50, 135–150. Loretan beschreibt, dass die seelsorgerischen Aktivitäten von Laien in Deutschland zu Beginn des 20. Jahrhunderts sowohl in einem städtischen als auch in einem akademischen Kontext anfingen. Im städtischen Kontext baten Priester um Hilfe und begannen unverheiratete Frauen ihnen zu assistieren. Im akademischen Kontext war pastorale Tätigkeit ein logischerweise nächster Schritt der Karriere von Laien mit einer theologischen Ausbildung. Laien bekamen Zustimmung zum Theologiestudium zuerst in Münster nach dem Ersten Weltkrieg, gefolgt von anderen Universitäten nach dem Zweiten Weltkrieg.

2 Während der Besprechungen der Position von in der Seelsorge aktiven Laien in der amerikanischen Bischofskonferenz stellte sich die Frage, ob man solche Laien als *minister* betrachten dürfe. Manche Bischöfe wollten *ministry* nur in Bezug auf das ordinierte Amt benutzen. Eine Bemerkung von Avery Kardinal Dulles brachte Aufschluss: „I don't think the term ‚ministry' is only used in the Catholic church for the ordained, unless it's qualified – like ‚sacred ministry' or ‚Petrine ministry' or something like that." *U.S. Bishops*, Co-workers in the Vineyard of the Lord: A Resource for Guiding the Development of Lay Ecclesial Ministry, in: Origins 35 (2005) 406.

3 Vgl. *R. G. W. Huysmans*, Het recht van de leek in de rooms-katholieke kerk van Nederland, Hilversum 1986, 10–19; *P. Neuner*, Ekklesiologie: Die Lehre von der Kirche, in: *W. Beinert*

théologie du laïcat (1953) beschreibt, nämlich dass knien vor dem Altar, sitzen während der Predigt und zahlen des Kirchenbeitrags die einzigen Positionen von Laien in der Kirche seien, gehört definitiv der Vergangenheit an.[4]

Die neuen Funktionen für Laien in der Kirche entstanden nicht auf Initiative der Kirchenleitung, wie zum Beispiel die Wiedereinführung des Ständigen Diakonats durch das Zweite Vatikanische Konzil, sondern waren eine Entwicklung an der Basis des kirchlichen Lebens, vor allem in den Pfarreien und Dekanaten.[5] Als Folge davon kam dem Diözesanbischof eine Schlüsselrolle zu: Er hatte die Wahl, die neuen Laienämter einzuführen oder dieses zu verweigern. Er konnte sich für ein bestimmtes Verhältnis zwischen der Zahl von ordinierten und nicht-ordinierten bezahlten Arbeitskräften in der Seelsorge seiner Diözese entscheiden. Eine positive Einstellung den Pastoralreferenten gegenüber führte den Bischof unvermeidlich zum notwendigen Prozess der theologischen und kirchenrechtlichen Klärung der Stellung der neuen Laienämter. Zentral war die Frage nach der kirchlichen Position und den dazugehörenden Aufgaben der in der Seelsorge hauptberuflich aktiven Laien. Wie sollte sich einerseits ihre Position und Aufgabenstellung zu derjenigen des ordinierten Amtes verhalten und wie andererseits zu den Laien, die nicht hauptberuflich tätig sind? Ein Diözesanbischof kann solche Fragen nicht allein klären. Er bedarf der Zusammenarbeit und des kollegialen Konsenses auf der Ebene der Bischofskonferenz und in jedem Fall der universalkirchlichen Genehmigung.

In meinem Beitrag konzentriere ich mich auf die theologische Klärung von Position und Aufgaben der in der Seelsorge aktiven Laien. In einem ersten Teil werde ich skizzieren, wie die niederländischen Bischöfe auf der Ebene der Bischofskonferenz zu einer solchen Verdeutlichung gekommen sind und welche inhaltlichen Resultate dieser Prozess ergab. Dabei erweist sich als theologisch entscheidend der Unterschied zwischen Taufe und Weihe. In einem zweiten Teil werde ich deswegen einige weiterführende Bemerkungen sakramententheologischer Art über die Bedeutung dieses Unterschieds entfalten.

(Hg.), Glaubenszugänge. Lehrbuch der Katholischen Dogmatik II, Paderborn u. a. 1995, 401–578, hier 533–535.

4 Vgl. *Y. Congar*, Jalons pour une théologie du laïcat (Unam sanctam 23), Paris 1953, 7.

5 Vgl. *E. P. Hahnenberg*, Ministries: A Relational Approach, New York 2003, 99f.

Die niederländische Bischofskonferenz und die Klärung der Position der in der Seelsorge aktiven Laien

Die Figur des Pastoralreferenten[6] taucht in den Niederlanden – die in anderen Ländern häufig als äußerst polarisiert und säkularisiert wahrgenommen werden – in der zweiten Hälfte der 1960er Jahre auf. Hauptmotiv für die Einführung war die Ablehnung des Pflichtzölibats bei Studenten für den priesterlichen Dienst, die jedoch ihre theologische und pastorale Ausbildung weiterführen wollten, weil sie davon überzeugt waren, dass sie als Laien ebenso der Kirche dienen könnten. Auch Priester, die ihr Amt verließen, erhielten mit Einverständnis des Diözesanbischofs eine Arbeitsstelle als Pastoralreferent. Motive wie der Priestermangel und der Einbezug von Frauen in die pastorale Aufgabe der Kirche wurden erst im Lauf der Zeit wichtiger. Wie die Niederländische Bischofskonferenz später festhielt, hatte diese Entwicklung zur Folge, dass die Beschreibung der Funktion des Pastoralreferenten ursprünglich anhand der des Priesteramts geschah. Vielleicht kann man sagen, dass das Modell des Gemeindepfarrers im Hintergrund stand, der seine spirituelle Identität in der Gestalt des *pastor bonus* fand.[7] „Es gab keine anderen professionellen Mitarbeiter im pastoralen Bereich, mit denen man sich identifizieren konnte. Der Schwerpunkt lag auf der liturgischen Aufgabe des Priesters, Gottesdienste zu leiten und zu predigen und weiterhin auf dem Aufbau der Gemeinschaft und der pastoralen Leitung von einzelnen Gläubigen, zum Beispiel bei der Vorbereitung auf die Taufe oder Ehe oder in einer Zeit ernsthafter Krankheit oder Trauer."[8]

Im Prozess der Klärung des theologischen und juridischen Status von Pastoralreferenten erwiesen sich zwei Ereignisse als Meilensteine: die von Papst Johannes Paul II. einberufene Partikularsynode der niederländischen Bischöfe, abgehalten vom 14.–31. Januar 1980 in Rom, sowie das richtungsweisende Dokument der Niederländischen Bischofskonferenz „Mitarbeiten in der Pastoral" (*Meewerken in het pastoraat*) von 1999.[9] Die Partikularsynode stellte sich insoweit als Wendepunkt heraus, als sie eine Verlagerung der Betonung in der

---

6 Was man in den Niederlanden *pastoraal werkers/pastoraal werksters* nennt, gleicht am meisten den Pastoralreferenten/Innen in Deutschland. Deshalb spreche ich weiterhin von Pastoralreferent.

7 Vgl. *J. A. de Kok*, De zielzorger als pastor bonus, in: Benedictijns Tijdschrift 67 (2006) 146–160.

8 Meewerken in het pastoraat: Beleidsnota bij de 'Instructie over enige vragen betreffende de medewerking van lekengelovigen aan het dienstwerk van priesters, in: Kerkelijke documentatie 27 (1999) 351.

9 Meewerken in het pastoraat, 339–373.

Beziehung von gemeinsamem Priestertum aller Gläubigen und dem Priestertum des Dienstes bedeutete. Ich möchte diese Gedanken weiter erläutern. „Mitarbeiten in der Pastoral" war das Ergebnis der Bestrebungen der Niederländischen Bischofskonferenz, die *Instruktion zu einigen Fragen über die Mitarbeit der Laien am Dienst der Priester* (1997) sorgfältig anzuwenden. Die Instruktion forderte die Bischofskonferenz auf, bezüglich der Pastoralreferenten mit einheitlicher Stimme zu sprechen und die internen Meinungsverschiedenheiten in diesem Punkt zu beenden.

Für eine relativ lange Zeit unterlag der Prozess der theologischen Klärung der Funktion des Pastoralreferenten einem bestimmten Diskussionsmuster. Das Muster entstand aus der Nebeneinanderstellung oder Juxtaposition in der Aussage bezüglich des Verhältnisses von gemeinsamem Priestertum aller Gläubigen und dem Priestertum des Dienstes oder hierarchischen Priestertum von *Lumen Gentium* 10. Im fraglichen Satz spiegelt sich die Juxtaposition in einer syntaktischen Konstruktion wider, die aus einem Hauptsatz und einem konzessiven Relativsatz besteht: „Das gemeinsame Priestertum der Gläubigen aber und das Priestertum des Dienstes, das heißt das hierarchische Priestertum, unterscheiden sich zwar dem Wesen und nicht bloß dem Grade nach. Dennoch sind sie einander zugeordnet: das eine wie das andere nämlich nimmt je auf besondere Weise am Priestertum Christi teil." Der Hauptsatz besagt, dass das gemeinsame Priestertum und das Priestertum des Dienstes einander zugeordnet sind (*ad invicem tamen ordinantur*), während der Relativsatz enthält, dass sie auch dem Wesen nach verschieden sind (*licet essentia ... differant*).

Juxtapositionen sind charakteristisch für die Art und Weise, mit der die Katholische Kirche sich selbst auf dem Zweiten Vatikanischen Konzil erneuert hat. Das Konzil geht dabei dergestalt vor, das neben eine Aussage der ‚jungen' nachtridentinischen Tradition, in diesem Fall aus der Enzyklika *Mediator Dei* von Pius XII., eine Aussage der ‚älteren' Tradition gestellt wird, die aus Neuerschließung biblischer und patristischer Quellen stammt.[10] Beide Themen werden in einer Aussage zusammengebracht, dabei oft in konzessiver Weise verbunden. Das nachkonziliare Problem der Juxtapositionen wird offensichtlich, wenn das konzessive Verhältnis zwischen den beiden Teilen einer Aussa-

---

10 Auch die Aussagen des Konzils über das Volk Gottes in *Lumen gentium* unterliegt dieser juxtapositionellen Struktur. Sie zeigt sich im Werden des zweiten Kapitels, das die Gemeinsamkeit von Klerus und Laien zur Sprache bringt. Die Einfügung dieses Kapitels vor dem dritten Kapitel entspricht dem Wunsch zur Deklerikalisierung der Kirche. Vgl. *H. Witte*, Das Erneuerungspotential von Metaphern von Kirche. Zur innerkatholischen Rezeption von ‚Volk Gottes' und ‚Kirche der Armen', in: Bijdragen 56 (1995) 187–211, hier 191f.

ge umgekehrt wird. Unter dem Einfluss der nachkonziliaren Entwicklungen wurde der Hauptsatz zum Relativsatz, und der Relativsatz wurde zum Hauptsatz. Damit wird das zentrale Anliegen des Konzils zu einer Sache von geringerer Bedeutung. Was das Konzil in einem Satz zusammenbrachte, wenn auch in gewissem Maß unzulänglich ausbalanciert, wurde zu einer polarisierenden Spannung zwischen den verschiedenen Gesichtspunkten und den entsprechenden Gruppen in der Kirche in der nachkonziliaren Zeit. Jede Gruppe betonte ihren eigenen Gesichtspunkt und war kaum fähig, die Position der anderen Gruppe zu integrieren. Inhaltlich gesehen betonte die konziliare Aussage die Verbindung (Konjunktion) zwischen dem gemeinsamen Priestertum und dem Priestertum des Dienstes. Die nachkonziliare Umkehrung betonte jedoch deren Unterscheidung (Disjunktion).

Die Umkehrung einer konzessiven Beziehung ist genau das, was im Prozess der Klärung der Funktion des Pastoralreferenten durch die Mitglieder der Niederländischen Bischofskonferenz passierte. In den ersten 15 Jahren nach dem Zweiten Vatikanischen Konzil betonte die Mehrheit der niederländischen Bischöfe das Band zwischen dem gemeinsamen Priestertum der Gläubigen und dem Dienstpriestertum, während eine Minderheit die Unterschiedenheit betonte. Ein Beispiel für die erste Tendenz ist in einer Ansprache von Hubertus Ernst, Bischof von Breda (1967–1992), zu finden, in der er das Wesen pastoraler Arbeit beschreibt als Glaube, der zur Arbeit wird im Dienst am Glauben der anderen. Er fügt hinzu, dass diese Arbeit auf unterschiedliche Art und Weise ausgeübt werden kann: sowohl hauptberuflich wie ehrenamtlich, sowohl ordiniert wie nicht ordiniert.[11] Ein Beispiel für die Tendenz, den Wesensunterschied zwischen gemeinsamem Priestertum und Amtspriestertum zu betonen, zeigt sich in der Weigerung des Bischofs von Roermond, Johannes Gijsen (1972–1993), Pastoralreferenten in seiner Diözese zu ernennen.

Im Licht dieser Spannung der Nebeneinanderstellung erwies sich die Partikularsynode als Wendepunkt. Dieses zeigt sich nicht nur in der Tatsache, dass die Beschlüsse der Synode im Hinblick auf die Pastoralreferenten explizit in der Sektion über die Laien erwähnt sind, sondern auch in der Aussage, dass die Mitglieder der Synode[12] „einstimmig den Wesensunterschied zwischen dem

---

[11] Vgl. *H. Ernst*, Enkele gedachten over de toekomst van het pastoraat, in: Archief van de kerken 27 (1972) 9–12.

[12] Nebenbei bemerkt: Stimmberechtigte Mitglieder der Synode waren neben den sieben niederländischen Diözesanbischöfen Erzbischof Gotfried Danneels von Bruxelles-Malines, sechs Präfekten römischer Kongregationen und der Generalsekretär der Bischofssynode, Mgr. Jozef Tomko. Man kann sich vorstellen, welchen Einfluss diese numerischen Verhältnisse auf die Abstimmungen der synodalen Schlussfolgerungen nach dem bekannten „*placet*, *non placet*, *placet iux*-

ministeriellen oder sakramentalen Priestertum und dem gemeinsamen Priestertum der Getauften verkünden (*professer*)" und die praktischen Konsequenzen dessen zu realisieren beabsichtigen.[13] Nach dieser Synode kam es zu einer Umkehrung im Verhältnis zwischen Mehrheit und Minderheit und den von ihnen betonten Punkten; jedoch dauerte es bis zum Beginn des neuen Jahrtausends, bis sich ein neues Gleichgewicht zunächst unter den Bischöfen entwickelte und später zögerlich unter sowohl den Gläubigen als auch unter dem pastoralen Personal, wenn auch nicht ohne Konflikte.

Dieses Gleichgewicht wurde nur auf der Basis einer vorhergehenden Klärung auf der Ebene der Universalkirche erreicht. Die Klärung bezog sich auf das innere Verhältnis zwischen dem Dienst der Laien und dem Dienst der Geweihten innerhalb des gemeinsamen Priestertums. Die Lösung wurde durch den *Codex Iuris Canonici* (1983), das Nachsynodale Apostolische Schreiben *Christifideles laici* über die Berufung und Sendung der Laien in Kirche und Welt (1988) und die *Instruktion zu einigen Fragen über die Mitarbeit der Laien am Dienst der Priester* (1997) festgeschrieben. Nüchtern gesehen mussten die niederländischen Bischöfe diese weitere theologische und kanonistische Klärung auf Ebene der Universalkirche abwarten, bevor sie klar und einstimmig ihre Haltung zu den Pastoralreferenten in ihren Ortskirchen verdeutlichen konnten.

Christifideles laici, vor allem die Nummer 23, spielte eine Schlüsselrolle. Das Schreiben steckte den Rahmen für die Zuordnung der geweihten Ämter und der Dienste, Aufgaben und Funktionen von Laien ab. *Christifideles laici* 23 macht zwei theologische Prinzipien geltend. Das erste betrifft die gemeinsame Sendung aller Gläubigen: Sie alle haben teil an der priesterlichen, prophetischen und königlichen Sendung Christi und sie realisieren die Sendung der Kirche. Das zweite Prinzip hält fest, dass die Dienste, Ämter und Rollen von Laien und Geweihten in den Sakramenten verwurzelt sind und nicht in der Situation, in der sich die Kirche befindet. Taufe und Firmung (und vielfach auch die Ehe) bilden die theologische Grundlage, damit Laien bestimmte Aufgaben, die mit dem Hirtenamt verbunden sind, anvertraut werden können. Notwendigkeit und Nützlichkeit bestimmen in der Kirche die Angemessenheit, sie mit diesen Auf-

---

ta modum"-System hatte. Was wäre passiert, wenn es zum Beispiel doppelt so viele niederländische Diözesanbischöfe gewesen wären?

13 Conclusions du synode particulier des évèques des Pays-Bas, in: Acta Apostolicae Sedis 72 (1980) 215–232 (französisches Original), gefolgt von der niederländischen Übersetzung (235–250), hier Nr. 35–37 und Nr. 17. Man beachte die Reihenfolge der Begriffe, die gegenüber dem Konzilstext von LG 10 genau umgekehrt verwendet werden.

gaben und den dazugehörigen Ämtern oder Rollen zu betrauen. Jedoch stellen sie keine theologische Grundlage für dieses Handeln bereit. *Christifideles laici* 23 zitiert can. 230 §3 CIC als Richtlinie für die Möglichkeit, dass Laien den Klerikermangel ausgleichen. Das betrifft die Ausübung bestimmter Aufgaben der Geweihten, nämlich den Dienst des Wortes, den Vorsitz bei liturgischen Gebeten, die Taufe und die Austeilung der Eucharistie. Das Nachsynodale Apostolische Schreiben benennt aber auch die Sorge der Synodenväter unter anderem über Uneindeutigkeit und Nivellierungen zwischen dem gemeinsamen Priestertum und dem Amtspriestertum, über die willkürliche Interpretation des Begriffes der „Stellvertretung" (*suppletio*), über die Tendenz zur „Klerikalisierung" der Laien und das Risiko einer parallelen Dienststruktur.

Die Klarstellung auf Ebene der Universalkirche verdeutlichte, dass die Initiationssakramente die Grundlage für die Laiendienste sind, genauso wie das Weihesakrament die Grundlage für den geweihten Dienst ist. Der Unterschied in der besonderen sakramentalen Grundlage bestimmt auch die Reichweite der den Priestern und den Laien zukommenden Aufgaben, eingeschlossen derer, in denen Letztere unter bestimmten Umständen einige Funktionen der Ersteren erfüllen können. Nichts kann die sakramentale Basis ersetzen und Pastoralreferenten auf die theologische Ebene von Priestern heben. Eine theologische und pastorale Ausbildung, ein lobenswertes spirituelles Leben, Professionalität oder Hingabe in der Ausübung der pastoralen Arbeit, die Anerkennung und Wertschätzung der Gemeinschaft, in der ein Pastoralreferent tätig ist, die existenzielle Erfahrung von pastoraler Aktivität als „priesterliche Erfahrung" und auch nicht die realiter ausgeübte Leitung in einer Gemeinde oder in einem Teilbereich des Amtes[14]: Nichts davon hat konstitutiven Wert, so weit die theologische Grundlegung des geistlichen Amtes betroffen ist. Das heißt nicht, dass all diese Faktoren unwichtig sind. Sie sind bedeutsam bezüglich einer Beauftragung durch den Ortsbischof, um eine bestimmte Ernennung zu erhalten, während andere Faktoren die Kompetenzen für die pastorale Arbeit betreffen, die gleichermaßen auf geweihte und nicht-geweihte Amtsinhaber zutreffen.

Nach dem Erscheinen von *Christifideles laici* gelang es den niederländischen Bischöfen noch nicht, sich einstimmig über die Pastoralreferenten zu äußern. Erst nach der römischen Instruktion von 1997 veröffentlichten sie ein Dokument unter dem Titel „Mitarbeiten in der Pastoral" (*Meewerken in het*

---

14 Wie der amerikanische Theologe Edward Hahnenberg vorschlägt, vgl. *Hahnenberg*, Ministries, 122–150.

pastoraat, 1999), welches sie als Grundsatzpapier verstanden. Wie spricht das Dokument über die Pastoralreferenten?

Das Dokument nennt erstens zwei Ausgangspunkte im Hinblick auf die kirchliche Positionierung der Pastoralreferenten. Der erste Ausgangspunkt ist der Aufruf zu einer aktiven Teilnahme an der Sendung und dem Aufbau der Kirche.[15] Dieser Ruf richtet sich an alle Mitglieder der Glaubensgemeinschaft. Das Dokument erläutert, dass die Gemeinschaft als *communio* eine Vielfalt von Diensten und Gaben besitzt und braucht und dass sie aufgrund dessen gedeiht. Das bedeutet ihre innere Verknüpfung und gegenseitige Abhängigkeit. Ihr konkretester Ausdruck ist die Feier der Eucharistie am Sonntag. Als zweiten Ausgangspunkt zitiert das Dokument das Prinzip, dass alle Ämter und Dienste der Gemeinschaft und ihrer Sendung dienen.[16] Dieser Dienstaspekt ist auch anwendbar auf die Kooperation von geweihten und nicht-geweihten Gläubigen, insoweit diese Kooperation Aufgaben betrifft, die zum Dienst der Priester gehören. Dieses kann auf freiwilliger oder professioneller Basis stattfinden. Letzteres ist der Fall bei den Pastoralreferenten.

Ein zweiter Aspekt des Dokumentes betrifft den theologischen Status der Pastoralreferenten. Sie sind Laien. Als solche sind sie für eine Aufgabe in der pastoralen Arbeit beauftragt. Dieses kann die Form der Ernennung mit einem bezahlten Gehalt annehmen. Pastoralreferenten erhalten eine Missio oder Beauftragung vom Diözesanbischof für die Zeit ihrer Ernennung. Diese Missio oder Ernennung unterscheidet den Pastoralreferenten von den meisten anderen Laien.[17] Die Richtlinie unterstreicht das Faktum, dass die Missio „ein Band schmiedet mit der fundamentalen sakramentalen Struktur der Kirche im Bischof als demjenigen, der die Missio gewährt“. Aber diese Missio „erhebt den Pastoralreferenten nicht über seinen oder ihren Status als Laie. Es macht den Pastoralreferenten nicht zu einem Priester oder Diakon niederen Ranges.“ Trotzdem aber übergibt der Diözesanbischof den Pastoralreferenten Autorität. „Es ist eine Autorität, die von der Autorität des Bischofs abgeleitet ist: diejenige der Bevollmächtigung oder des Mandats. Ein Pastoralreferent ist daher ein Laie mit einer Funktion, die ein spezielles Band mit dem Bischof bedeutet.“[18] Die Richtlinie bekräftigt, dass die Funktion des Pastoralreferenten „segensreich

15 Vgl. Meewerken in het pastoraat, 346f.

16 Vgl. Meewerken in het pastoraat, 347f.

17 Vgl. Meewerken in het pastoraat, 348, Anm. 34: „Manche Diözesen haben Laien mit einer anderen Anstellung zur Verfügung: Katechet, Pastoralassistent, Pfarreiassistent.“

18 Vgl. Meewerken in het pastoraat, 348.

für die Kirche ist und einen dauerhaften Wert für die kirchliche Gemeinschaft hat“[19].

Drittens sieht die Richtlinie pastorale Aktivitäten und Katechese primär als besondere Aufgabe der Pastoralreferenten. „Kennzeichnend für ihre Aufgabe ist es, die Menschen zum Herz der Kirche zu ziehen: die Feier von Wort und Sakrament, besonders der Eucharistie, in den Versammlungen einer bestimmten Gruppe von Gläubigen unter der Leitung des Priesters.“[20] Gleichzeitig kann Pastoralarbeit in hohem Maße spezialisiert sein, wie zum Beispiel als Seelsorge im Krankenhaus.

Schließlich enthält „Mitarbeiten in der Pastoral“ ein Kapitel über Spiritualität und Professionalität. Das Dokument wertet diese als Qualitäten einer glaubwürdigen Ausübung kirchlicher Ämter und Dienste. Indem Aufmerksamkeit auf diese Eigenschaften pastoraler Arbeit gezogen wird, haben die Bischöfe eine so genannte „win-win“-Situation geschaffen zwischen ihrer eigenen Sorge um einen klaren und kirchenrechtlich korrekten Rahmen für pastorale Arbeit und der Bitte der in der Pastoral Tätigen, diese Kompetenzen zu fördern. Weil das Dokument sich der Differenz sehr bewusst ist, ob die pastorale Arbeit von ihrem sakramentalen Wert her oder von ihrer professionellen Bedeutung her betrachtet wird, konnte die Bischofskonferenz einen Impuls zu einer wachsenden Professionalität positiv unterstützen.

Amtstheologische Reflexionen

Ein Rückblick auf die niederländische Geschichte zeigt, dass der Unterschied zwischen Pastoralreferent und Priester theologischer Natur ist, weil er auf den Sakramenten von Taufe bzw. Weihe gegründet ist, während der Unterschied zwischen Pastoralreferent/in und anderen Laien juristisch ist. Diese Differenz zeigt sich bereits in der Antwort der Sakramentenkongregation vom 17. Juli 1979 auf die Anfrage der Schweizer Bischofskonferenz bezüglich der Anwendung des Motu Proprio *Ministeria quaedam* auf die Schweizer Verhältnisse, wie Adrian Loretan berichtet.[21] In der Antwort wurde die Möglichkeit zugestanden, „dass je nach Umständen und Opportunität an Laien auf längere oder kürzere Dauer Dienste übertragen werden, die zwar keinen Weihecharakter voraussetzen, aber doch bisher den Geweihten zugewiesen waren. Für die

[19] Vgl. Meewerken in het pastoraat, 356.
[20] Vgl. Meewerken in het pastoraat, 348.
[21] Vgl. *Loretan*, Laien im pastoralen Dienst, 146f.

Übertragung solcher Dienste brauche es einen Jurisdiktionsakt der Hierarchie", so die Antwort. Für die Übertragung von Aufgaben, „die weniger streng zum Aufgabenbereich der Geweihten gehören, wohl aber mit der Seelsorge allgemein verbunden sind", bedürfe es nicht eines Jurisdiktionsaktes, sondern nur des Einverständnisses der Hierarchie.

Dieser Sachverhalt gibt Anlass zu verschiedenen weiterführenden Fragen, sowohl kanonistischer als auch theologischer Art. Ich möchte hier nur einige der theologischen Gedanken entfalten; die kanonistischen Fragen überlasse ich gern meinen Kollegen und Kolleginnen vom Kirchenrecht. Dennoch möchte ich zwei meiner Ansicht nach nicht unwichtige kanonistische Fragen nennen.

Erstens: Wenn die niederländischen Bischöfe der Funktion des Pastoralreferenten „bleibenden Wert für die Kirchengemeinschaft"[22] beimessen, was bedeutet das dann kirchenrechtlich?[23] Beschränkt sich die Funktion auf partikulares Recht in jenen Kirchenprovinzen, die es sich finanziell leisten können und solange sie es sich leisten können?

Zweitens: Das II. Vatikanum hatte im Zusammenhang mit seiner Lehre über das Bischofsamt als Fülle des Weihesakramentes *ordo* und *jurisdictio* enger aufeinander bezogen. „Die Bischofsweihe überträgt mit dem Amt der Heiligung auch die Ämter der Lehre und der Leitung [...]".[24] Damit hatte das Konzil die vorkonziliare Schieflage geklärt, der zufolge der Heiligungsauftrag der Weihegewalt und Lehrauftrag sowie Leitungsauftrag der Jurisdiktionsgewalt zugeordnet waren. Aber impliziert diese Entscheidung, dass nur geweihte Personen über Jurisdiktion verfügen können und Laien nicht, auch nicht wenn sie faktisch eine Leitungsfunktion in der Seelsorge ausüben?[25] Wie bekannt, enthält der CIC einen Kompromiss: Canon 129 beschränkt die Leitungsgewalt

---

22 Meewerken in het pastoraat, 356.

23 Vgl. *T. Meijers*, Pastoraal werk(st)er in de kerk: blijft het tobben? Reflecties rond een nieuwe juridische typologie, in: Tijdschrift voor Theologie 44 (2004) 274–286. Die Anerkennung der Funktion des Pastoralreferenten als „eines dauerhaften Wertes für die kirchliche Gemeinschaft" bezieht sich seiner Meinung nach auf die Anerkennung der Funktion als eines *officiums* in der Kirche. Ein *officium* ist unabhängig von der Person des Amtsinhabers. Es besteht weiter, wenn ein Amtsinhaber des Amtes enthoben wurde, und fordert deshalb die Ernennung einer neuen Person als Amtsinhaber. Die Anerkennung der Funktion des Pastoralreferenten als Amt im Sinn von *officium* stützt sich auf den komplementären Charakter der Funktion in Bezug auf das ordinierte Amt. Vgl. ebd. 284f. Vgl. auch *T. Meijers*, Pastoraal werk(st)er: wel een kerkelijk ambt maar geen kerkelijke bediening? Een canoniekrechtelijke reflectie, in: *A. van Eijk* / *A. Meijers* (Hg.), Gedoopt, gevormd, gezonden: Status en statuut van de pastoraal werk(st)er, Zoetermeer 2001, 149–166. Ebd. 157 weist er darauf hin, dass die Anerkennung des Pastoralreferenten als öffentliches Amt in der Kirche sich nicht auf das Amt als *ministerium* bezieht und deshalb keine Orientierung auf geweihte Dienste impliziert.

24 LG 21.

25 Vgl. *Hahnenberg*, Ministries, 136.

auf diejenigen, die geweiht sind. Laien können an der Ausübung dieser Gewalt mitarbeiten. Dazu bedürfen sie einer Delegation. Üblicherweise gehört Leitungsgewalt zu einem Amt (*officium*), delegierte Leitungsgewalt zu einer Person.[26] Führt diese Rechtsbestimmung nicht zu für den Gläubigen nahezu unverständlichen Unterscheidungen wie beispielsweise zwischen der Letztverantwortlichkeit eines Priesters und der Erstansprechbarkeit eines Pastoralreferenten?

Eine zentrale theologische Frage bezieht sich auf die Differenz von geweiht und nicht-geweiht. *Lumen gentium* 10 besagt, dass das Amtspriestertum und das gemeinsame Priestertum „auf je besondere Weise" am Priestertum Christi teilhaben. Aber was meint „auf je besondere Weise"? Wie kann man das Besondere des Amtes theologisch deuten? Eine daraus folgende Nebenfrage ist diejenige, wie man die Mitarbeit (*participatio*, *cooperatio*, *collaboratio*) der Laien zum Ausdruck bringt und theologisch würdigt.

Diese Fragen sind erheblich belastet wegen der Verquickung von Theologie und Recht in der Praxis des kirchlichen Lebens. Die theologische Frage nach dem Sinn der Differenz von geweiht und nicht-geweiht wird leicht auf die Frage, wer welche Befugnisse hat, reduziert. Juristische Ansprüche können die Beziehungen zwischen geweihten und nicht-geweihten Kollegen in der Seelsorge, und umso mehr zwischen Männern und Frauen, aufgrund der Tatsache, dass nur getaufte Männer ordiniert werden können, trüben. Deswegen ist es wichtig, sich aus strikt theologischer Perspektive an die Frage anzunähern.

Es gibt zwei grundsätzliche Modelle theologischer Legitimierung des kirchlichen Amtes: ein Sendungsmodell und ein Delegationsmodell.[27] Das Sendungsmodell ist in der ältesten Tradition der Kirche verankert und findet sich schon im Neuen Testament und im ersten Clemensbrief.[28] Kennzeichnend ist eine Sendungskette von Gott her über Christus zu den Aposteln und von ihnen her zu ihren Nachfolgern, den Bischöfen und den Priestern. Die katholische Kirche bevorzugt dieses Modell. Oft wird es als ‚von oben' qualifiziert. Sein theologisches Fundament ist christologisch. Das Delegationsmodell beruft sich auf eine Sendungsinitiative von einer Gemeinde her. Ein Gemeindemitglied mit natürlichen Leitungsfähigkeiten wird gebeten, die Gemeinde zu leiten, und als

---

26 Vgl. Can. 131 CIC. Vgl. *Hahnenberg*, Ministries, 138–140.

27 Vgl. *Hahnenberg*, Ministries, 41–75.

28 Mt 28,16–19; Jo 20,15–19; 1 Clem 42. Vgl. *J. Frey*, Apostelbegriff, Apostelamt und Apostolizität: Neutestamentliche Perspektiven zur Frage nach der ‚Apostolizität' der Kirche, in: *Th. Schneider* / *G. Wenz* (Hg.), Das kirchliche Amt in apostolischer Nachfolge: I. Grundlagen und Grundfragen (Dialog der Kirchen 12), Freiburg/Br. / Göttingen 2004, 99–104.

solches zur Bestätigung oder Ordination vorgeschlagen. Dieses Modell wird als ‚von unten' qualifiziert und im Kongregationalismus bevorzugt. Es hat sein theologisches Fundament in der Pneumatologie, vor allem in einer Charismenlehre.[29]

Beide Modelle sind im Wettstreit miteinander. Häufig entsteht daraus eine Auseinandersetzung in der Machtfrage, wer das Subjekt der Glaubensgemeinschaft ist. Damit ist die Sicht auf Christus als dem eigentlichen Subjekt der Kirche versperrt. Im Hinblick auf die theologischen Fundamente des kirchlichen Amtes ist es nicht nur seit dem paulinischen Hinweis, dass man nicht durch den Geist Gottes Jesus verfluchen kann (1 Kor 12,3), ausgeschlossen, Christologie und Pneumatologie gegeneinander auszuspielen. Außerdem setzt eine solche Erfahrung der Konkurrenz ungerechterweise voraus, dass das gemeinsame Priestertum und das Amtspriestertum (Delegationsmodell), beziehungsweise das Amtspriestertum und das gemeinsame Priestertum (Sendungsmodell), auf irgendeine Weise einander verlängern und präzisieren, was offenbar im Widerspruch zu dem „je" im „auf je besondere Weise" des *Lumen gentium* 10 ist.[30] Schließlich mangelt es theologisch in beiden Annäherungen an das Amt auch an Reflexion über die Eigenart einer sakramentalen Ordnung.

In Hinsicht auf die letzte Frage erweist sich die Sakramententheologie von Louis-Marie Chauvet als aufschlussreich.[31] Er betrachtet eine symbolische oder sakramentale Ordnung als eine Ordnung der Vergegenwärtigung und der Vermittlung. In dieser Ordnung wachsen das unsichtbare und ungreifbare Geheimnis Gottes und die sichtbare und greifbare Dimension unserer Wirklichkeit zusammen.[32] Eine sakramentale Ordnung hat eine kennzeichnende Struktur von gleichzeitiger *visibilia* und *invisibilia*, von gleichzeitiger Anwesenheit und Abwesenheit. Sie ist abwesende Anwesenheit und anwesende Abwesenheit im gleichen Augenblick, was Chauvet mit Hilfe der Geschichte von den Emmausjüngern erläutert.[33] Ziel dieser Struktur ist Vermittlung. Sie beabsichtigt Trans-

29 Vgl. zum Beispiel *M. Volf*, Trinität und Gemeinschaft: Eine ökumenische Ekklesiologie, Mainz / Neukirchen-Vluyn 1996, 213–224.

30 Vgl. *L.-M. Chauvet*, Les ministères de laïcs: vers un nouveau visage de l'église? in: La Maison-Dieu 215 (1998) 47–49.

31 Vgl. *L.-M. Chauvet*, Du symbolique au symbole: Essai sur les sacraments, Paris 1979; *Ders.*, Symbole et sacrement: Une relecture sacramentelle de l'existence chrétienne, Paris 1988.

32 Vgl. LG 8: „Die mit hierarchischen Organen ausgestattete Gesellschaft und der geheimnisvolle Leib Christi, die sichtbare Versammlung und die geistliche Gemeinschaft, die irdische Kirche und die mit himmlischen Gaben beschenkte Kirche sind nicht als zwei verschiedene Größen zu betrachten, sondern bilden eine einzige komplexe Wirklichkeit, die aus menschlichem und göttlichem Element zusammenwächst (*coalescit*)."

33 Vgl. *Chauvet*, Symbole et sacrement, 183: „Or, récussité, le Christ a quitté la place. Il nous faut *consentir à cette perte* pour pouvoir le trouver."

parenz im Sinne von Durchsichtigkeit und Durchlässigkeit, beides Hinweise auf die Zeichenfunktion und die instrumentale Funktion der Sakramente. In der französischen Sprache ist ein Vermittler ein *médiateur*, nicht ein *intermédiaire*, eine Zwischenperson. Eine Zwischenperson geht fortwährend hin und her zwischen zwei Parteien, bleibt jedoch immer zwischen ihnen und kann als auf dem Wege seiend erfahren werden. Ein Vermittler ist da und ist gleichzeitig nicht da, weil er uneigennützig dafür sorgt, dass zwei Parteien gleichsam durch ihn hindurch sich begegnen können, in unserem Fall Gott und Mensch.

Die Struktur einer sakramentalen Ordnung stimmt überein mit unserem Verständnis des Gottesgeheimnisses. Gottes Mysterium begegnet uns als Transzendenz oder als Mysterium souveräner Freiheit. Und er begegnet uns als Immanenz oder Deszendenz, das heißt als Mysterium von Barmherzigkeit und Gnade, das stets unerwartet zu uns kommt (vgl. Ex 3,7–8). Die Struktur der sakramentalen Ordnung spiegelt diese Erkenntnis des Geheimnisses Gottes wider, indem es die Priorität der Gnade bekennt. Die traditionelle Sakramentenlehre weist auf diese göttliche Gnadeninitiative hin, wenn sie Christus als Stifter der Sakramente und als das eigentliche Subjekt des sakramentalen Handelns bekennt. Infolge dieser Struktur ist Empfangen oder Entgegennehmen die erste Grundgeste der Glaubensgemeinschaft.[34]

Dem schließt sich die Aufgabe der Kirche an, die sakramentale Ordnung einzurichten und zu verwalten, jedoch, wie das Konzil von Trient sagt, „unbeschadet ihrer Substanz (*salva eorum substantia*)“[35], das heißt unter Berücksichtigung und Bewahrung der göttlichen Gnadeninitiative, die Christus ist. Man erkennt das zum Beispiel in der Ehrfurcht vor den eucharistischen Gaben oder in den komplizierten Gedanken der Transsubstantiationslehre. Im Fall der eucharistischen Gaben ist die sakramentale Ordnung mit Hilfe von Materialität eingerichtet. Im Fall der Ämter steht der Kirche nur personale Wirklichkeit zur Verfügung. Sie hat die Aufgabe, die Priorität der Gnade in sozialen Verhältnissen zum Ausdruck zu bringen, wie es der Fall ist in Bezug auf Ämter und Charismen. Hier kommt die theologische Bedeutung von Taufe und Weihe in das Blickfeld. Die Taufe hat als Aufnahme in den Leib Christi eine konstitutive Bedeutung für die Kirche. Ein getaufter Christ weiß sich in die Kirche eingegliedert. Er gehört zu einer Versammlung von Menschen, zusammengerufen aus der ganzen Menschheit (*ekklèsia*), die eine alle Menschen umfassende Ge-

34 Vgl. *P. Zulehner*, Art. Gemeinde, in: *P. Eicher* (Hg.), Neues Handbuch theologischer Grundbegriffe Bd. 2. Erweiterte Neuausgabe in 5 Bänden, München 1991, 174–176; *K. Koch*, Die Kirche Gottes: Gemeinschaft im Geheimnis des Glaubens, Augsburg 2007, 153f.

35 DH 1728.

meinschaft mit Gott ankündigt und symbolisch-sakramental anbietet. Er gehört zu einer Ordnung der Vergegenwärtigung und der Vermittlung, die als Glaubensgemeinschaft die Priorität der Gnade in der Welt und in der Gesellschaft zum Ausdruck bringt und wirksam sein lässt.

Genauso bringt das geweihte Amt die Priorität der Gnade zum Ausdruck innerhalb der Strukturen, des Lebens und der Mission der Kirche. Im Hinblick auf die Glaubensgemeinschaft vergegenwärtigt und vermittelt es diese Gnade, die genau genommen Christus und sein Geist selbst ist. Es vergegenwärtigt die immer in Erstaunen versetzende Überraschung der Gnade, die wir in der Heilsgeschichte als Gottes Menschwerdung in Jesus Christus, als seine Auferstehung vom Tod und als Geist kennengelernt haben. Dass die Feier der Eucharistie zum Beispiel an die Vorsteherschaft eines sakramental geweihten Priesters gebunden ist, weist auf das *extra nos* des Sakramentes hin.[36] Der priesterliche Dienst beruht gerade darauf, „dass die Gemeinde sich die Eucharistie nicht selber geben kann“.[37] Sie muss sie vom Herrn her empfangen. Das geschieht durch Vermittlung und Vergegenwärtigung. Das geweihte Amt vergegenwärtigt ein Geschenk Gottes: seinen gnädigen Dienst am Menschen und an der Menschheit. Weil es Gottes Gnade repräsentiert, kann das Amt niemals einen exklusiven Anspruch auf Macht geltend machen.

Was bedeutet in dieser Hinsicht die Kooperation der Laien in der Seelsorge? Zuerst ist zu fragen, wie diese Mitarbeit in Worte gefasst werden kann. Kirchliche Dokumente, wie die römische Instruktion, verwenden im Lateinischen Wörter wie *participare*, *cooperari* und *collaborare*. Auf Grund der Wortwahl der Instruktion und ihrer Übersetzungen in die heutigen Sprachen, besonders ins Englische, hatte ich zunächst den Eindruck, dass *cooperatio* in Zusammenhang mit der Beziehung eines Diözesanbischofs zu seinen Priestern und *collaboratio* in Zusammenhang mit der Mitarbeit der Laien am Dienst des Priesters

---

36 Vgl. *Koch*, Die Kirche Gottes, 118.

37 *J. Ratzinger*, Weggemeinschaft des Glaubens: Kirche als communio, Augsburg 2002, 123. Vgl. *L.-M. Chauvet*, Les ministères de laïcs, 48: „Si un seul préside, et s'il le fait 'au nom du Christ', par conséquent au titre du sacrement de l'ordre qu'il a reçu, c'est précisément pour 'sacramentellement' manifester et rendre possible le fait que ‚tous célèbrent'. Qui, en effet, préside l'assemblée d'Église? C'est le Christ. Et c'est précisément la fonction du prêtre de manifester sacramentellement ou ministériellement cette présidence du Christ.“ Chauvet bringt jedoch diese Vorsteherschaft Christi, die der Priester repräsentiert, in Zusammenhang mit dem augustinischen Gedanken des *Christus totus*. Die Mitglieder der Gemeinde partizipieren als *membra Christi* „‚par lui, avec lui et en lui' à l'action liturgique“, ebd. 49. Vgl. auch ebd. 48: „Une ordination est ainsi à la fois acte de choix humain et acte de grâce de Dieu. Le premier en était autrefois un élément constitutif, mais c'est l'épiclèse qui en est l'élément décisif.“

bevorzugt würde.[38] Ich kann aber nicht nachweisen, dass sich hier eine schon feststehende Sprachregelung findet. Das wäre erhellend mit Blick auf die Wurzel von *cooperari* und *collaborare*. *Opus* meint doch „Arbeit“ im Sinn von Verpflichtung und „Werk“ als Ansehen vermittelndes Erzeugnis davon, während *labor* „Arbeit“ im Sinn von Anstrengung und Elend bedeutet.

Congar berichtet über eine parallele Diskussion im Rahmen der päpstlichen Anerkennung und Förderung der Katholischen Aktion in der Zeit vor dem Zweiten Weltkrieg.[39] Papst Pius XI. hatte die Katholische Aktion als ‚Partizipation der Laien am hierarchischen Apostolat' bestimmt. Pius XII. dagegen bevorzugte Wörter wie *adjuvare* und *auxiliare*, die im Französischen mit *collaborer* übersetzt sind. Nach Congar gab die Umschreibung Pius´ XI. Anlass zu Fehlinterpretationen. Erstens, weil Partizipation in einem metaphysischen Sinn aufgefasst wurde, so dass man der Katholischen Aktion einen quasisakramentalen Wert zuerkannte, als ob damit ein kirchliches Laienamt oder ein neuer *ordo* konstituiert worden sei. Zweitens kam es zur Fehlinterpretation, weil die Umschreibung Pius´ XI. eine exklusive Verbindung zwischen der apostolischen Sendung und der Hierarchie vermuten ließ, die den Eigenwert der apostolischen Sendung der Laien auf Grund ihrer Taufe benachteiligte. Deshalb bevorzugte Congar die Wortwahl Pius´ XII.

Die Kooperation der Laien in der Seelsorge ist theologisch zu verstehen als eine Entfaltung der Sendung, die sie auf Grund ihrer Taufe empfangen haben. Eine offizielle Anstellung durch einen Diözesanbischof oder ein Mandat für das Amt gehören zur Entfaltung dieser Taufsendung. Es ist kein Schritt innerhalb einer so genannten klerikalen Karriere (*cursus clericalis*), wie im Fall der *ordines minores* wie Akolythat und Lektorat zu sehen ist.[40] In den Jahrzehnten der Katholischen Aktion wurde die Kooperation der Laien vor allem als ausführende verstanden. Heutzutage kommt dazu eine Reihe von vorbereitenden und ermöglichenden Aktivitäten im Bereich von Katechese, Pastoral oder Diakonie. Demzufolge ist die Kooperation der Laien in der Seelsorge durch eine Hinord-

---

38 Die englische Übersetzung der Instruktion erwähnt *collaboration* an 19 Stellen und *collaborate* dreimal, immer in Hinblick auf die Relation von geweihten und nicht-geweihten *ministers*. *Cooperate* wird nur zweimal in demselben Kontext verwendet. Auffällig ist die Art und Weise, wie die Überschrift des Symposions *De Cooperatione fidelium laicorum in Ministerio presbyterali* vom 22. April 1994 in der englischen Übersetzung der Instruktion übertragen wird: Während in den Anmerkungen 53 und 55 *cooperatione* als *participation* übersetzt wird, wird bei der Nennung der Überschrift im einleitenden Absatz des ersten Artikels der praktischen Bestimmungen der Instruktion für *cooperatione collaboration* verwendet.

39 Vgl. *Congar*, Jalons, 507ff.

40 Vgl. *Meijers*, Pastoraal werk(st)er: wel een kerkelijk ambt maar geen kerkelijke bediening?, 160.

nung auf die Sakramente, vor allem auf die Eucharistie als Zentrum, Quelle und Höhepunkt des kirchlichen Lebens, wozu unlöslich das Priesteramt gehört, charakterisiert. Es bleibt jedoch die Entfaltung der Sendung, die in der Taufe empfangen ist.

Veränderungen im Laienbild der katholischen Kirche im 20. Jahrhundert.

Eine liturgiewissenschaftliche Perspektive

Benedikt Kranemann

Die Rolle der Laien in der katholischen Kirche ist im 20. Jahrhundert vielfältigen Wandlungen und im letzten einem wirklichen Paradigmenwechsel unterworfen gewesen.[1] Man kann geradezu von einem Aufbruch sprechen. Begriffe wie Neu- oder Wiederentdeckung der Laien, Emanzipation eines „Standes", Erschließung neuer Tätigkeitsfelder usw. sind geeignet, um zu beschreiben, wie tiefgreifend der Wandel ist, der immer noch anhält. Es ist erstaunlich, wie weit die entsprechenden Veränderungen in der katholischen Kirche in einem überschaubaren Zeitraum reichen.[2]

Dennoch bleiben Fragen und auch Spannungen. Nicht nur, dass es gilt, das Erreichte zu sichern, denn es muss als Ausdruck des Getauftseins verstanden werden, hat also einen durch und durch theologischen Impetus. Wenn sich mancherorts in der Kirche auch ganz andere Trends zu äußern scheinen, ist vielmehr die Beteiligung von Laien aus theologischen Gründen weiter zu stärken und für sie zu streiten. Die Kirche entwickelt sich weiter;[3] das gesellschaft-

1 Dies gilt für die Laien, die als Hauptamtliche bei der Kirche angestellt sind und mittlerweile in allen Tätigkeitsfeldern arbeiten, wie für jene, die ehrenamtlich in der Kirche engagiert sind oder ohne eine besondere Aufgabe in der Kirche leben. Im Folgenden wird nur dort, wo dies notwendig ist, zwischen diesen Gruppen differenziert.

2 Dies machen mit unterschiedlicher Akzentsetzung auch die folgenden Monographien deutlich: *L. Karrer*, Die Stunde der Laien. Von der Würde eines namenlosen Standes, Freiburg/Br. u.a. 1999; *A. Grabner-Haider*, Das Laien-Christentum. Von den Anfängen bis zur Gegenwart, Darmstadt 2007.

3 Allein die neuen Seelsorgestrukturen, die derzeit in Deutschland aufgebaut werden, brauchen eine stärkere Einbeziehung von Laien. Vgl. dazu aus liturgiewissenschaftlicher Perspektive *W. Haunerland*, ‚Seelsorge vom Altare her'. Liturgie in Zeiten der Seelsorgeräume, in: *P. Hofer* (Hg.), Aufmerksame Solidarität. Festschrift für Bischof Maximilian Aichern zum 70. Geburtstag, Regensburg 2002, 75–93; *B. Kranemann*, Gemeindeliturgie vor den Herausforderungen der „Seelsorgeeinheit", in: *G. Augustin* u.a. (Hg.), Priester und Liturgie. Manfred Probst zum 65. Geburtstag, Paderborn 2005, 371–391; *St. Böntert*, Gottesdienste angesichts zusammengelegter Gemeinden und überzähliger Kirchengebäude. Liturgie auf der Suche nach Identität und Profil in neuen Strukturen, in: Liturgisches Jahrbuch 56 (2006) 3–27. Für Frankreich liegen bereits länger Erfahrungen vor; sie zeigen, dass es unterschiedliche Modelle der Einbindung, aber auch der Qualifizierung von Laien gibt, für die jeweils theologische, aber zugleich institutionelle und regionale Gründe ausschlaggebend sind: *L. Zodrow*, Gemeinde lebt im Gottesdienst. Die nachkonziliare Liturgiereform in Frankreich und ihre Voraussetzungen (Praktische Theologie heute 42), Stuttgart 2000.

liche Umfeld beispielsweise in Westeuropa hat sich so tiefgreifend verändert, dass sich heute neue Herausforderungen ergeben: Die Kompetenzen von Laien in der Kirche werden wachsen. Dies stellt an das Miteinander in der Kirche und die Einbindung haupt- wie ehrenamtlich engagierter Laien, an unterschiedliche Rollendeutungen und deren gegenseitige Akzeptanz, an die Ausgestaltung der Beteiligungs- und Teilnahmeformen, aber auch beispielsweise an Aus- und Fortbildung neue Anforderungen.

Der sich weiter verändernden Position von Laien in der katholischen Kirche am Beginn des 21. Jahrhunderts soll im Folgenden mit theologischer Perspektive nachgegangen werden. Die Grundoption ist, dass das Engagement von Laien in der Kirche nicht primär eine Folge des Mangels an Klerikern ist, sondern eine Konsequenz aus Initiation und Kirchenverständnis:[4] Die Laien sind als Getaufte verpflichtet und somit auch berechtigt, das kirchliche Leben mitzugestalten, sich an den Grundaufgaben von Kirche zu beteiligen und den Weg der Kirche mitzugestalten. Nimmt man diese Option für die grundsätzliche Akzeptanz des Laienstandes in der Kirche ernst, wird man den Laienstand in seinen vielfältigen Differenzierungen weiter und immer neu entdecken müssen. Dafür lohnt es sich, nach der jüngeren Geschichte der Laien in der katholischen Kirche, dem theologischen Fundament ihrer maßgeblichen Beteiligung am kirchlichen Leben und praktischen Konsequenzen für eine Weiterentwicklung der Partizipationsformen zu fragen. Das soll im Folgenden mit Blick auf die Liturgie geschehen.

1. Veränderungen der Rolle von Laien in der Kirche im 20. Jahrhundert

Ein für das Selbstverständnis der katholischen Kirche entscheidender Zugang soll gewählt werden, um den Veränderungen der Rolle von Laien nachzugehen: Die Liturgie ist Mittelpunkt kirchlichen Lebens, an dem nach innen wie nach außen das Selbstverständnis der Kirche ablesbar ist. Ausgerechnet hier hat sich im Laufe des 20. Jahrhunderts, insbesondere nach dem Zweiten Vatikanischen Konzil, die Rolle der Laien – von Männern wie Frauen – grundlegend geändert. Wenn Josef Andreas Jungmann um 1940 geschrieben hat: „Erst in jüngster Zeit gewinnt nicht nur die äußere Einbeziehung der Gläubigen ins liturgische Geschehen wieder an Kraft, sondern auch die theologische Unterbauung eines

---

4 Vgl. dazu vor allem die Beiträge von *P. Neuner* und *H. Witte*. Eine detaillierte Beschreibung des Status quo bei *R. Pacik*, Laien und Liturgie, in: *G. Ritzer* (Hg.), „Mit euch bin ich Mensch …“. Festschrift anlässlich des 60. Geburtstages von Friedrich Schleinzer O.Cist. (Salzburger Theologische Studien 34), Innsbruck / Wien 2008, 461–477.

solchen Strebens, das Bewußtsein von unserer Zusammengehörigkeit mit dem verklärten Erlöser",[5] dann muss man heute feststellen, dass diese äußere Einbeziehung und auch das Wissen um das theologische Fundament mittlerweile so verbreitet sind, dass jeder auch noch so geringe Rückschritt bei den Gläubigen auf entschiedenen Widerspruch stößt.

Was die entscheidenden Aufbrüche bei der Beteiligung von Laien am Gottesdienst der Kirche sind, können einige wenige historische Dokumente andeuten. Noch das 1960 erschienene Werkbuch „Unser Gottesdienst", publiziert im Auftrag der Liturgischen Kommission der Fuldaer Bischofskonferenz, listet im Kapitel „Dienste" auf: Küster, Kirchenmusiker, Schola, Lektor, Kirchenchor, Organist, Ministranten.[6] Ferdinand Kolbe, der in seinem Beitrag über den Lektor[7] dieses „Amt" theologisch hoch gewichtet, beschreibt dessen Aufgaben folgendermaßen: „Im levitierten Hochamt wird er nicht gebraucht; Diakon und Subdiakon verkünden die beiden Lesungen, auch in deutscher Sprache. Im einfachen Amt dagegen trägt der Lektor die Epistel vor, der Zelebrant das Evangelium. In der Missa lecta verkündet nach der Übung unserer Gemeinschaftsmesse der Lektor sowohl die Epistel wie das Evangelium."[8] Josef König schreibt im selben Band über die Ministranten: „Der Altar wird dem Jungen zum selbstverständlichen Mittelpunkt des Lebens und Erlebens. [...] Da wird der Boden für Gottes Ruf bereitet. Ministrantenerziehung zielt auf den Priester hin und beginnt bei ihm."[9] Zehn Jahre später geht die Institutio generalis, 1975 in Übersetzung als „Allgemeine Einführung in das römische Messbuch" erschienen, deutlich weiter, wenn sie „Aufgabe und Würde des Volkes Gottes" beschreibt (AEM 62–64), ohne weitere Differenzierung den Lektor beauftragt, Lesungen – das Evangelium ausgenommen – aus der Heiligen Schrift vorzutragen (AEM 66), beauftragte Kommunionhelfer nennt (AEM 68)[10] und festlegt, alles, was

5 *J. A. Jungmann*, Christus – Gemeinde – Priester, in: *K. Borgmann* (Hg.), Volksliturgie und Seelsorge. Ein Werkbuch zur Gestaltung des Gottesdienstes in der Pfarrgemeinde, Kolmar [1942], 25–30, hier 29.

6 Vgl. das Inhaltsverzeichnis zu: *A. Kirchgässner* (Hg.), Unser Gottesdienst. Überlegungen und Anregungen. Ein Werkbuch. Hg. im Auftrag der Liturgischen Kommission, Freiburg/Br. u.a. ²1960.

7 Mit „Lektor" ist hier nicht eine der Niederen Weihen gemeint, sondern ein Dienst, der von Laien übernommen wird.

8 *F. Kolbe*, Der Lektor, in: *A. Kirchgässner* (Hg.), Unser Gottesdienst, 278–281, hier 279.

9 *J. König*, Die Ministranten, in: *A. Kirchgässner* (Hg.), Unser Gottesdienst, 291–299, hier 299.

10 Einzelnen Bischofskonferenzen war die Vollmacht, Kommunionhelfer zu beauftragen, schon früher nach dem Konzil erteilt worden. Die lateinische Institutio generalis erwähnt die Kommunionhelfer noch nicht; sie werden 1973 mit der Instruktion „Immensae caritatis" eingeführt (vgl. *H. Rennings / M. Klöckener* (Hg.), Dokumente zur Erneuerung der Liturgie. Bd. 1: Dokumente des Apostolischen Stuhls 1963–1973, Kevelaer 1983, 2967–2982, hier 2969–2976 (im Folgenden als DEL zitiert)).

nicht dem Diakon vorbehalten sei, könne auch von Laien übernommen werden (AEM 70). Die Restriktion, Dienste innerhalb des Altarraumes Frauen vorzuenthalten, wird wenige Jahre später aufgegeben.[11] Um die Klärung, ob es Ministrantinnen geben kann, ringt man länger.[12]

Ein Dokument der Deutschen Bischofskonferenz aus dem Jahre 1998 mit dem programmatischen Titel „Zum gemeinsamen Dienst berufen" listet eine ganze Reihe gottesdienstlicher Feiern auf, die von Laien geleitet werden können.[13] Neben Gottesdiensten, denen Laien ohne Beauftragung des Bischofs vorstehen können, werden zahlreiche Liturgien genannt, die unter der Leitung beauftragter Laien gefeiert werden können: Wort-Gottes-Feiern, Gottesdienste mit Kranken und Sterbenden, Gottesdienste im Zusammenhang der Eucharistieverehrung, Bußgottesdienste, Segensfeiern, Liturgien im Zusammenhang der Initiation, Begräbnisfeiern. Hier steht eine lange theologische Reflexion, stehen aber auch mannigfaltige praktische Erfahrungen im Hintergrund. Eine Kirche mit vielfältig engagierten Laien präsentiert sich hier. Allerdings zeigen manche strittige Vorgaben für die Feiergestalt – zum Platz des Leiters und der Leiterin, zu Gebets- und Segensgesten – wie auch ein Anhang zur Benennung der mit der Leitung von Gottesdiensten beauftragten Laien weiterhin bestehende Ängste und Vorbehalte an, für die es theologisch gesehen keinen Grund gibt.[14]

Das sind lediglich einige Impressionen, an denen ein grundsätzlicher Wandel der Rolle von Laien in der Liturgie ablesbar ist.

---

11 Wie umstritten diese Restriktion schon bei Verabschiedung der Institutio generalis war, macht ein zeitgenössischer Kommentar deutlich: *E. J. Lengeling*, Die neue Ordnung der Eucharistiefeier. Kommentar der Dokumente zum Römischen Meßbuch, Leipzig [1970] 253.

12 Vgl. dazu die Acta Apostolicae Sedis 86 (1994) 541f; Ministranten- und Ministrantinnenenpastoral. 24. Februar 1998. Hg. Sekretariat der Deutschen Bischofskonferenz (Arbeitshilfen 141), Bonn 1998,10.

13 Vgl. Zum gemeinsamen Dienst berufen. Die Leitung gottesdienstlicher Feiern – Rahmenordnung für die Zusammenarbeit von Priestern, Diakonen und Laien im Bereich der Liturgie. 8. Januar 1999. Hg. v. Sekretariat der Deutschen Bischofskonferenz (Die deutschen Bischöfe 62), Bonn 1999. Diesem Dokument war ein römisches vorausgegangen, das gegenüber der langjährigen Praxis als restaurativ wahrgenommen wurde: Instruktion zu einigen Fragen über die Mitarbeit der Laien am Dienst der Priester. 15. August 1997. Hg. v. Sekretariat der Deutschen Bischofskonferenz (Verlautbarungen des Apostolischen Stuhls 129), Bonn 1997. Vgl. dazu *R. Kaczynski*, Zur Leitung von Gottesdiensten durch beauftragte Laien, München 1998, sowie die unterschiedlich Position beziehenden Beiträge in: *M. Klöckener / K. Richter* (Hg.), Wie weit trägt das gemeinsame Priestertum?, Liturgischer Leitungsdienst zwischen Ordination und Beauftragung (Quaestiones Disputatae 171), Freiburg/Br. u.a. 1998.

14 Nach *H. Vorgrimler*, Liturgische „Laien"-Dienste zwischen Weihe und Beauftragung. Systematisch-pastorale Aspekte, in: *Klöckener / Richter* (Hg.), Wie weit trägt das gemeinsame Priestertum? 86–106, hier 102, zeigt sich daran, dass „Selbstverständlichkeiten als nur mühsam gewährte Konzessionen betrachtet" werden.

Man kann diese wenigen Eindrücke noch in einen anderen theologischen Zusammenhang stellen, den der Stärkung der Participatio actuosa.[15] Hier ist kirchenamtlich betrachtet das erste Datum ein Motu proprio Papst Pius´ X. über die Kirchenmusik, „Tra le sollecitudini“, aus dem Jahre 1903, das von der Notwendigkeit einer tätigeren Teilnahme der Gläubigen am Gottesdienst spricht,[16] dabei allerdings ausschließlich die Kirchenmusik im Auge hat und Frauen von Schola und Chor ausschließt, weil sie zum liturgischen Amt nicht fähig seien.[17] Die für die Erneuerung der Liturgie bedeutende Enzyklika Papst Pius´ XII. „Mediator Dei“ aus dem Jahre 1947 fordert die Teilnahme des „Volkes“ gleich mehrfach:[18] für die Eucharistie (Nr. 79, 108), die Stundenliturgie (Nr. 148), den gregorianischen Choral (Nr. 190) sowie die Liturgie insgesamt (Nr. 197). Zumindest im letztgenannten Absatz ist von „actuose participet“ die Rede; für die Eucharistie heißt es einmal „tam impense tamque actuose“ (Nr. 79). Mit Blick auf die Stundenliturgie wird eine betende und singende tätige Teilnahme gefordert (Nr. 148).

Die Liturgiekonstitution des Zweiten Vatikanums geht deutlich weiter. In ihr dringt die Kirche zum einen auf die volle, bewusste und tätige Teilnahme der Gläubigen an den liturgischen Feiern; sie sieht die Participatio im Wesen der Liturgie angelegt und das Volk zu dieser Teilnahme berechtigt und verpflichtet („ius habet et officium“). Zum anderen erhebt sie die Beteiligung der Gläubigen – hier ist vom „ganzen Volk“ („totius populi plena et actuosa participatio“) die Rede – zu einem der Scharniere der Liturgiereform; bei der Erneuerung und zukünftigen Förderung der Liturgie soll sie besonders stark („summopere“) beachtet werden (SC 14).[19] In der wissenschaftlichen Literatur

---

[15] Vgl. aus der jüngeren Literatur: *J. Lamberts* (Ed.), The active participation revisited – la participation active. 100 ans après Pie X et 40 ans après Vatican II (TEL = Studies in liturgy 19), Leuven 2005; vielfältige historische, theologische und pastorale Aspekte behandeln die Beiträge in: *A. Montan / M. Sodi* (Ed.), Actuosa Participatio. Conoscere, comprendere e vivere la Liturgia. Studi in onore del Prof. Domenico Sartore CSJ (Monumenta Studia Instrumenta Liturgica 18), Città del Vaticano 2002.

[16] Vgl. *Papst Pius X.*, Motu proprio über die Erneuerung der Kirchenmusik „Tra le sollecitudini“ (22.11.1903), in: *H. B. Meyer / R. Pacik* (Hg.), Dokumente zur Kirchenmusik unter besonderer Berücksichtigung des deutschen Sprachgebietes, Regensburg 1981, 23–34, hier 27.

[17] Vgl. *Papst Pius X.*, Motu proprio über die Erneuerung der Kirchenmusik „Tra le sollecitudini“ 31.

[18] Vgl. (*Mediator Dei*) Unseres Heiligen Vaters Pius' XII. durch göttliche Vorsehung Papst, Rundschreiben über die heilige Liturgie (20. November 1947: „*Mediator Dei*“). Lateinischer Text nach den „Acta Apostolicae Sedis“. Deutscher Text nach der von der Vatikanischen Druckerei vorgelegten Übersetzung, Freiburg/Br. 1948.

[19] Einen sehr guten Überblick bietet nach wie vor *F. Kohlschein*, Bewußte, tätige und fruchtbringende Teilnahme. Das Leitmotiv der Gottesdienstreform als bleibender Maßstab, in: *Th. Maas-*

ist nicht nur auf den innovativen Charakter dieser Konzilsaussagen hingewiesen worden, sondern auch auf die bleibende Offenheit des Reformprozesses: Wer so die Teilnahme der Menschen in den Liturgiefeiern zum Kriterium für diesen Prozess erhebe, müsse für Reformen und Revisionen auf Zukunft hin offen sein.[20] Zentrale nachkonziliare Dokumente sind deutlich von diesem Modell der „participatio actuosa" und damit der Teilnahme von Laien an der Liturgie geprägt.

Ein besonders bedeutsames Beispiel, das jetzt wieder in der Diskussion steht, mag hier genügen: Die 1969 in Kraft gesetzte Übersetzerinstruktion „De interpretatione textuum liturgicorum"[21] legt ein dialogisches Verständnis von Liturgie zugrunde, indem – kurz gesagt – die Sprache Medium der „Kommunikation" zwischen Christus und seiner Gemeinde ist. Damit Verkündigung und Gebet gelingen können, anders gesagt: damit Liturgie im Sinne des Konzils gefeiert werden kann, sind bestimmte Kriterien an die Liturgiesprache anzulegen. Damit unterscheidet sich die muttersprachliche Liturgie, die 1969 bereits Tatsache war, in ihren Anforderungen und mit Blick auf die Laienbeteiligung markant von der lateinischsprachigen Liturgie.[22]

Die jüngste, 2001 in Kraft getretene Übersetzerinstruktion „Liturgiam authenticam" setzt dagegen einen anderen Akzent.[23] Sie nennt zwar bereits im ersten Satz die volle, bewusste und tätige Teilnahme der Gläubigen an der Liturgie und greift diese im späteren Verlauf immer wieder auf, gewinnt aber von hierher keine Konturen. Die Voraussetzungen für die Übersetzung unterliegen jetzt einer anderen Maxime: Die Kreativität bei der Übersetzung wird

---

Ewerd (Hg.), Lebt unser Gottesdienst? Die bleibende Aufgabe der Liturgiereform, Freiburg/Br. u.a. 1988, 38–62.

20 So vor allem *A. A. Häußling*, Liturgiereform. Materialien zu einem neuen Thema der Liturgiewissenschaft, in: *Ders.*, Christliche Identität aus der Liturgie. Theologische und historische Studien zum Gottesdienst der Kirche. Hg. v. *M. Klöckener / B. Kranemann / M. B. Merz* (Liturgiewissenschaftliche Quellen und Forschungen 79), Münster 1997, 11–45, hier 41. Eine kritische Fortschreibung des Axioms bietet *P. Post*, Een ideaal bevraagd. Actuele kritische notities bij het adagium van bewuste actieve deelname van de gemeenschap in de liturgie, in: Tijdschrift voor liturgie 88 (2004) 2–14.

21 Vgl. DEL 1200–1242.

22 Damit ist nicht gesagt, dass die faktischen Übersetzungen nicht kritikwürdig wären. Hier soll nur angezeigt werden, welch weitreichende Konsequenzen die Beteiligung von Laien in der Kirche bis in Kernbereiche der Liturgie hinein zeitigt.

23 Vgl. *Kongregation für den Gottesdienst und die Sakramentenordnung*, Der Gebrauch der Volkssprache bei der Herausgabe der Bücher der römischen Liturgie. Liturgiam authenticam. Fünfte Instruktion „zur ordnungsgemäßen Ausführung der Konstitution des Zweiten Vatikanischen Konzils über die heilige Liturgie" (zu Art. 36 der Konstitution). Lateinisch – Deutsch. 28. März 2001. Hg. v. Sekretariat der Deutschen Bischofskonferenz (Verlautbarungen des Apostolischen Stuhls 154), Bonn 2001.

deutlich begrenzt; dafür wird nun eine getreue und genaue Übertragung der Originaltexte in die Volkssprache zur leitenden Maxime erhoben (Nr. 20). Man wird diese Instruktion nicht als gegen Laienpartizipation gerichtet lesen können, doch verändert sie die Konditionen für die Teilnahme. In der alten Übersetzerinstruktion konnte man die Teilnahme der Gläubigen als Bezugspunkt der Übersetzung erkennen, in der jetzigen stehen die „liturgia authentica" (Nr. 1)[24] und der Ausdruck von überzeitlichen und -örtlichen Wahrheiten („quae temporis ac loci findes exsuperant") (Nr. 19) im Mittelpunkt. Die Voraussetzungen für eine gelingende Teilnahme werden ungünstiger; bei der Übersetzung stehen sie nicht mehr im Vordergrund.

Dieses überrascht, denn die heute gültigen liturgischen Bücher weisen der Teilnahme der Gemeinde und damit auch der Laien einen insgesamt sehr hohen Stellenwert zu.[25] Auch wenn es weitere römische Dokumente gibt, die für Irritationen gesorgt haben,[26] kann man eine wachsende Kompetenzzuweisung an Laien auch in der Liturgie nicht übersehen. So sind im deutschen Sprachgebiet durch die Beauftragung von Laien mit der Leitung sonn- oder auch werktäglicher Wort-Gottes-Feiern neue Möglichkeiten und zugleich neue Formen der Partizipation eröffnet worden.[27] Wenn man auf die ostdeutschen Bistümer und

---

[24] Der Begriff der „liturgia authentica" ist der Liturgiekonstitution fremd. Sie spricht von „authentica" in SC 37 im Zusammenhang der Gewährung von Adaptation und Inkulturation („dummodo cum rationibus veri et authentici spiritus liturgici congruat") und in SC 111 hinsichtlich der Reliquienverehrung („eorumque reliquiae authenticae … in veneratione habentur.")

[25] Vgl. *B. Kranemann*, Der Gemeindebezug des Gottesdienstes aus katholischer Sicht, in: *I. Mildenberger / W. Ratzmann* (Hg.), Beteiligung? Der Gottesdienst als Sache der Gemeinde (Beiträge zu Liturgie und Spiritualität 15), Leipzig 2006, 77–100, hier 87–93; Beteiligung der Gemeinde wird in den liturgischen Büchern sehr vielfältig und differenziert beschrieben, aber jeweils so, dass sie von zentraler Bedeutung für die Gottesdienstfeiern ist.

[26] Vgl. u.a. die Instruktion *Redemptionis Sacramentum* über einige Dinge bezüglich der heiligsten Eucharistie, die einzuhalten und zu vermeiden sind. 25. März 2004. Hg. v. Sekretariat der Deutschen Bischofskonferenz (Verlautbarungen des Apostolischen Stuhls 164), Bonn 2004; dazu die kritischen Anmerkungen von *J. M. Huels*, Canonical Observations on „Redemptionis Sacramentum", in: Worship 78 (2004) 404–420.

[27] Immerhin existieren mittlerweile kirchenoffizielle oder zumindest -offiziöse liturgische Bücher: Die Wortgottesfeier. Der Wortgottesdienst der Gemeinde am Sonntag. Vorsteherbuch für Laien. Hg. v. Liturgischen Institut Zürich im Auftrage der deutschschweizerischen Bischöfe, Freiburg/Schw. 1997; Wort-Gottes-Feier. Werkbuch für die Sonn- und Festtage. Hg. v. den Liturgischen Instituten Deutschlands und Österreichs im Auftrage der Deutschen Bischofskonferenz, der Österreichischen Bischofskonferenz und des Erzbischofs von Luxemburg, Trier 2004; Versammelt in Seinem Namen. Tagzeitenliturgie – Wort-Gottes-Feier – Andachten an Wochentagen. Werkbuch. Hg. v. den Liturgischen Instituten Deutschlands, Österreichs und der Schweiz im Auftrag der Deutschen Bischofskonferenz, der Österreichischen Bischofskonferenz, der Schweizer Bischofskonferenz und des Erzbischofs von Luxemburg, Trier 2008. Ein römisches Direktorium hat sich der anstehenden Fragen angenommen: Kongregation für den Gottesdienst: Direktorium „Sonntäglicher Gemeindegottesdienst ohne Priester". Mit einer Einführung der Deutschen Bischofskonferenz. 2. Juni 1988. Hg. v. Sekretariat der Deutschen Bischofskonfe-

ihre Erfahrungen mit den „Stationsgottesdiensten“, auf römische Vorgaben und die Praxis einzelner Ortskirchen in anderen Regionen der Welt schaut, lässt sich das andernorts schon früher beobachten.[28] Die Konsequenzen, die langfristig eine regelmäßige Leitung der Sonntagsliturgie durch Laien haben wird, sind noch nicht absehbar.

Es hat immer wieder Auseinandersetzungen darum gegeben, welche Rollen oder Funktionen in der Liturgie Laien zustehen; es ist nicht zu übersehen, dass diese von manchen Laien auch als Profilierungsmöglichkeit verstanden worden sind, dass über die Bestreitung bestimmter Aufgaben und Befugnisse ein bestimmtes Kirchenbild propagiert werden sollte usw. Bei der Leitung von Wort-Gottes-Feiern verhält es sich deutlich anders. Laien werden dort dafür beauftragt, wo eine regelmäßige Eucharistiefeier an Sonn- und Werktagen nicht möglich ist. Die Beauftragung, eigens bereitgestellte offiziöse liturgische Bücher – sie werden auf dem Titelblatt als „Werkbücher“ bezeichnet, sind im Auftrag verschiedener Bischofskonferenzen herausgegeben worden und enthalten „Geleitworte“ u.a. der Vorsitzenden dieser Konferenzen – und damit ein liturgierechtlicher Rahmen, eine auf diese Leitung hin konzipierte rituell-liturgische Ordnung, vor allem aber das Faktum, dass es sich um die Sonntagsliturgie und damit den für die Glaubensgemeinschaft zentralen Gottesdienst handelt, machen das große Gewicht dieser Gottesdienste deutlich. Das Fazit lautet, dass die Rolle von Laien in der katholischen Kirche am Beginn des 21. Jahrhunderts implizit mit dieser Gottesdienstform noch einmal deutlich verändert worden ist. Die von Laien geleiteten Wort-Gottes-Feiern implizieren weitreichende ekklesiologische und liturgietheologische, aber auch spirituelle Konsequenzen. Letztlich aus der Not des Priestermangels geboren, könnten sie nicht nur das Selbstverständnis von Laien, sondern auch von Gemeinden verändern, die in einer pastoralen Problemlage aus ihrer Mitte heraus ein entscheidendes Problem des Gemeindelebens im Rahmen des Kirchenrechts lösen.

---

renz (Verlautbarungen des Apostolischen Stuhls 94), Bonn 1988. Vgl. als grundlegende Studie: *B. Kirchgessner*, Kein Herrenmahl am Herrentag? Eine pastoralliturgische Studie zur Problematik der sonntäglichen Wort-Gottes-Feier (Studien zur Pastoralliturgie 11), Regensburg 1996. Die Geschichte dieser Liturgie rekonstruiert anhand eines Gebetselements *B. Kranemann*, Das „Lob- und Dankgebet" in der sonntäglichen Wort-Gottes-Feier. Zu Genese, Struktur und Theologie eines neuen Gebetselements, in: *Ders. / Th. Sternberg* (Hg.), Wie das Wort Gottes feiern? Der Wortgottesdienst als theologische Herausforderung (Quaestiones Disputatae 194), Freiburg/Br. 2002, 205–233; zu einzelnen Fragen vgl. auch *Ders.* (Hg.), Die Wort-Gottes-Feier. Eine Herausforderung für Theologie, Liturgie und Pastoral, Stuttgart 2006.

[28] Vgl. den historischen Überblick bei *O. Nussbaum*, Sonntäglicher Gemeindegottesdienst ohne Priester. Liturgische und pastorale Überlegungen, Würzburg 1985, bes. 40–44.

Unübersehbar haben neue Rollen und Teilnahmemöglichkeiten von Laien im Gottesdienst die Selbstwahrnehmung der Laien in der Kirche generell verändert. Die Sensibilität, mit der schon kleinste Veränderungen auf diesem Feld kritisch wahrgenommen werden, zeigt das an: Die Identifikation mit den durch das Konzil eröffneten und dann in der nachkonziliaren Kirche ausgestalteten Teilnahmemöglichkeiten ist sehr hoch. Diese werden als ein wesentlicher Ausdruck der Kirchenzugehörigkeit und als eine Möglichkeit verstanden, den eigenen Glauben zu leben und auszudrücken. [29]

Allerdings darf man nicht die Veränderungen übersehen, die die Jahrzehnte seit dem Konzil mit sich gebracht haben. Religiöser Pluralismus ist nicht allein ein Phänomen der Gesellschaft, sondern längst innerkirchliche Realität. Von Recht und Pflicht zur tätigen Teilnahme zu sprechen, steht heute unter anderen Voraussetzungen als zur Konzilszeit. Die Voraussetzungen, um dieses Recht wahrzunehmen, sind höchst unterschiedlich, die Verwurzelung in Tradition und Praxis der Kirche divergiert stark. Zugleich beschränkt sich Teilnahme für viele auf das reine Dabei- und Anwesendsein, von einer Realisierung der Pflicht zur tätigen Teilnahme, wie sie das Konzil benennt, bleibt man damit weit entfernt.[30] Die Teilnahme von Laien am Leben der Kirche, den Gottesdienst eingeschlossen, ist zukünftig in ihrer ganzen Vielfalt, damit breiter und in ihren höchst unterschiedlichen Voraussetzungen wahrzunehmen und theologisch zu reflektieren.

2. Theologische Grundlagen der Laienbeteiligung

Es ist notwendig, sich immer wieder neu das Fundament ins Bewusstsein zu rufen, auf dem die Teilnahme von Laien in der Liturgie aufruht. Es geht primär

[29] Vgl. zur Entwicklung, aber auch den immer noch bestehenden Spannungen in diesem Band den Beitrag von *M. Ebertz*. Die Ausführungen von *N. Lüdecke*, Feiern nach Kirchenrecht. Kanonistische Bemerkungen zum Verhältnis von Liturgie und Ekklesiologie, in: Jahrbuch für biblische Theologie 18 (2003) (Das Fest: Jenseits des Alltags), 395–456, mit ihrem sehr stark rechtspositivistischen Akzent überzeugen weder in einer theologisch-hermeneutischen Perspektive – auch kirchliche Dokumente müssen in einem breiten theologisch-kirchlich-kulturellen Kontext gelesen und damit interpretiert werden – noch mit Blick auf die Entwicklung tragfähiger pastoraler Perspektiven. Vgl. z.B. ebd. 417 folgende Formulierung: „Es gilt: Klerus und Laien sind in der römisch-katholischen Kirche scharf voneinander geschieden und in ein Verhältnis der Über- und Unterordnung gestellt. Rechtlich begründet die Ordination der einen die Subordination der anderen." Zur Diskussion entsprechender kanonistischer Interpretationen des CIC aus dogmatischer Sicht vgl. *P. Hünermann*, Ist der CIC revisionsbedürftig? Dogmatische Anfragen an die Kanonistik zur Interpretation des CIC/1983, zum bischöflichen Amt, zur Ortskirche und zu den Laien, in: Theologie der Gegenwart 50 (2007) 15–30.

[30] Vgl. *Post*, Een ideaal bevraagd.

um theologische Fragen, um das Verhältnis zwischen Gott und Mensch, das Selbstverständnis der Kirche wie der einzelnen Gläubigen. Wie sehr das in der Praxis aus ganz naheliegenden Gründen auch anders aussehen mag: Es geht nicht um eine Machtfrage, geht auch nicht um Zugeständnisse oder Einforderungen.[31] Die katholische Kirche hat vielmehr im 20. Jahrhundert mit langer Vorgeschichte, nach einer intensiven Auseinandersetzung mit der eigenen Geschichte und in theologischer Auseinandersetzung im Konzil eine neue Basis für die Rolle oder die Rollen der Gläubigen in der Kirche geschaffen.

2.1 Die Bedeutung der Initiation

Die Liturgiekonstitution als das erste vom Konzil verabschiedete Dokument hat bereits zur Fragestellung wichtige Weichenstellungen vorgenommen. Die dogmatische Konstitution „Lumen Gentium“ hat das gemeinsame Priestertum aller Gläubigen betont und es in wechselseitiger Bezogenheit zum besonderen Priestertum beschrieben (LG 10). Die Konzilsväter unterstreichen die Teilhabe auch der Gläubigen am Priestertum Christi und sprechen vom „übernatürlichen Glaubenssinn des ganzen Volkes“ (LG 12), beides leiten sie aus der Teilhabe des „heiligen Gottesvolkes“ am prophetischen Amt Christi her. Die Legitimation für solche weitreichenden Festlegungen sehen sie in der Taufe, genauer eigentlich der Initiation. Der auf Christus Getaufte soll seine Zugehörigkeit zum Leib Christi in allen Dimensionen realisieren können. Dazu gehört die volle Teilnahme an der Liturgie, die – jenseits aller Statistiken über den „Gottesdienstbesuch“ – als Mittelpunkt des Lebens der katholischen Kirche unverzichtbar ist, aber auch an den anderen Grundfunktionen der Kirche wie der Diakonia und der Martyria. Die Vorstellung, die Mitwirkung der Laien beschränke sich auf den reinen „Weltdienst“, ist damit hinfällig geworden.

Die Initiation gleichsam als „Basisqualifikation“ des Engagements von Laien[32] – seien es Ehren-, seien es Hauptamtliche, seien es Christen, die ohne eine spezifische Aufgabe in der Kirche mitleben und dadurch ihren Glauben wie das

[31] Mit Blick auf die Liturgie schreibt *R. Miggelbrink*, Einführung in die Lehre von der Kirche, Darmstadt 2003, 162: „Wo diese theo-zentrische Funktion des Gottesdienstes radikal ernst genommen wird, da kann es keinen innerkirchlichen ‚Klassenkampf‘ um die Frage ‚Wer darf was?‘ geben. Da muss vielmehr die Sachlogik das Vorgehen beherrschen, dass jeder Frau und jedem Mann, der in der Kirche einen legitimen Dienst ausübt, die hierfür notwendigen Mittel zu Gebote stehen sollen“.

[32] Die sakramentale Grundlegung der Ämter, Dienste und Rollen der Laien unterstreicht markant: Nachsynodales Apostolisches Schreiben „Christifideles Laici“ von Papst Johannes Paul II. über die Berufung und Sendung der Laien in Kirche und Welt. 30. Dezember 1988. Hg. v. Sekretariat der Deutschen Bischofskonferenz (Verlautbarungen des Apostolischen Stuhls 87), Bonn 1988. Vgl. dazu in diesem Band die Anmerkungen von *H. Witte*.

Glaubensleben der Kirche lebendig halten – zu verstehen, unterstreicht, dass die Beteiligung von Laien am kirchlichen Leben ein Grundrecht des Christseins ist, weil es zur Existenz von Christen gehört. Wer das übersieht, hat einen wesentlichen Aspekt der Teilnahme von Laien am kirchlichen Leben nicht im Blick.

2.2 Laienpartizipation und Ekklesiologie

Aus liturgietheologischer Sicht gerät die Kirche in dem Moment, wo die Feier der Liturgie gefährdet ist, in eine sehr problematische Situation, weil das Geschehen, aus dem die Kirche lebt und immer neu konstituiert wird, nicht mehr gewährleistet ist. All das, was sich an Glaubensüberzeugung mit der Liturgie verbindet – die Versammlung um den gegenwärtigen Christus – ist also für die Existenz der Kirche unverzichtbar. Aus der Liturgie leben und in ihr konstituieren sich immer neu die Gemeinden, in denen vor Ort Kirche sichtbar und erfahrbar wird. Auch die Notlage, in der sich die Kirche aufgrund des Priestermangels befindet, kann sie nur lösen, indem sie bestimmte Begabungen (Charismen) in ihrer Mitte neu entdeckt und als Subjekte der Glaubensgemeinschaft fördert. Dem Engagement von Laien und ihrer Beteiligung u.a. an der Liturgie neuen Raum zu geben, hat deshalb auch eine ekklesiologische Dimension. Auf der einen Seite ist ein wesentlicher Grundvollzug von Kirche nur realisierbar, wenn man stärker Laien Verantwortung übernehmen lässt und sie ihnen auch überträgt.[33] Mit Blick beispielsweise auf den Rang einer sonntäglichen Gemeindeliturgie ist eine kirchliche Beauftragung, wie bei der Wort-Gottes-Feier, sinnvoll und geboten, in anderen Fällen wie bei der Tagzeitenliturgie oder manchen Segnungen theologisch nicht sinnvoll und rechtlich nicht vorgesehen. Laien tragen zu einer lebendigen Kirche bei, ermöglichen Existenz von Kirche. Man könnte zuspitzen: Die Theologie des Volkes Gottes kommt so verstärkt zum Zuge, Ekklesiologie und kirchliche Praxis wird von allen Getauften getragen, aus der „versorgten“ entsteht mehr und mehr die „sorgende“ Kirche.

Auf der anderen Seite wird sich die Kirche verändern. Die Konsequenz für die Ekklesiologie wird sein, dass die schon erwähnte Volk Gottes-Theologie stärker trägt und sich statt einer Konkurrenz zwischen Ordinierten und Nichtordinierten deutlicher ein gemeinschaftliches Miteinander entwickelt, in dem die unterschiedlichen Charismen akzeptiert und genutzt werden. Die Faktenlage etwa in der katholischen Kirche in Deutschland lässt für die Zukunft kaum ein

[33] Eine Darstellung verschiedener Positionen zur Leitung von Gottesdiensten durch Laien vgl. bei *M. Probst*, Die Leitung von Wort-Gottes-Feiern durch beauftragte Laien, in: *Kranemann – Sternberg* (Hg.), Wie das Wort Gottes feiern, 181–204, hier 185–192.

anderes Szenarium zu, die Vorgaben des Konzils und der verschiedenen Synoden, die nachkonziliar in Deutschland in Ost wie West stattgefunden haben, weisen – mehr oder weniger deutlich – in diese Richtung. Allerdings brauchen diese Veränderungsprozesse Visionen und Orte, an denen sie theologisch diskutiert und auf die Praxis hin weitergedacht werden können. Einen solchen Ort stellen Synoden dar; die Frage ist, ob ein so tiefgreifender Wandel, wie er in vielen Ortskirchen in den kommenden Jahren ansteht, nicht durch synodale oder vergleichbare Prozesse in den Ortskirchen begleitet werden müsste, nicht zuletzt, um zu stärkerer Akzeptanz zu gelangen.

Das hat weitreichende Konsequenzen für die Kirche insgesamt. Neben die Binnenwirkung einer stärkeren Beteiligung aller Gläubigen tritt die Wirkung nach außen, die ebenfalls theologische Bedeutung hat.

2.3 Laienbeteiligung und Mobilisierung von Kirche

Eine wachsende Präsenz von Laien auch im Bereich des Gottesdienstes, seiner Gestaltung und seiner Leitung zeugt von Glaubensengagement und besitzt Zeugnischarakter.[34] Sie steht einer sich „missionarisch" verstehenden Kirche, die für den Glauben gewinnen will, sehr gut an. Deutlich wird in einem solchen Engagement, woraus die Kirche ihr Selbstverständnis bezieht und lebt. Der Einsatz aller Getauften für diese Mitte unterstreicht, dass der Glaubensgemeinschaft an ihr liegt. Dass diese pastorale Notsituation dann keinen Abbruch kirchlichen Lebens bedeutet, sondern sowohl theologisch wie funktional Kräfte in der Kirche mobilisieren kann, um diese Situation zu bewältigen und aus ihr neue Motivation und Stärke zu gewinnen, hat Zeichenqualität.

Damit die stärkere Beteiligung von Laien an der Gestaltung kirchlichen Lebens auch nach außen wirken kann, sind einige Voraussetzungen zu erfüllen: a) Die verschiedenen Gruppen in der Kirche – der Begriff „Stände" verbietet sich letztlich[35] – müssen sich im Respekt vor den unterschiedlichen spezifischen Begabungen begegnen. Nur wo eine solche Wertschätzung existiert, die letztlich Ausdruck der Communio-Ekklesiologie sein muss, kann eine solche Gemeinschaft auch in der Gesellschaft überzeugen. b) Es bedarf eines Selbstbewusstseins der verschiedenen Gruppen in der Kirche, das seitens der Kirchen-

---

[34] Vgl. mit Blick auf Liturgie und Feierkultur: *B. Kranemann*, Teilnahme, Mitverantwortung, Leitung. Die Rolle von Laien angesichts „missionarischer" Feiern und Gottesdienste, in: *J. Block / I. Mildenberger* (Hg.), Herausforderung: missionarischer Gottesdienst. Liturgie kommt zur Welt. Wolfgang Ratzmann zum 60. Geburtstag (Beiträge zu Geschichte und Spiritualität 19), Leipzig 2007, 95–111.

[35] Vgl. dazu unten im Beitrag von *P. Neuner*.

leitung gefördert werden muss. Wer zentrale Aufgaben bis hin zu Leitungsaufgaben übernehmen soll, muss ein angemessenes Rollenverständnis entwickeln können und sich angemessen wahrgenommen fühlen. Es müssen sich Umgangs- und Kommunikationsformen etablieren, die man auch in andern Lebensbereichen erwarten kann.[36] c) Damit solche Rollen in der Liturgie langfristig ausgefüllt werden können, die Rollenträger in der Gemeinde bestehen können und auch selbst ihre Rolle leben und ihre Aufgaben gestalten können, ist eine umfassende Aus- und Fortbildung notwendig, die wiederum auf Förderung von Respekt und Selbstbewusstsein hin angelegt sein muss. Gerade eine Kirche in Minderheitssituation ist auf Menschen angewiesen, die den Glauben und das Glaubensleben in der Öffentlichkeit bezeugen. Ein solches „missionarisches Kirchesein" braucht Rollenidentifikation, die man fördern und erleichtern kann.

3. Praktische Konsequenzen auf Zukunft hin

3.1 Werben um das Engagement der Laien

Neben dem, was bereits an Zukunftsperspektiven genannt worden ist, soll hier an erster Stelle die Motivation genannt werden, Menschen zu einem Engagement in der Kirche und ihrem Gottesdienst, in welcher Form auch immer, und zu einer entsprechenden Gestaltung der eigenen Glaubensbiografie zu ermutigen. Für den Einzelnen geht es darum, sich als Getaufter für und im Gottesdienst der Kirche einzusetzen, für die Kirche geht es um die Überlebensfrage, ob sich genug Menschen für ihre Belange und natürlich für die Feier und Weitergabe des Glaubens einsetzen. Für beide ist die Frage, wie in der Kirche auf Zukunft Leben aus dem Glauben gelingen kann. Auch wenn die Kirche theologisch-programmatisch der Beteiligung von Laien gegenüber offen ist, muss das unter den Bedingungen der säkularisierten Gesellschaft nicht bedeuten, dass genügend Getaufte sich beteiligen wollen. Es ist keine Selbstverständlichkeit mehr, dass sich Menschen in der Kirche engagieren wollen.

3.2 Intensivierung der Aus- und Fortbildung

Für viele Aufgaben werden zukünftig qualifizierte Laien gebraucht. Um es anhand der Liturgie zu verdeutlichen: Schon die Leitung eines einfachen Wortgottesdienstes ist nicht voraussetzungslos, was etwa den Umgang mit der Heiligen Schrift, mit Gebeten und Handlungen angeht. Wer regelmäßig Wort-

---

36 Vgl. dazu auch die Bemerkungen im Beitrag von *C. Clifford*.

Gottes-Feiern leitet, benötigt nicht nur eine Schulung, die ihn theologisch und in seinem Handeln sicher macht, sondern eine kontinuierliche Begleitung und Supervision. Da die Voraussetzungen, die auch kirchlich Sozialisierte für ihre Aufgaben mitbringen, also Vertrautheit mit der kirchlichen Überlieferung und Praxis, eher schwächer werden, ist für Laien – und zukünftig sicherlich nicht nur für sie – in der Kirche generell eine Intensivierung der Aus- und Fortbildung angezeigt. Auch hier gilt das Wort vom lebenslangen Lernen.

3.3 Akzeptanz unterschiedlicher Formen der Teilnahme

Doch nicht nur die Voraussetzungen variieren, auch die Formen der Teilnahme verändern sich. Mit wachsender Mobilität und pluraler Religiosität auch in der Kirche und der Liturgie trifft man auf Mitwirkungsformen, die hinsichtlich Dauer und Intensität sehr unterschiedlich ausfallen und in ihrer Gestaltung in Bewegung bleiben. Das betrifft weniger die Hauptamtlichen als andere in der Kirche, auf welcher Ebene auch immer, engagierte Laien. Zudem wird man auch mit Teilnahmeformen etwa im Bereich der Liturgie stärker rechnen müssen, die allein in Präsenz und Anwesenheit bestehen. Toleranz gegenüber sehr vielfältigen Formen der Teilnahme und Beteiligung ist folglich notwendig, zugleich sollte das Bewusstsein dafür wachsen, dass solche Vielfalt den unterschiedlichen Temperamenten in der Kirche korrespondiert und zu einer an Begabungen reichen Religionsgemeinschaft hinzugehört.

TÄTIGE TEILNAHME VON LAIEN AM LITURGISCHEN LEBEN MORGEN

Susan K. Roll

1. Veränderungen im liturgischen Recht aus der Sicht von Laien

Dieser Beitrag zum Forschungsprojekt der Katholisch-Theologischen Fakultät Erfurt über „Laien in der katholischen Kirche am Beginn des 21. Jahrhunderts" könnte auch überschrieben sein mit „Liturgische Normen aus der Perspektive von Laien". Wir werden den Blick auf Entwicklungen richten, die in der Eucharistiefeier der römisch-katholischen Kirche in nächster Zukunft Konsequenzen für Laien im Gottesdienst haben können. Derzeit sollen einige Veränderungen in der liturgischen Praxis, mit unterschiedlicher Intensität in den verschiedenen Ländern, auf diözesaner und pfarrlicher Ebene, vorgenommen werden, zunächst aufgrund der *Institutio Generalis Missalis Romani* (IGMR) (5. Auflage),[1] dann auf der Grundlage der verschiedenen muttersprachlichen Übersetzungen der dritten Auflage des *Missale Romanum*.[2] Einige ziemlich schwierige liturgische Fragen, die die Laien betreffen werden, schließen die umfassendere Frage ein, ob die „volle, bewusste, aktive Teilnahme" (so SC 14) im Lichte neuer liturgischer Gesetzgebung, wie sie in den genannten Texten zum Ausdruck kommt, erhalten bleibt.

So bietet dieser Aufsatz Überlegungen zur Theologie und zum liturgischen Recht sowie Berichte über neue Entwicklungen und hoffentlich auch ein wenig Prophetie. Die zugrunde liegende These lautet, dass die klassische Fomulierung *lex orandi, lex credendi* – das Gesetz des Gebets formt das oder führt zum Gesetz des Glaubens –, die auf das 5. Jahrhundert datiert wird und auf Prosper von Aquitanien zurückgeht, in gewisser Weise im 21. Jahrhundert in einen Prozess gerät, in dem es auf den Kopf gestellt wird. Dieser Prozess wird offensichtlich Konsequenzen nicht allein für die Verständlichkeit des Gottesdienstes, sondern auch für seine Glaubwürdigkeit auf der Ebene der Laien haben. Die neuere liturgische Gesetzgebung dreht insbesondere mit Liturgiam Authenticam im Ergebnis die Richtung des Diktums um – mit anderen Worten: die Sprache des Gebets ist absichtlich und bewusst in zielgerichteter Weise umgestaltet worden.

1 Vgl. Institutio generalis, Città del Vaticano 2000.
2 Vgl. Missale Romanum. Editio typica tertia, Romae 2002.

Die fraglichen Ziele scheinen die Einführung eines ungewohnten Idioms in den Gottesdienst und eine sehr ins Details gehende Spezifikation der jeweiligen Rollen und Aktionen von Mitgliedern der liturgischen Versammlung und des Klerus einzuschließen, so dass größeres Gewicht auf die transzendente Dimension der Liturgie als auf den Aufwand für die immanente Dimension und auch ein stärkerer Akzent auf den Klerus als auf die Laien gelegt wird. Eine weitere vorhersehbare Konsequenz ist eine größere Distanz zwischen dem täglichen Leben (von Laien wie Klerikern) und dem Gottesdienst der ganzen Kirche sowie eine Trennung von Klerus und Laien.

Es gibt bereits in einigen Ländern Anzeichen dafür, dass, wenn gebildete, engagierte Laien sich dieses Trends bewusst werden – mit anderen Worten: des neuen Typs liturgischer Sprache, der eingeführt werden wird, und einiger eher kleinerer Veränderungen hinsichtlich der Rolle, die Laien in der Liturgie spielen können –, eine wachsende Zahl gerade progressiver katholischer Laien sich bestürzt und verärgert fragt, wie sie gegen die neuen Texte und Gesetze Widerstand üben kann. Während dies auf der einen Seite wie eine schlechte Nachricht klingen mag, glaube ich, dass, wenn die Historie in irgendeiner Weise eine Orientierungshilfe bietet, das Endergebnis eine Belebung der Liturgie und ein neues Selbstbewusstsein der getauften Laien in der Kirche sein könnte.

Der theologische Blickwinkel für eine Annäherung ist das, was man die „mystagogische" Methode liturgischer Studien genannt hat.[3] Wenn man diese beispielsweise mit historischen, juridischen oder komparativen Methoden liturgischer Studien vergleicht, schließt sie ein Bewusstsein für und die Artikulation Erfahrung von einzelnen Personen ein, die in einer liturgischen Versammlung zusammenkommen und dort an einem lebendigen, interaktiven, einzigartigen Ereignis teilnehmen. Diese Einzigartigkeit des Ereignisses beruht auf der einfachen Tatsache, dass diese Personen nie wieder zu solch einem Ereignis in diesem Raum, zu dieser Zeit und unter diesen besonderen Umständen versammelt sein werden. So ist jede liturgische Feier von ihrer Natur her unwiederholbar.

Mystagogie ist natürlich nicht neu: Im 5. Jahrhundert war „Mystagogie" oder das „Lehren der Mysterien" eine gewöhnliche Form der Annäherung an die Liturgie, um deren vielfältige theologische Bedeutungsschichten offenzulegen, *nachdem*, nicht bevor die Kandidaten (zunächst als Katechumenen in der Phase der Einweisung, dann in der zweiten Phase des Katechumenats Neophyten genannt) die volle Initiation in die christliche Kirche durch Taufe, Salbung

3 Die beste Erklärung dieser Methode findet man bei *K. Hughes*, Saying Amen. A Mystagogy of Celebration, Chicago 1999, 1–16.

durch den Bischof und Teilnahme an der Eucharistie erlangten. Der Bischof, der als Katechet handelt, forderte die neuen Christen auf, sich verschiedene Ereignisse und Aktionen ins Gedächtnis zu rufen – was sie sahen und hörten, wie ihre anderen Sinne beteiligt waren – und zeigte ihnen dann deren theologische Bedeutung, für die sie aufmerksam sein sollten. Cyrill von Jerusalem erläuterte zum Beispiel den Neophyten: „Danach seid ihr zum heiligen Brunnen der göttlichen Taufe geführt worden – so wie Christus vom Kreuz zum Grab dort. Und jeder wurde gefragt, ob er an den Namen des Vaters und des Sohnes und des Heiligen Geistes glaube. Ihr habt das heilsame Bekenntnis abgelegt, seid dreimal im Wasser untergetaucht und wieder aufgetaucht und habt so im Symbol die drei Tage Christi im Grab angedeutet."[4]

Durch die Verbindung von persönlicher, lebendiger Erfahrung mit Symbolen und sakramentaler Theologie vermittelte Cyrill den Glauben den Neophyten in lebendiger Weise, so dass er sich tief im Gedächtnis verwurzelte und nachhaltige Bedeutung erhielt. Die Pilgerin und Tagebuchschreiberin Egeria erzählt, dass Christen in der gewöhnlichen liturgischen Versammlung erfreut waren, diese Katechesen zu hören und dass jeder den Bischof für seine einnehmende Methode der Katechese pries.[5] Ambrosius sagt seinen Neophyten klar: „Ich beginne mit den Ausführungen über die Sakramente, die ihr empfangen habt; denn es ziemt sich nicht, vor dem jetzigen Zeitpunkt eine Erklärung zu geben. Bei einem Christen ist nämlich das erste der Glaube."[6]

Heute wissen wir, dass der Prozess der Prüfung und des Ausdrucks eigener Erfahrungen und des Zuhörens sehr komplex ist. Jemandes lebendige Erfahrung von Teilnahme im gottesdienstlichen Geschehen ist möglicherweise schwer auszudrücken, weil man immer wieder zwischen subjektiven und objektiven Funktionsweisen wechseln muss. So ist man zur gleichen Zeit aktiv als Subjekt in die Liturgie einbezogen, sich aber gleichzeitig der Antworten und der inneren Prozesse bewusst, aus denen solche Antworten entstehen, wie eben bei einen Studienobjekt. Dies ist ein schwieriger und delikater Balanceakt, wie meine Undergraduate Studierenden in Liturgiewissenschaft berichten, nachdem sie ihre Referate, in denen sie ihre Erfahrung einer Sonntagsliturgie beobachten und beschreiben sollten, abgeschlossen hatten, oder wie Gesprächspartnerinnen

4 Cyrill von Jerusalem, Mystagogische Katechesen II, 4 / Röwekamp (Fontes Christiani 7).
5 Vgl. Egeria, Reisebericht 47, 1f / Röwekamp (Fontes Christiani 20).
6 Ambrosius von Mailand, Über die Sakramente 1,1 / Schmitz (Fontes Christiani 3).

sagten, die nach ihren Erfahrungen als Frauen in der Liturgie des österlichen Triduums befragt wurden.[7]

Außerdem sind nicht allein die Sinnesorgane einbezogen. Vielmehr führen Sinneswahrnehmungen zu einer komplexen und oft verwirrenden Beteiligung von Denken und Fühlen, ästhetischer Sinnlichkeit wie auch Erinnerung – es handelt sich um eine langlebige und unveränderliche Erinnerung, die mit erstaunlicher Klarheit fortbestehen kann, selbst wenn die kognitive Funktion mit dem Alter sonst nachlässt. Wenn jemand immer bei einem bestimmten Musikstück zu schreien begonnen hat, ohne genau zu wissen, warum eigentlich, oder auf einen plötzlich auftretenden vertrauten Geruch reagiert, der eine Fülle von Erinnerung wachruft, kann man daran einiges von der Komplexität dieses Problems und der mit diesem Phänomen verbundenen Schmerzen ablesen.

Der nächste Schritt besteht darin, eine wirksam auf der Liturgie aufbauende Theologie von der Authentizität gelebter Erfahrung her zu zeichnen. Dieser Prozess ist stark personal, aber nicht allein individuell: Entscheidend war in antiken mystagogischen Katechesen, zu gemeinschaftlicher Reflexion im Dialog mit dem weiten Feld von Schrift und christlicher Tradition einzuladen. Heute versammelt sich die Gruppe der Neophyten wieder in der letzten Phase des Ritus der Erwachseneninitiation, der mit „Mystagogie" überschrieben ist, teilt Erfahrungen und Wahrnehmungen, die aus den Initiationssakramenten als Festereignis erwachsen, und entfaltet zusammen mit ihren Katecheten die zugrunde liegende theologische Bedeutung in der Weise, dass diese Theologie dynamisch und vital bleibt, weit mehr als eingeprägte dogmatische Lehrsätze für sich es vermögen. Im gemeinsamen Ritus und Gebet hat Gott das erste und das letzte Wort, und diese dialogische Reflexion verwurzelt Theologie in Realität und gibt ihr solide Bezugspunkte. Schließlich ist das Mysterium nicht allein durch sprachliche Konzepte und Kategorien zugänglich, was trotzdem manche durch die Jahrhunderte versucht haben; das Mysterium lädt von seiner wahren Natur her ein.[8]

---

7 Vgl. *S. Roll*, Experiencing the Easter Triduum, in: *L. Boeve – H. Geybels* – S. van den Bossche, Encountering Transcendence. Contributions to a Theology of Christian Religious Experience, Leuven 2005, 461–475. 1988 führten vier amerikanischen Liturgiezentren eine Studie über die Erneuerung der Gemeindeliturgie durch, die auf Interviews basierten, welche mit einzelnen Gemeindemitgliedern unmittelbar nach der Sonntagsliturgie geführt wurden. Die Ergebnisse dieser allerdings nicht umfassenden Untersuchung weisen in dieselbe Richtung. Vgl. *L. J. Madden* (Ed.), The Awakening Church. 25 Years of Liturgical Renewal, Collegeville 1992, bes. 6, 11–25 und 69.

8 Kathleen Hughes legt auf verschiedene Punkte hinsichtlich gegenwärtiger Mystagogie im Zusammenhang des RCIA Wert: Sie ist für alle, nicht nur für die Neophyten da; Mystagogie ist Teil einer lebenslangen Einweisung, um den eigenen Glauben zu lernen und zu vertiefen; der

Die Liturgische Bewegung des 20. Jahrhunderts, die den Boden für Veränderungen hinsichtlich der Leitlinien der Liturgie und im liturgischen Recht nach dem Zweiten Vatikanischen Konzil bereitete, stützte sich in einem erheblichen Maße auf das Potential lebendiger Erfahrung des Gottesdienstes als einer Quelle vertiefter Spiritualität seitens der Laien. Vieles an Schwung zur Jahrhundertwende entstand aus der Tatsache, dass die Kirche aufgrund von Indifferenz und als Konsequenz des Marxismus im Begriff war, „die Arbeiter zu verlieren", ein Gesichtspunkt, den Lambert Beauduin und der geistesverwandte Klerus erfolglos ihren Bischöfen nahebringen wollten. Ein gesteigertes Bewusstsein für das, was passierte und warum es passierte, führte im Gottesdienst der Kirche dazu, die Laien einzuladen und in diesen Gottesdienst einzubinden, um so die Spiritualität zu stärken. So war der erste Schritt in den Jahrzehnten Anfang des 20. Jahrhunderts, zukünftige Priester mit Blick auf die Bedeutung der Liturgie, den Ursprung und die Funktion der verschiedenen Teile und allgemein das liturgische Jahr auszubilden (was bedeutet, dass Fortbildungen für Kleriker, die bereits in Gemeinden tätig waren, organisiert wurden).

Zwischen dem Zweiten Weltkrieg und dem Zweiten Vatikanum reagierte die Liturgische Bewegung nicht mehr nur, sie handelt selbst aktiv mit Blick auf die Möglichkeiten der Liturgie, die Spiritualität von Laien wie Klerikern zu formen.[9] Die Bewegung begann (ob man nun ihren Ursprung 1832, 1884 oder 1909 datiert[10]) mit dem Anliegen, Priester, die letztlich die Laien instruieren sollten, zu einem fruchtbareren Verständnis der Liturgie zu führen. Aber schrittweise erkannte die Bewegung die Notwendigkeit einer wirklichen Reform der Riten selbst. Das Resultat wurde in *Sacrosanctum Concilium* festgeschrieben, das Dokument legte die Fundamente für die Zukunft der Liturgie in unserer Zeit. Sorgfältige Forschung und wissenschaftlicher Austausch sowie Offenheit für die tatsächlichen Wirkungen des Gottesdienstes der Kirche auf die Gottesdienstteilnehmer führten zur Grundsteinlegung für die Reform, wie

---

vorrangige Fokus liegt auf dem gemeinschaftlichen sakramentalen Leben und auf der Gesamtheit des sakramentalen Lebens; personale Erfahrung, Imagination und Erinnerung sind entscheidend für diesen Prozess; „the language of mystagogy is more like poetry than prose"; und das kritische Element sind die gut gefeierten Riten. Vgl. *K. Hughes*, Saying Amen, 13–16.

9 Oder wie James F. White es ausdrückte: „a liturgical movement that was largely restoratonist [to] the revolution that occured after Vatican II in which every item in Roman Catholic worship was taken apart and reassembled." *J. F. White*, Roman Catholic Worship. Trent to today, Mahwah 1995, 93.

10 1832 markiert die Wiederbegründung der Abtei Solesmes durch Prosper Guéranger, 1884 die Veröffentlichung des Volksmissale von Anselm Schott und 1909 die Konferenz von Mecheln, auf der Lambert Beauduin, ein Mönch der Abtei Mont César / Keizersberg, eine „democratisation" der Liturgie forderte.

etwa einer erneuerten und vertieften Theologie der Taufe einschließlich der Berücksichtigung der Würde aller Christen, der Betonung der Rolle der Schrift in allen Formen der Liturgie und des Gebrauchs einfacherer Riten in der Frühen Kirche als Bezugspunkt. Einige erinnern sich heute an die entscheidende Rolle, die Experimente besaßen – der Priester, der in Richtung der Gemeinde blickte, Menschen, die lateinische Antworten in der dialogisch gefeierten Messe gaben, die Verwendung muttersprachlicher Gesänge in der Messe usw. Viele der Experimente fanden in Deutschland nach dem Ersten Weltkrieg statt, in Benediktinerklöstern, die ohnehin als „think-tanks“ für neue liturgische Einsichten dienten, und in Pfarrgemeinden, wo Laien in ganzer Breite betroffen waren. Offenheit der Liturgie als lebendiges Ereignis, gemeinsame Erfahrung, das Gemeinschaftliche und Personale zur gleichen Zeit – das alles half, liturgisches Recht in Gestalt der Konstitution zu formen, die die Basis für alle weiteren Ableitungen des liturgischen Rechts, Richtlinien und Empfehlungen schuf.

2. Änderungen kommen: die Institutio Generalis Missalis Romani

In nächster Zeit wird sich die Erfahrung des gemeinschaftlichen Gottesdienstes auf Seiten der Laien aufgrund von zwei jüngst revidierten Dokumenten jedoch verändern: Das erste, verbreitet durch die Vatikanischen Kongregation für den Gottesdienst, ist die 2002 erschienene IGMR (auf Deutsch: *Grundordnung des römischen Messbuchs*[11]), das grundlegende Direktorium für die Eucharistiefeier; das zweite ist die dritte Auflage des *Missale Romanum*, vor allem der damit verbundene Prozess der Übersetzung des Textes in die Muttersprachen der Welt und seine bisherigen Ergebnisse. Wir werden dieses im Folgenden untersuchen mit Bezug auf verschiedene geographische Regionen in Europa und Nordamerika und dabei besondere Aufmerksamkeit der englischen Übersetzung zollen, der Frucht langjähriger Kontroversen und Veränderungen in der ICEL, der International Commission on English in the Liturgy.

Die Übersetzung der *Grundordnung* ins Deutsche wurde im Juli 2007 abgeschlossen und durch die Deutsche Bischofskonferenz der Öffentlichkeit zur Verfügung gestellt. Insgesamt enthält der Text relativ wenige Veränderungen gegenüber der Version von 1975, die nach 2007 bis auf weiteres in Deutschland in Kraft bleibt. In Kanada, wie in den meisten europäischen Ländern, ist die

[11] Vgl. Missale Romanum. Editio typica tertia 2002. Grundordnung des römischen Messbuchs. Vorabpublikation zum Deutschen Messbuch (3. Auflage). 12. Juni 2007. Hg. v. Sekretariat der Deutschen Bischofskonferenz. (Arbeitshilfen 215), Bonn 2007.

IGMR noch nicht eingeführt worden, weil geplant ist, dass sie mit der dritten Edition des römischen Missale Hand in Hand gehen soll, und idealiter werden beide an einem Datum liturgische Praxis, das von jeder Bischofskonferenz festgelegt wird, normalerweise nach ausreichender Katechese der Kleriker wie auch der Laien über die Veränderungen in der Liturgie und ihre Gründe. Auf diese Weise werden Veränderungen in beiden Bereichen zusammen umgesetzt, was völlig logisch ist, denn beide bilden eine Einheit: Die IGMR dient als Einführung und als „how to do it"-Buch für das Missale. In anderen Regionen wie etwa den französisch- oder niederländischsprachigen Ländern hat die Übersetzungsarbeit kaum, wenn überhaupt, begonnen.

Dies war allerdings nicht der Fall in den Vereinigten Staaten. Seit dem Jahr 2000 war die IGMR ein Gegenstand erregter Diskussion und Kontroverse, weil zur gleichen Zeit, als der lateinische Text veröffentlicht wurde, die US-Bischöfe eine vorläufige Übersetzung ins Englische eilig publiziert hatten. Man wollte dem Druck von sehr konservativen, rechtsgerichteten Gruppen in der amerikanischen Kirche ausweichen, die des Lateinischen mächtig sind und durch die Denunzierung von Pfarrern und Laien, die in der Liturgie engagiert sind, wie durch Berichte liturgischer „Missbräuche" direkt nach Rom für erhebliche Missverständnisse sorgen konnten. Einige US-Bischöfe versuchten sogar, die IGMR unmittelbar in ihren Diözesen einzuführen, weil sie glaubten, dass habe Auswirkungen auf die Promulgation des lateinischen Textes. Sie konnten allein zurückgehalten werden durch den Appell, dass eine umfassende Katechese über die Veränderungen notwendig sei, was bei der Umsetzung von *Sacrosanctum Concilium* zu wenig berücksichtigt worden sei und noch vierzig Jahre später auf der Ebene der Pfarreien negative Folgen zeige.

In der Folge unternahmen es Liturgiewissenschaftler, die zur Catholic Academy of Liturgy in den USA gehörten, einen Kommentar zur IGMR zusammenzustellen, der autoritative Referenzen und Anmerkungen sowohl zum lateinischen Ausgangstext als auch der englischen Übersetzung vorsah. Dieses Hilfsmittel sollte die neueren Veränderungen der Liturgie in einen sorgfältig erarbeiteten historischen, theologischen und rechtlichen Kontext stellen und sah Einblicke aus jeder Sektion vor.[12]

Die Revision der IGMR von 2002 weicht, wie wir schon sagten, kaum von der Fassung von 1975 ab, aber einige wenige Veränderungen weisen in Richtung einer wachsenden Klerikalisierung der Liturgie und einer subtilen Margi-

---

[12] *E. Foley – N. D. Mitchell – J. M. Pierce (Ed.)*, A Commentary on the General Instruction of the Roman Missal, Collegeville 2007.

nalisierung der Laien. Man findet verschiedene Typen der Ekklesiologie im selben Dokument, die (ob gewollt oder unbeabsichtigt) verschiedene Interpretationen über das Ausmaß der wachsenden Betonung der unterscheidenden und hierarchischen Natur des Klerus zulassen.

Beim Erscheinen der IGMR von 2002 reagierte eine beachtliche Zahl amerikanischer katholischer Laien kritisch auf einige Bestimmungen, die den Klerus im Rang zu erhöhen und die relative Unterordnung und Abhängigkeit der Laien vom Klerus im Gottesdienst zu verstärken schienen. Einige Punkte der Auseinandersetzung sind:

– Die Aufforderung an den Priester, während des Friedensgrußes am Altar zu bleiben, „damit die Feier nicht gestört wird" (Art. 154), wurde von vielen als Zeichen von Distanz oder pastoraler Unsensibilität bei Feiern interpretiert, wo der Priester normalerweise ein besonderes Zeichen des Friedens anbieten würde, so etwa gegenüber der Familie eines Verstorbenen beim Begräbnis oder den Neuvermählten bei einer Hochzeitsliturgie.

– Die Verfügung, dass Kommunionhelfer warten müssen, bis der Priester kommuniziert hat, bevor sie sich dem Altar nähern, nicht selbst die Hostienschale oder den Kelch nehmen oder sie jemand anderem geben dürfen (Art. 160 u. 162), führte einige zu der Frage, ob der Priester alle Aufgaben im Zusammenhang der Purifikation der Gefäße nach der Kommunion übernehmen solle (Art. 163), denn Priester, die an einem Wochenende mehrere Gemeinden betreuen, würden in ihre Autos steigen und eine größere Fahrtstrecke zurücklegen, nachdem sie praktisch einen Kelch voll Wein konsumiert hätten.

– Die Aufforderung, dass der Diakon beim Altardienst zur Konsekration knien solle (Art. 179), kam vielen nicht nur als ein Zeichen unpassender Anbetungsfrömmigkeit beim eucharistischen Hochgebet, sondern auch als unpraktisch vor. Viele Ständige Diakone in den US-Diözesen sind in fortgeschrittenem Altar und nicht in der Lage, würdig und ohne Mühe auf dem Boden zu knien, noch können sie ohne Hilfe nach der Konsekration aufstehen.

– Die Tatsache, dass die IGMR ausdrücklich den Brauch des Kniens während des Hochgebets lobt, obwohl sie für die Laien weltweit während des Eucharistiegebets vom Ende des Sanctus bis nach der Doxologie keine spezielle Haltung vorsieht (Art. 43), ist allerdings ein Punkt, der an die lokalen katholischen Bischofskonferenzen verwiesen wurde, um für das eigene Territorium entschieden zu werden. Die US-Bischöfe ordneten in den frühen 1970er Jahren das Knien an, weil sie meinten, die Gläubigen seien schon mit zu vielen Veränderungen gegenüber dem Missale von 1962 beschäftigt gewesen. Die kanadischen Bischöfe haben im Unterschied das Stehen als mögliche Haltungen vorgesehen, die Laien knieten vom Sanctus bis nach der Konsekration, ausgenommen diejenigen, die als Circumstantes daran gehindert waren. Aber es hat sich in vielen US-Gemeinden für die liturgische Versammlung als ein lokaler Brauch entwickelt, aufgrund der in der Taufe verliehenen Würde und der Natur des Eucharistiegebets als Hochgebet der Danksagung stehenzubleiben.

Tatsächlich zeigt ein sorgfältiges Studium des lateinischen Textes und mehr noch ein vergleichendes Studium von lateinischem Text und englischer Übersetzung viele Punkte, an denen Heiligkeit („sacredness") und Separierung („separateness") des Klerus im Kontrast stehen zur Rolle der Laien im Gottesdienst. So spricht zum Beispiel der Titel von Art. 92 im Lateinischen vom heiligen Dienst des Klerus („De officiis ordinis sacri") und gibt den Begriff „ministeriis" auf.[13] In Art. 93 ist es jetzt der Priester, der das Opfer darbringt, ist er allein handelndes Subjekt, früher brachte er das Opfer in der Gemeinschaft der Gläubigen dar (AEM 60).[14] In Art. 95 ist die Überschrift „De officio et muneribus plebes Dei" verändert worden zu „De muneribus populus Dei", das meint die Aufgaben („tasks") des Volkes Gottes, nicht das Amt („office").[15]

3. Liturgische Sprache: Muttersprachliche Übersetzungen des römischen Missale

Das römische Missale und die Ritualien für jedes Sakrament und jeden Gottesdienst wie beispielsweise das Begräbnis liegen zunächst als in Latein verfasste Editio typica vor. Dieser lateinische Basistext ist dann durch eine autorisierte Kommission in die jeweilige Muttersprache zu übersetzen, die normalerweise nicht allein aus Liturgiewissenschaftlern, sondern auch aus Sprachwissenschaftlern oder Musikern zusammengesetzt ist, die die Brauchbarkeit des übersetzten Textes für den mündlichen Vortrag und für die mögliche musikalische Einrichtung beurteilen. Die ins Deutsche übersetzten Texte beispielsweise sind eine einzige Übersetzung im Auftrag der Bischöfe in den deutschsprachigen Ländern und Regionen einschließlich Deutschland, Österreich, der deutschsprachigen Schweiz, Südtirol, Liechtenstein und Straßburg. Die englischen Texte sind durch die ICEL übersetzt worden, die International Commission on

---

13 *Foley – Mitchell – Pierce (Ed.)*, Commentary, 201.
14 *Foley – Mitchell – Pierce (Ed.)*, Commentary, 203.
15 *Foley – Mitchell – Pierce (Ed.)*, Commentary, 205.

English in the Liturgy, die die Bischofskonferenzen von elf englischsprachigen Ländern repräsentierte.

In der vergangenen Dekade geriet die ICEL unter heftige Kritik unter anderem wegen der Qualität ihrer Übersetzungen aus den 1970er Jahren und ihre Gebete für das Sakramentar. 2002 wurde auf Insistieren der römischen Kongregation für den Gottesdienst die ICEL restrukturiert und eine beaufsichtigende Kommission aus älteren Bischöfen aus englischsprachigen Ländern, die eigens berufen wurden, zusammengestellt. Diese Kommission „Vox Clara" wurde als Aufsicht eingesetzt. Gegenüber den wissenschaftlichen Ressourcen der ICEL hat die Gewichtung gewechselt, Patristiker sind jetzt prominenter und auf Kosten von Sprachexperten vertreten.

Wenn die grundlegende Übersetzung abgeschlossen ist, begutachten die zuständigen Bischofskonferenzen sie und benennen jeden sprachlichen Ausdruck, jede Geste oder weniger wichtige Aspekte des Ritus, die, wie sie glauben, nicht den pastoralen Erfordernissen ihrer Länder genügen. Sie senden dann die befürworteten Empfehlungen zur Übersetzergruppe, die die Schlussfassung vorbereitet. Die Bischofskonferenzen fassen einen Beschluss über den Text als Ganzen; erhält der Text eine Zweidrittelmehrheit, so kann ihn jede Konferenz nach Rom zur Approbation schicken. Sie kann Rom für ihr eigenes Land um Ausnahmeregelungen für den Text bitten, Rom kann wiederum mit Empfehlungen und Vorgaben für das einzelne Land antworten. Wenn Rom approbiert, ist das Recht für das anfragende Land verändert, und wenn dem ganzen Text die „Recognitio" gegeben worden ist, kann er als offizieller und genehmigter Text für das betreffende Land promulgiert werden.

Aus diesem Grund hält man die Übersetzungen vor der Öffentlichkeit geheim bis zur Promulgation, so dass die Laien, mit Ausnahme einiger qualifizierter Experten, nichts dazu zu sagen haben. Von diesen Experten wird ebenfalls erwartet, die Texte geheim zu halten.[16]

Dieser Prozess ist allerdings nicht der problematischste Aspekt der neuen liturgischen Texte, dies sicherlich nicht nur für englischsprachige Katholiken, sondern weltweit. Die gegenwärtigen Schwierigkeiten können zurückgeführt werden auf Veränderungen der grundlegenden Prinzipien der Übersetzung, die

---

[16] Kongregation für den Gottesdienst und die Sakramentenordnung, Der Gebrauch der Volkssprache bei der Herausgabe der Bücher der römischen Liturgie. Liturgiam authenticam. Fünfte Instruktion „zur ordnungsgemäßen Ausführung der Konstitution des Zweiten Vatikanischen Konzils über die heilige Liturgie" (zu Art. 36 der Konstitution). Lateinisch-Deutsch. 28. März 2001. Hg. v. Sekretariat der Deutschen Bischofskonferenz (Verlautbarungen des Apostolischen Stuhls 154), Bonn 2001, 101.

von den Kommissionen benutzt werden. Nachdem sie bis 2001 geheim gehalten worden war, machte die „Fünfte Instruktion zur ordnungsgemäßen Ausführung der Konstitution des Zweiten Vatikanischen Konzils über die heilige Liturgie [...] *Liturgiam Authenticam*“ diesen Wechsel offenkundig.

Das römische Missale muss nach diesem Dokument entsprechend den Prinzipien „formaler Entsprechung“, nicht gemäß dem Prinzip „dynamischer Entsprechung“ übersetzt werden, das für Übersetzungen aus der lateinischen Editio typica in die verschiedenen Sprachen der Welt seit 1969 leitend war und im Dokument „Comme le prévoit“, der sogenannten „Übersetzerinstruktion“, zum Ausdruck kam.[17] „Dynamische Entsprechung“ meint, dass die Übersetzer nach Worten oder Ausdrücken in der jeweiligen Empfängersprache suchen, die in ihrer Aussage dem nahe kommen, was die entsprechenden Worte oder Ausdrücke im Lateinischen sagen, dass es eben nicht um eine wortwörtliche Übersetzung geht. Vorrang wird einer generell richtigen Übertragung gegeben, die die natürlichen Bedingungen der Sprache, in die übersetzt wird, respektiert. Auf der Ebene jeder Bischofskonferenz können Adaptationen gemacht werden, die einen sensiblen Sprachgebrauch fördern, dies aus der Erkenntnis heraus, dass beispielsweise britisches Englisch nicht identisch ist mit kanadischem oder neuseeländischem Englisch usw. Das neue Prinzip einer „formalen Entsprechung“ auf der anderen Seite meint, dass die Übersetzer den lateinischen Text so wortwörtlich wie möglich übersetzen sollen, um die Bilder und die Atmosphäre des lateinischen Basistextes zu vermitteln, auch wenn das dem natürlichen gegenwärtigen Sprachgebrauch entgegensteht.

Während auf der einen Seite das Motiv besteht, Texte zu schaffen, die die Einheit mit Rom manifestieren, so auf der andern, einen Typ eigener Kirchensprache zu fördern, einen „sakralen Stil“ (Art. 27), der bewusst eine Distanz zwischen dem Geschehen des gemeinsamen Gottesdienstes und anderen Bereichen des Lebens, an denen die Versammlung teilhat, schafft. Ein drittes Motiv kann man als „ideologisch“ bezeichnen. Art. 6 behauptet, dass „[...] die Übersetzungen der liturgischen Texte an verschiedenen Orten einer Verbesserung durch Korrekturen oder durch eine neue Ausgabe bedürfen. Auslassungen oder Irrtümer, mit denen gewisse Übersetzungen in die Volkssprachen bis heute behaftet sind, haben in der Tat den nötigen Fortschritt der Inkulturation behindert, besonders in einigen Sprachen.“ Viele lesen darin einen Schlag gegen dynamische, die Geschlechter berücksichtigende Übersetzungen, wie sie die ICEL

[17] Vgl. die Instruktion „De interpretatione textuum liturgicorum“ – „Die Übertragung liturgischer Texte“, in: Dokumente zur Erneuerung der Liturgie. Bd. I: Dokumente des Apostolischen Stuhls 1963–1973, hg. v. H. Rennings – M. Klöckener, Kevelaer 1983, 592–605.

angefertigt hat, und einige sehen darin Roms Angst vor inklusiver Sprache, ein Aspekt des normalen Sprachgebrauchs, der in Kanada selbstverständlich ist und in den USA mehr und mehr akzeptiert wird.[18]

Im Moment (2007) ist die Übersetzung für das deutschsprachige Missale und die Ritualefaszikel noch nicht abgeschlossen. Obwohl einige zugestehen, dass das Ergebnis höchstwahrscheinlich eine langatmige und wenig elegante Form des Deutschen sein wird, stehen derzeit noch keine Beispiele zur Verfügung.

Die ICEL aber hat unter Leitung des britischen Patristikers Rev. Bruce Harbert ihre Arbeit für eine grundlegende („basic") englische Übersetzung abgeschlossen und diesen Text zu den verschiedenen englischsprachigen nationalen Bischofskonferenzen zur Begutachtung geschickt. Die kanadische Konferenz der englischsprachigen Bischöfe begann 2006 einen Begutachtungsprozess, hat bis jetzt den Ordo Missae durchgearbeitet und über verschiedene Punkte möglicher Adaptationen abgestimmt. Die IGMR mit den kanadischen Adaptationen liegt für die Abstimmung bereit. Die kanadischen französischsprachigen Bischöfe, die in ihren Bistümern eine sehr kleine Zahl von Kirchgängern verzeichnen, haben noch nicht begonnen.

In den USA brach eine Kontroverse im angesehenen Jesuitenjournal *America* mit einem Artikel von Bischof Donald Trautman auf, der zwei Amtszeiten Vorsitzender des Bishops Committee on the Liturgy war. Bischof Trautman, ein Befürworter einer angemessenen, gegenwartsbezogenen, inklusiven Sprache in der Liturgie, der wiederholt von extrem rechten Kreisen unter den US-Katholiken wegen seiner Arbeit an einem Vorschlag für ein neues Lektionar in den 1990er Jahren schlecht gemacht wurde, zeigte, wie die neuen englischen Texte für die Eucharistiefeier einen künstlichen, ungeschickten und unausgereiften Sprachgebrauch widerspiegeln. Er führt folgendes Beispiel aus der ICEL-Übersetzung eines Gabengebets für den Advent an:

> Accept, O Lord, these gifts,
> And by your power change them into the sacrament of salvation

---

[18] Ironischerweise scheint der Terminus "ideologisch" in *Liturgicam Authenticam* wie ein Code für heutige gendergerechte Sprache zu funktionieren, wie man in Art. 3 sieht, wonach die Texte „frei von allen ideologischen Einflüssen" sein müssen. Die Art. 30 und 31 beschreiben Wege, wie diese Texte nicht verfasst werden dürfen, einschließlich des Prozesses der Übersetzung. Mehr Verdacht erregen kann die Überlegung in Art. 47, dass diese „Sakralsprache" der römisch-katholischen Liturgie auf die Sprache der Menschen insgesamt Einfluss haben könnte. Das wäre unlogisch, wenn die Intention wäre, eine Sakralsprache sakral zu halten, doch eher logisch, wenn es das Motiv wäre, Laien zu beeinflussen, Inklusivität zurückzuweisen. Für eine detaillierte Auseinandersetzung der vielschichtigen Fragen in *Liturgiam Authenticam* vgl. *P. Jeffrey*, Translating Tradition. A Chant Historian reads Liturgiam Authenticam, Collegeville 2005.

In which the prefiguring sacrifices of the Fathers have an end
And the true Lamb is offered,
He who was born ineffably of the inviolate Virgin.

Trautman fragt: „Was wird jemand in der Kirchenbank hören und verstehen? Werden die Worte „prefiguring sacrifices of the Fathers" und „born ineffably of the inviolate Virgin" bei John und Mary Catholic Anklang finden? [...] Leitet dieser so übersetzte Texte zu voller, bewusster und aktiver Teilnahme an? Ich glaube nicht."[19]

In diesem Fall trat Bischof Trautman aus der Reihe derer, die die Übersetzung in der Erwartung unter Verschluss hielten, dass der Endtext, nachdem er durch Abstimmung genehmigt und von Rom approbiert worden sei, von oben her den Laien und dem niedrigeren Klerus vorgeschrieben würde. Erstere müssten automatisch liturgische Antworten lernen und sprechen, die gegenüber den über zwei Generationen genutzten variieren, jene müssten Gebetstexte hören, die ungewohnte Ausdrücke in einem Stil enthalten, der ein bisschen dem Oxford English des 19. Jahrhunderts ähnelt, doch bewusst konstruiert ist, um diesen Eindruck zu erwecken. Priester müssten die Eucharistie- (eines davon, welches zehn Zeilen in einem Satz umfasst) und Vorstehergebete vollständig umlernen, alle in einem übertrieben elaborierten Englisch und erstickt durch Adjektive. Eines davon ist das Kelchwort: „In the same way, when supper was ended, he took this precious chalice into his holy and venerable hands [...]"[20]

Trautmans Beitrag ging im Jahr 2002 ein Aufschrei von relativ wenigen Liturgiewissenschaftlern und Professoren, die Zugang zu den Texten hatten, wie auch von progressiven katholischen Organisationen voraus. Engagierte Katholiken diskutieren mehr und mehr öffentlich die Möglichkeit einer systematischen Kampagne, um die neuen Texte nicht zu rezipieren. Während es zur Nichtrezeption, ein theologisch-ekklesiologisches Konzept, das die Promulgation einer Lehre von Rom ergänzt (d.h. wenn eine Lehre, die durch das kirchliche Lehramt vorgelegt worden ist, von den Gläubigen nicht rezipiert wird, ist sie nicht rechtsverbindlich), kommen kann, weil eine Glaubensgemeinschaft daran gehindert ist, eine Lehre oder ein Gesetz zu akzeptieren oder zu implementieren, geht es in diesem Fall um Gewissensgründe gegenüber einem Gesetz, das von den Gläubigen als von seiner Natur her als ungerecht wahrgenommen wird. Dabei handelt es sich nicht um Rebellion oder mangelnde Loyalität, sondern um eine Entscheidung, die nach der Einsicht und in gutem

---

19 *D. W. Trautman*, How Accessible Are the New Mass Translations?, in: America 196/18, May 21, (2007) 9–10.

20 Die bisherige Übersetzung lautet: „When supper was ended he took the cup".

Gewissen gemacht wurde, dass das Recht in diesem Fall nicht befolgt werden muss.[21]

Andererseits sprechen einige Befürworter von der „eleganten, biblischen Sprache" der neuen Übersetzungen. Ein intensiv diskutiertes Beispiel ist eine epikletische Formel, die die Wendung gebraucht „by the dew of your spirit" – „beim Tau deines Geistes". Obschon ein feines poetisches Bild, illustriert dieses Beispiel für viele, dass letztlich englischsprachige Katholiken mit einer sehr peinlichen Liturgie konfrontiert werden, die keine Berührung mehr mit jener Sprache hat, in der Katholiken heute beten.

4. Schlussfolgerung

Unsere Schlussfolgerung ist, dass die „lex orandi" bewusst verformt wurde, besonders evident in der englischen Übersetzung des römischen Missale, nicht allein mit Blick auf das Ziel, die Einheit im römisch-katholischen Gottesdienst zu fördern, sondern auf eine sehr transzendente Liturgie in einer gehobenen, gekünstelten und exzentrischen Eigensprache und mit dem Ziel verbunden, die „lex credendi" zu kontrollieren und zu lenken, wie die Laien in ihrer aktiven Partizipation in der Liturgie zu marginalisieren und ihren Sprachgebrauch zu beeinflussen. Das Ergebnis wird eine Liturgie sein, die Sacrosanctum Concilium, dem Startpunkt allen liturgischen Rechts, in seinen Intentionen und seiner zugrundeliegenden Theologie widerspricht.

Es gibt bereits klare Anzeichen, dass diese unnatürliche Sprache und die den Laien auferlegte Abhängigkeit vom Klerus von vielen der gebildeten und selbstbewussten Laien nicht einfach hingenommen werden wird. Diese Laien beginnen, an die Wahrheit ihrer eigenen Wahrnehmungen und Erfahrungen zu glauben, darunter ihre eigene lebendige Erfahrung der liturgischen Feier als ein menschliches Ereignis („human event"). Und zunehmend erwarten sie eine authentische, qualitätsvolle, anziehende und partizipationsoffene Liturgie.

(Übersetzung: Benedikt Kranemann)

---

21 Vgl. ferner *M. Wijlens*, Das II. Vatikanum als Fundament für die Anwendung des Rechtes, in: Theologie der Gegenwart 50 (2007) 9, Anm. 17.

Das Gewohnheitsrecht – ein Weg zur Etablierung von Laienämtern?

Helmuth Pree

Die Fragestellung und ihr ekklesiologischer Horizont

Für die Beantwortung der Frage, ob das katholische Kirchenrecht die gewohnheitsrechtliche Entstehung von Laienämtern zulässt, müssen zwei Größen miteinander in Beziehung gesetzt werden, welche beide in verschiedener Hinsicht schwierig zu fassen sind: einerseits das Laienamt, das der CIC als solches begrifflich nicht kennt und das in unterschiedlichem Sinne verstanden werden kann; das Gewohnheitsrecht andererseits, dessen Voraussetzungen zum Teil mit schwer zu interpretierenden, unbestimmten Gesetzesbegriffen umschrieben sind.

Das Problem ist indes keineswegs von bloß praktischer oder rechtstechnischer Natur, sondern beinhaltet auch eine grundsätzliche, ekklesiologische Dimension, da bei der Ausbildung von Gewohnheitsrecht die normbildende Kompetenz der kirchlichen Gemeinschaft als Ganzer zum Tragen kommt – ein Element, das vor dem Vat II infolge der einseitigen Hierarchisierung kirchlicher Rechtsstrukturen in den Hintergrund gedrängt wurde, mit der Ekklesiologie des Vat II aber wieder stärker in den Vordergrund tritt. Das Gewohnheitsrecht steht für ein symmetrisches Zusammenwirken von Gemeinschaft und Autorität (Gesetzgeber) in gemeinsamer Verantwortung.[1] Die Gewohnheit soll der „*actuositas Spiritus Sancti*" entsprechen, wie dies c. 1506 §1 CCEO treffend formuliert. Sie ist in der Lage, Charismen aufzufangen und zu institutionalisieren, die der Auferbauung der Kirche dienen. Die Gewohnheit kann gelebter Ausdruck des *sensus fidelium* sein; sie ist Verwirklichung der gemeinsamen aktiven Teilhabe aller Getauften am dreifachen Amt Christi (vgl. c. 204 §1 CIC). In Ausübung des gemeinsamen Priestertums, hier besonders im *munus regale*, wirken alle Glieder der *communio* zusammen zur Schaffung der

---

1 Erhielt die Gewohnheit gem. c. 25 CIC/1917 ihre Rechtsverbindlichkeit *unice* durch den *consensus* der zuständigen Autorität, so verzichtet c. 23 CIC/1983 auf das Wort *unice* und erwähnt ausdrücklich, dass die Einführung der Gewohnheit durch die Gemeinschaft erfolgt.

gewohnheitsrechtlichen Norm. Diese ist mithin eine gemeinschaftliche Schöpfung der *communio* in ihrer vollen kanonisch-theologischen Bedeutung.[2]

Grundlegende begriffliche Unterscheidungen

Amt im objektiven und im subjektiven Sinn[3]

Vom Amt (*officium*) im objektiven Sinn wird gesprochen, wenn damit die Gesamtheit der Amtsbefugnisse, das heißt die Kompetenzen, welche das Amt inhaltlich ausmachen, gemeint ist. Es handelt sich hier um das rechtliche Profil, um den Typus eines Amtes im Unterschied zu anderen.

Amt im subjektiven Sinn hingegen bezeichnet die Amtsinhaberschaft eines individuell bestimmten Trägers, sei dies eine physische oder eine juristische Person (z. B. Kollegialorgane mit Rechtspersönlichkeit). Beim Amt im subjektiven Sinn steht die Ausübung der Amtsbefugnisse im Vordergrund.

Konstituierung – Verleihung des Amtes

Konstituierung bezeichnet die Errichtung eines Amtes im objektiven Sinn. Dabei sind zwei Schritte zu unterscheiden: die Konstituierung des Amtes allgemein (z. B. durch Gesetz) und die Errichtung einer konkreten Amtsstelle (vgl. cc. 145 §2, 148 CIC). Beide Schritte können zusammenfallen. Die Konstituierung kann geschehen entweder *ipso iure* – das heißt, die mit dem Amt verbundenen Pflichten und Rechte werden im objektiven Recht definiert, z. B. in dem Gesetz, welches das Amt schafft und umschreibt – oder durch Dekret der zuständigen Autorität, wodurch das Amt zugleich konstituiert und einer bestimmten Person übertragen wird (c. 145 §2 CIC).[4]

Durch die Übertragung eines Amtes (*provisio canonica*: cc. 146 – 183 CIC) wird dieses einer konkreten Person verliehen (Amt im subjektiven Sinn). Damit

---

2 Vgl. *P. A. Bonnet*, Annotazioni su la consuetudine canonica, Torino 2003, 35–44; *J. Otaduy*, La comunidad como fuente de derecho (Presupuestos eclésiologicos y sociales de la costumbre), in: *J. I. Arrieta – G. P. Milano* (Hg.), Metodo, Fonti e Soggetti del diritto canonico, Città del Vaticano 1999, 416–463, 419–428 und 433–442.

3 Vgl. *A. Alvarez*, Ufficio ecclesiastico (officium ecclesiasticum): *C. Corral Salvador* u.a. (Hg.), Nuovo Dizionario di Diritto Canonico, Milano 1993, 1074 f.

4 *W. Aymans*, Kanonisches Recht. Lehrbuch aufgrund des Codex Iuris Canonici. Bd. 1: Einleitende Grundfragen und Allgemeine Normen, Paderborn 1991, 446f; *P. Erdö*, Art. Amt III. Kath., in: *A. v. Campenhausen* u. a. (Hg.), Lexikon für Kirchen- und Staatskirchenrecht Bd. 1, Paderborn 2000, 78–81.

hängt eine für die vorliegende Fragestellung unmittelbar relevante weitere Differenzierung zusammen.

Gewohnheitsrecht – Ersitzung

Durch Gewohnheitsrecht (cc. 23 – 28 CIC) wird objektives Recht geschaffen, an das alle Mitglieder der betreffenden Gemeinschaft gebunden sind. Träger des Gewohnheitsrechts ist die Gemeinschaft als solche. Durch Gewohnheitsrecht wird keine subjektive Rechtsposition begründet. Die Frage, ob durch Gewohnheitsrecht Ämter entstehen können, kann sich folglich nur auf das Amt im objektiven Sinn beziehen.

Für das Amt im subjektiven Sinn, das heißt die Amtsinhaberschaft durch eine bestimmte Person, könnte sich nur die Frage der Ersitzbarkeit (vgl. cc. 197–199 CIC) stellen. Denn Träger der Ersitzung ist das einzelne Rechtssubjekt. Durch die abgeschlossene Ersitzung entsteht subjektives Recht. C. 199,6° CIC/c. 1542,6° CCEO schließt von der Ersitzbarkeit und Verjährbarkeit nur aus: die Ausübung eines Amtes, das nach Maßgabe des Rechtes die Ausübung der hl. Weihe (*exercitium ordinis sacri*) erfordert. Daraus ergibt sich die prinzipielle Ersitzbarkeit von Ämtern, deren Ausübung nicht die Weihegewalt verlangt.[5] Damit sind Ämter ersitzbar, für die das Recht nicht den Besitz der Weihegewalt verlangt, wie etwa Lektor (c. 230 §1 CIC), Vorstand eines öffentlichen kanonischen Vereins (c. 317 §3 CIC), Notar (c. 483 CIC), Missionar (c. 784 CIC), Katechist (c. 785 CIC), außerordentlicher Kommunionsspender (c. 910 §2 CIC), Vermögensverwalter (vgl. cc. 1281 – 1289 CIC), an der Ausübung der Pfarrseelsorge beteiligter Nichtpriester gem. c. 517 §2 CIC.[6]

Diese Möglichkeit der Ersitzung nicht weihegebundener Ämter stößt jedoch auf mehrere Probleme. Zum einen ist strittig, ob dies eine zusätzliche Form der *provisio canonica* gem. c. 147 CIC darstellt – eine Bestimmung, die dem Wortlaut nach den Eindruck einer taxativen Aufzählung erweckt und unter den möglichen Amtserwerbsformen die Ersitzung nicht nennt. Ein Teil der Lehre vertritt die Auffassung, c. 199,6° CIC setze eine (ungültig oder wenigstens unwirksam erfolgte) *provisio canonica* voraus; diese werde im Wege der *praescriptio* geheilt.[7] Andere, wie H. Socha, sind der Auffassung, c. 147 CIC sei nicht taxativ

5 Vgl. *P. Erdö*, Quaestiones quaedam de provisione officiorum in Ecclesia, in: Per 77 (1988) 373.
6 *H. Socha*, in: MKCIC, c. 199, Rz. 8 (Juli 1993).
7 So z. B. *J. Otaduy*, in: Comentario Exegético Bd. I, Pamplona [3]2002, 925 (sub c. 147).

zu verstehen und es bedürfe über die Anforderungen an die *praescriptio* hinaus keiner weiteren Voraussetzungen für den Amtserwerb durch Ersitzung[8]. Folgt man dieser Auffassung, so stellt sich die Frage, ob im Wege der Ersitzung eine bislang noch nicht als Amt im objektiven Sinn bestehende Funktion für den einzelnen Ersitzenden als Amt (im subjektiven Sinn) erworben werden kann. Gegen diese Möglichkeit spricht, dass sich der Gegenstand der Ersitzung auf den Amtsbegriff des c. 145 §1 CIC bezieht, das heißt nur ein Amt im objektiven Sinn ersessen werden kann, welches bereits *stabiliter constitutum* ist, was hier aber gerade nicht gegeben ist. Andererseits ist aber nicht zu übersehen, dass es auch vorübergehende Ämter gibt, die nur für einen bestimmten Anlass geschaffen werden und nach Beendigung der Funktion erlöschen, ohne dass von einer Vakanz gesprochen werden könnte. So z. B., wenn ein Apostolischer Visitator mit einer bestimmten, in seiner Beauftragung erst geschaffenen Amtsaufgabe eingesetzt wird. Diese zweifellos bestehende Möglichkeit deutet darauf hin, dass auch die Ersitzung einer solchen nicht weihegebundenen Funktion möglich ist, die nirgendwo als Amt im objektiven Sinn umschrieben ist.

Eine weitere Schwierigkeit besteht in der Bestimmung der erforderlichen Ersitzungszeit. Der Verweis auf das zivile Recht (c. 197 CIC) hilft hier kaum weiter, da das staatliche Recht typischerweise die Ersitzung kirchlicher Ämter nicht regelt und folglich keine der zivilrechtlich möglichen Ersitzungsfristen einschlägig ist.

Zum Begriff „Laienamt“

Laien, die als geeignet befunden werden, sind befähigt (*habiles sunt*), von den Hirten für jene Ämter (*officia ecclesiastica*) und Aufgaben (*munera*) herangezogen zu werden, die ihnen rechtlich zugänglich sind (c. 228 §1 CIC). C. 145 CIC definiert das Amt, ohne zwischen einem engen und weiten Amtsbegriff zu unterscheiden, wie dies noch der CIC/1917 getan hatte. Kirchenamt (*officium ecclesiasticum*) ist demnach jedweder Dienst (*quodlibet munus*), der durch göttliche oder kirchliche Anordnung auf Dauer eingerichtet ist (*stabiliter constitutum*) und dessen Ausübung einem geistlichen Zweck dient. Der Amtsbegriff verlangt demnach weder eine Teilhabe an der Weihe- noch an der Leitungsgewalt (wie dies nach dem engen Amtsbegriff des CIC/1917 vorgesehen war). Unerheblich ist für den Amtsbegriff auch, ob der Inhaber Kleriker oder Laie ist,

---

8 *H. Socha*, in: MKCIC, c. 147 Rz. 12; c. 199 Rz. 8.

ob die Funktion haupt- oder ehrenamtlich, in Voll- oder Teilzeitbeschäftigung und ob sie entgeltlich oder unentgeltlich ausgeübt wird.

Der Begriff „Laienamt" ist dem CIC – wie übrigens auch dem CCEO – unbekannt. Einzelne Bestimmungen lassen jedoch erkennen, welche Amtsfunktionen Laien nicht zugänglich sind, wobei sich die Frage stellt, ob diese Beschränkung kraft positiven Kirchenrechts oder kraft göttlichen Rechts besteht. Gemäß c. 274 §1 CIC können nur Kleriker Ämter erhalten, für deren Ausübung Weihegewalt oder kirchliche Leitungsgewalt erforderlich ist. Dazu kommt: ein Amt, das volle Seelsorge (*plena animarum cura*) mit sich bringt, wofür die Priesterweihe erforderlich ist, kann gültig nur einem Priester übertragen werden (c. 150 CIC).[9] Daraus ist zu schließen, dass seelsorgerische Ämter, mit denen nicht die volle Seelsorge verbunden ist, auch Laien zugänglich sind. Umso mehr muss dies für Ämter gelten, die nicht unmittelbar, sondern nur mittelbar der Seelsorge dienen, indem sie diese ermöglichen oder sicherstellen, wofür z. B. auf das weite Feld der verwaltenden und ökonomischen Tätigkeiten oder auch auf den Bereich der caritativen Diakonie hingewiesen werden kann. Letzterer Aufgabenbereich (Caritas) ist als der Seelsorge nebengeordnet, also weder eingegliedert noch untergeordnet anzusehen.[10] Außerdem sind hier jene anderen Ämter zu nennen, die von vornherein nicht Seelsorge sind, sondern anderen geistlichen Zwecken dienen (vgl. cc. 114 §2, 215, 222 §1, 298 §1, 1254 §2 CIC).

Damit ist indes der Begriff des Laienamtes im Hinblick auf seine mögliche Ausbildung durch Gewohnheitsrecht noch nicht ausreichend bestimmt. Der CIC verlangt nämlich für eine Reihe von Ämtern die Priesterweihe, obwohl das Amt nicht mit der Ausübung von Weihegewalt verbunden ist oder nicht der vollen Seelsorge dient, wie z. B. Offizial (c. 1420 §4 CIC), Notar in den Fällen des c. 483 §2, 2. HS., Generalvikar und Bischofsvikar (c. 478 §1 CIC). Andererseits kennt der CIC mindestens ein Amt mit echter Jurisdiktionsgewalt, dessen Inhaber auch ein Laie sein kann: die Diözesanrichter gem. 1421 §2 CIC.

---

9 Vgl. *H. Schmitz*, Officium animarum curam secumferens. Zum Begriff des seelsorgerischen Amtes, in: *A. Gabriel. – H. J. F. Reinhardt* (Hg.), Ministerium iustitiae (FS Heinemann zum 60. Geburtstag), Essen 1985, 127–137, 131f.; *K.-H. Selge*, Das seelsorgerische Amt im neuen Codex Juris Canonici, Frankfurt/M. u. a. 1991, 29–38.

10 *A. E. Hierold*, Grundlegung und Organisation kirchlicher Karitas, St. Ottilien 1979, 54; *Ders.*, Grundfragen caritativer Diakonie: Handbuch des katholischen Kirchenrechts, [2]1999, 1028–1032, 1028f.; *H. Schwendenwein*, Die katholische Kirche. Aufbau und rechtliche Organisation, Essen 2003, 531: Caritas verstehe sich „nicht als Seelsorge im engeren Sinne".

Damit wird der vorhin zitierte Grundsatz, wonach Laien keine Ämter erhalten können, die mit Jurisdiktionsgewalt verbunden sind, durchbrochen. Dazu kommt die relativ offene, ungenaue Formulierung des c. 129 §2 CIC: §1 dieser Bestimmung erklärt Personen, die im Besitze der Weihegewalt sind, als befähigt (*habilis*) zur Übernahme von *potestas regiminis* (Leitungsgewalt); §2 besagt, Laien können nach Maßgabe des Rechts bei der Ausübung dieser Gewalt (*in exercitio potestatis*) mitwirken (*cooperari*). Die Ausdrucksweise von der Mitwirkung oder Beteiligung in *exercitio*[11] begegnet im CIC noch zwei weitere Male: bei dem Nichtpriester, der an der Ausübung der Pfarrseelsorge beteiligt wird (c. 517 §2 CIC) und in c. 759 CIC, wonach Laien zur Mitwirkung (*cooperari*) an der Ausübung des Dienstes am Wort berufen werden können. In allen diesen Fällen vermitteln der Wortlaut und der unmittelbare Kontext der Regelung den Eindruck, der Gesetzgeber wolle zwischen den eigentlichen Inhabern der jeweiligen Gewalt bzw. Befugnis (Kleriker) und anderen Personen (Laien, bzw. im Falle des c. 517 §2 Nichtpriester) unterscheiden, welch Letztere nicht Träger dieser Gewalt sein, sondern nur in einer nicht näher bestimmten Art und Weise am Vollzug der betreffenden Funktionen beteiligt werden können. Diese Beteiligungsformen können zu Laienämtern werden.

Das zu Grunde liegende theologische Problem aber bleibt ungelöst: das Verhältnis von Weihegewalt und kirchlicher Leitungsgewalt.[12] Daraus ergibt sich für die Bestimmung des Laienamtes die Konsequenz, dass auf Basis des CIC/1983 in vielen Fällen kein sicheres rechtliches Urteil über die Zulässigkeit der Inhaberschaft jurisdiktioneller Ämter durch Laien möglich ist. Die zitierten offenen Wendungen, insbesondere in c. 129 CIC[13], sind Ausdruck dieser Unklarheit.[14] Als Grundlage für die begriffliche Erfassung des Laienamtes im

---

11 Diese Ausdrucksweise liegt parallel zum Begriffspaar „ius - exercitium iuris".

12 Diese Frage zählte zu den strittigsten der Probleme der gesamten CIC-Revision und konnte nicht beantwortet werden. Vgl. *Pontificia Commissio de Legum Textibus Interpretandis*, Congregatio Plenaria diebus 20–29 octobris 1981 habita, Vatican 1991, 190–229. Für viele: *J. P. Beal*, The Exercise of Power of Governance by Lay People: State of the Question, in: The Jurist 55 (1995) 1–92.

13 Das SchCIC/1980 enthielt noch die Wendung, Laien könnten Jurisdiktionsgewalt ausüben, „quatenus eodem ordine sacro non innititur". Im SchCIC/1982 findet sich diese Ausdrucksweise nicht mehr. Es will beachtet sein, dass das vorkodikarische Recht nicht nur für das Amt des Papstes, sondern auch für das des Diözesanbischofs den Besitz der Weihegewalt nicht verlangte. Auch aus dem Ordensrecht gibt es zahlreiche Beispiele der Innehabung umfassender Jurisdiktionsgewalt durch Laien, auch durch Frauen: *B. Primetshofer*, Ordensrecht, Freiburg/Br. u.a. [4]2003, 63 Anm. 77 m. w. N.

14 Der Klarheit im kirchlichen Ämterrecht wenig zuträglich ist auch die Uneinheitlichkeit der Terminologie. Mehrere Ausdrücke wie *munus, officium, ministerium, potestas* werden teilweise als Synonyme, darüber hinaus aber mit je eigenem, nicht selten je nach Kontext wechselndem

Hinblick auf seine Etablierung im Wege von Gewohnheitsrecht müssen jedenfalls folgende Punkte festgehalten werden:

(1) Laienämter im subjektiven Sinn haben ihre ekklesiologische Grundlage im gemeinsamen Priestertum aus Taufe und Firmung (vgl. cc. 204, 208, 224–231 CIC), bedürfen aber als *officia ecclesiastica* gem. c. 145 §1 CIC einer Amtsverleihung (*provisio canonica*, c. 146 CIC). Durch diese werden sie nicht zu einer Form des Amtspriestertums, sondern bleiben Laienämter und sind eine besondere Ausprägung des gemeinsamen Priestertums.

(2) Nur Kleriker können Ämter erhalten, deren Ausübung Weihegewalt erfordert. Inwieweit dies auch für die Leitungsgewalt (und für die Lehrgewalt) zutrifft, entscheidet der CIC/1983 nicht endgültig. Auch wäre die Delegation von Jurisdiktionsgewalt durch den Diözesanbischof an Laien meines Erachtens als gültig anzusehen, soweit es sich nicht um Gesetzgebungsgewalt handelt (c. 135 §2 CIC).

(3) Der CIC verlangt bei einigen Ämtern die Priesterweihe, obwohl die Ausübung des Amtes nicht die Weihegewalt erfordert. In diesen Fällen handelt es sich um ein Erfordernis des positiven Kirchenrechts.

(4) Es gibt kein kirchliches Amt, dessen Ausübung – theologisch zwingend / *iure divino* – die Weihe erfordert, so dass es aus theologischer Notwendigkeit Laien prinzipiell nicht zugänglich wäre. Dies kann nicht einmal für das Amt des Papstes behauptet werden, was Papst Pius XII. mit den Worten bekräftigt hat, der zum Papst gewählte Laie erlange sofort mit der Annahme der Papstwahl, noch vor Empfang einer Weihe, die päpstliche Jurisdiktionsgewalt über die Kirche, selbst das Charisma der Unfehlbarkeit im Lehramt.[15] Die Glaubenskongregation in ihrer Antwort vom 08.02.1977 erklärt, dass Laien „*dogmatice exclusi tantum sunt ab officiis intrinsece hierarchicis, quorum capacitas a re-*

Bedeutungsgehalt verwendet. Vgl. *P. Erdö*, Ministerium, munus et officium in Codice Iuris Canonici, in: Per 78 (1989) 411–436.

15 „... si un laic était élu Pape, il ne pourrait accepter l'election qu'a condition d'etre apte à recevoir l'ordination et dispose à se faire ordonner; le pouvoir d'enseigner et de gouverner, ainsi que le charisma de l'infaillibilité, lui seraient accordés dès l'instant de son acceptation, meme avant son ordination": Erklärung vom 05.10.1957, AAS 49 (1957) 924. Im Übrigen ist die Wendung „statim ordinetur Episcopus" (c. 333 §1 CIC) keineswegs sicherer Bestandteil des ius divinum; es steht im Widerspruch zur Tradition; es ist nicht einmal geklärt, ob damit ein Gültigkeitserfordernis ausgedrückt ist.

ceptione sacramenti ordinis dependet".[16] In dieser Antwort ist nicht klar, ob mit „*officium*" das Amt im technischen Sinn oder eine Befugnis wie z. B. die Lossprechungsvollmacht gemeint ist; ob es über die Befugnis zur Spendung der Sakramente der Eucharistie, Firmung, Buße, Krankensalbung und Weihe hinaus kraft göttlichen Rechts Befugnisse oder Ämter gibt, deren Besitz von der Weihegewalt abhängt, bleibt unbeantwortet.

(5) Der CIC lässt eine Grenzziehung zwischen Klerikern vorbehaltenen Ämtern einerseits und solchen, die auch Laien zugänglich sind, andererseits, erkennen. Zur ersten Kategorie gehören alle Funktionen, deren Ausübung Weihegewalt voraussetzt und damit all jene Ämter, die der vollen Seelsorge dienen.[17] Dazu zählen *ex natura rei* alle hierarchischen Spitzenämter, welche stets alle kirchlichen Gewalten in sich vereinen, wie das Amt des Papstes und des Diözesanbischofs (einschließlich der ihm rechtlich Gleichgestellten) sowie die weiteren Ämter mit *plena animarum cura*, allen voran das Amt des Pfarrers.[18] Derartige Ämter sind Laien nach geltendem positivem Kirchenrecht nicht zugänglich. Festzuhalten bleibt, dass die Jurisdiktions- und Lehrgewalt nicht kraft göttlichen Rechts an die Weihegewalt gebunden sind. Im übrigen gibt es nur einen einzigen Fall derart, dass die Ausübung von Jurisdiktionsgewalt theologisch zwingend und unzweifelhaft den Besitz der Priesterweihe erfordert: die Vollmacht zur sakramentalen Lossprechung im Bußsakrament. Diese ist aber kein Amt. Ein Amt, das als solches *iure divino* Weihegewalt erfordert, gibt es, wie gesagt, nicht. Dieses Ergebnis ist für die gewohnheitsrechtliche Konstituierung von Ämtern von außerordentlicher Bedeutung.

Die im Folgenden anzustellende Untersuchung der Frage, ob Laienämter gewohnheitsrechtlich etabliert werden können, muss der eben aufgezeigten differenzierten Rechts- und Sachlage möglicher Laienämter Rechnung tragen.

---

16 Comm. 9 (1977) 288, 293; vgl. *P. Erdö*, Quaestiones de officiis ecclesiasticis laicorum, in: Per 81 (1992) 179–209, 185. Zur Redaktionsgeschichte von c. 129 vgl. *H. Socha*, in: MKCIC, c. 129, Rz. 2.

17 Vgl. *S. Berlingò*, Dal ‚mistero' al ‚ministero': L'ufficio ecclesiastico, in: IE 5 (1993) 91–120, 117f.

18 Vor dem CIC/1917 konnte auch ein Diakon Pfarrer werden.

Die Relevanz der Arten von Gewohnheitsrecht

(1) Nach der Beziehung zum Gesetz: Werden Amtsbefugnisse ausgeübt, die in keinem Gesetz vorgesehen sind, handelt es sich um eine außergesetzliche Gewohnheit (***consuetudo praeter legem***). Eine solche kann das Gesetz ergänzen und mögliche Lücken schließen (vgl. c. 19 CIC).

Stehen die ausgeübten Amtsbefugnisse im Widerspruch zu einem geltenden Gesetz, beispielsweise es wird von Laien eine Funktion wahrgenommen, die nach dem CIC Klerikern vorbehalten ist, so handelt es sich um eine gesetzwidrige Gewohnheit (***consuetudo contra legem***).

Entspricht eine Übung dem geltenden Recht, so spricht man von gesetzmäßiger oder gesetzeskonformer Gewohnheit (***consuetudo secundum legem***).

Soweit es um die Konstituierung kirchlicher Ämter im Wege von Gewohnheitsrecht geht, kann es sich nur um die außergesetzliche oder gegengesetzliche Gewohnheit handeln. Die Differenzierung der Gewohnheit nach ihrem Verhältnis zum Gesetz ist u. a. von Bedeutung für das Entstehen von Gewohnheitsrecht (insbesondere die erforderliche Dauer der Übung) wie auch für dessen Außerkrafttreten.

Im Unterschied zu den beiden erstgenannten Formen, denen die folgenden Ausführungen in erster Linie gewidmet sind, gilt für die gesetzmäßige Gewohnheit folgendes: Sie tritt sofort in Wirkung, endet aber auch mit dem Außerkrafttreten des Gesetzes. Die gesetzmäßige Gewohnheit ist im vorliegenden Zusammenhang nicht so sehr für die Entstehung (Konstituierung) von Ämtern durch Gesetz von Interesse, als vielmehr als beste Interpretin des Gesetzes (vgl. c. 27 CIC). Im Wege einer gesetzmäßigen Gewohnheit können Ämter ihr näheres Profil erhalten, z. B. das Amt des nichtpriesterlichen Pfarrbeauftragten gem. c. 517 §2 CIC. Diesbezüglich könnte sich von Land zu Land und von Diözese zu Diözese verschiedenes Gewohnheitsrecht bilden, so dass dieses Amt eine jeweils unterschiedliche Nuancierung erhalten kann. Dafür ist jedoch eine im Wesentlichen gleichmäßige, regelmäßige und einheitliche Übung erforderlich, wie im Folgenden näher auszuführen sein wird.

(2) Nach dem Alter der Gewohnheit: Die Unterscheidung nach dem Alter der Gewohnheit hat Relevanz für deren Bestandskraft. Neben der einfachen Gewohnheit gibt es die hundertjährige bzw. unvordenkliche. Letztere setzt sich auch gegen ein ausdrückliches Verbot durch den Gesetzgeber durch (c. 26, 2. HS. CIC). Umgekehrt wird eine solche Übung durch ein späteres gegenteiliges Gesetz nicht außer Kraft gesetzt, es sei denn, das spätere Gesetz würde dies ausdrücklich anordnen (c. 28 CIC). Dies gilt auch für den Fall, dass das spätere Gesetz ein übergeordnetes ist.

Rechtsgewohnheit[19]

Nicht jedes beliebige Verhalten ist ein tauglicher Inhalt von Gewohnheitsrecht. Der Inhalt der Übung muss geeignet sein, objektives Recht (Rechte und Pflichten, die von jedermann zu beachten sind) zu werden und damit eine gemeinschaftliche Verbindlichkeit im Hinblick auf das *bonum commune* der Gemeinschaft anzunehmen. Es genügt nicht die Absicht, subjektive Interessen oder Rechtspositionen durchsetzen zu wollen.

Bei der außergesetzlichen Übung ist in dieser Hinsicht besonders zu beachten, dass möglicherweise Verhaltensweisen, auch wenn sie von mehreren oder gar von allen Mitgliedern der Gemeinschaft durch lange Zeit hindurch gepflegt werden, nicht zu Gewohnheitsrecht erstarken können, weil sie kein tauglicher Inhalt von Rechten und Pflichten sind, wie etwa Umgangs- und Höflichkeitsformen, Wohn- und Essgewohnheiten, Tischsitten, übliche Gefälligkeiten, moralische Dankespflichten, Fragen des Lebensstils usw.

Bezüglich der gegengesetzlichen Übung ist zu beachten, dass der bloße Ungehorsam bzw. der Rechtsmissbrauch keine taugliche Basis für Gewohnheitsrecht darstellen.[20] Damit ist eine solche Nichtbefolgung des Gesetzes gemeint, deren Sinn sich im Ungehorsam aus persönlichen Interessen (Bequemlichkeit, Verweigerung der gebotenen Pflichterfüllung usw.) oder gar aus Schädigungsabsicht, wie im Falle des Rechtsmissbrauches, erschöpft. Dieser bloße Ungehor-

---

19 Mit diesem Ausdruck werden zwei verschiedene Phänomene bezeichnet: zum einen die inhaltliche Eignung einer Übung, zu Gewohnheitsrecht werden zu können (*consuetudo iuris* im Unterschied zu *consuetudo facti*) – in diesem Sinne wird hier der Ausdruck gebraucht; und zum anderen eine Übung, die mangels Fristablaufes noch nicht zu Gewohnheitsrecht erstarkt ist (Rechtsgewohnheit im Unterschied zu Gewohnheitsrecht). In diesem letzteren Sinne verwenden *W. Aymans*, Kanonisches Recht. Bd. 1, 193–204 diesen Ausdruck.

20 Vgl. *Aymans*, Kanonisches Recht. Bd. 1, 193.

sam erfüllt mithin nicht die im Folgenden einzeln darzustellenden Voraussetzungen für die Bildung von Gewohnheitsrecht.

Die Gewohnheitsrechtstauglichkeit als „Rechtsgewohnheit" ist im Falle von ausgeübten Amtsfunktionen im Dienste der Gemeinschaft unproblematisch verwirklicht. Amtsfunktionen bestehen typischerweise aus einem Komplex von Rechten und Pflichten (Kompetenzen), die als objektives Recht von allen zu respektieren sind. Diese Mindestvoraussetzung wäre jedoch dann nicht erfüllt, wenn es sich lediglich um ein gelegentliches, ersatzweises Tätigwerden im Einzelfall oder um Gefälligkeiten oder Ähnliches handelt.

Approbatio legislatoris

Damit eine Rechtsgewohnheit zu Gewohnheitsrecht mit der Bindewirkung eines Gesetzes erstarkt, bedarf es der *approbatio legislatoris* (vgl. cc. 23, 26 CIC). Dieser Ausdruck wurde bewusst an die Stelle des in c. 25 CIC/1917 verwendeten Wortes „*consensus*" gesetzt. Damit ist nicht nur eine Änderung im Wortlaut, sondern auch eine Akzentverschiebung in der Sache verbunden. Die Mitwirkung des Gesetzgebers soll nicht als Konstitutivmerkmal schlechthin für das Entstehen von Gewohnheitsrecht erscheinen (so wie das der Konsens bei Rechtsgeschäften ist), sondern als eine im Verhältnis zur Gemeinschaft und ihrer Übung von außen hinzukommende Wirksamkeitsbedingung, eine Art Kontrolle über einen an sich bereits konstituierten rechtlichen Sachverhalt, nämlich die von der Gemeinschaft eingeführte Rechtsgewohnheit.[21]

Die *approbatio legislatoris* kann in zwei Formen erfolgen:

(1) durch die Anerkennung, welche der Gesetzgeber allgemein und im Vorhinein zur Bildung von Gewohnheitsrecht gibt, indem er im Gesetz (cc. 23–28 CIC) die Voraussetzungen dafür statuiert. In diesem Fall braucht der Gesetzgeber die einzelne Übung nicht zu kennen. Auf diese Weise kann sich partikulares Gewohnheitsrecht auch gegen übergeordnetes (insbesondere universales) Recht bilden.

[21] Vgl. *J. Otaduy*, La comunidad como fuente, 461; *P. Pellegrino*, L'„animus communitatis" e l'„adprobatio legislatoris" nell'attuale dottrina canonistica della consuetudine antinomica, Milano 1995, 267–327.

(2) durch spezielle Billigung („*specialiter probata*": c. 26 CIC) gesetzwidriger oder außergesetzlicher Gewohnheiten. Diese Billigung muss – nach umstrittener Auffassung[22] – ausdrücklich[23] erfolgen und setzt deshalb die Kenntnis der Übung durch den Gesetzgeber voraus. Sie muss durch einen Jurisdiktionsakt in Ausübung der *potestas legislativa*, wenn auch nicht notwendigerweise durch ein Gesetz, erfolgen. Sie könnte meines Erachtens auch durch einen generellen Verwaltungsakt gem. cc. 29f. CIC oder durch einen individuellen Verwaltungsakt (Einzeldekret gem. c. 48 CIC) ausgesprochen werden. Die spezielle Billigung bewirkt, dass die Übung mit Inkrafttreten der Billigung sofort zu Gewohnheitsrecht erstarkt, mithin kein weiterer Fristenlauf erforderlich ist (c. 26, 1. HS. CIC).

Der Papst kann alle Gewohnheiten speziell approbieren, auch partikulare. Der partikulare (untergeordnete) Gesetzgeber hingegen kann die spezielle Approbation grundsätzlich nur im Rahmen seiner Gesetzgebungskompetenz (c. 26 CIC: *a competenti legislatore*) aussprechen: Er kann ohne Zweifel die im Verhältnis zu seinen eigenen Gesetzen gesetzwidrigen und außergesetzlichen Übungen speziell approbieren sowie jene, die im Verhältnis zum universalen Recht außergesetzlich sind. Ob er auch dem universalen bzw. überhaupt dem übergeordneten Recht widersprechende Gewohnheiten speziell approbieren kann, ist in der Lehre strittig, ist aber im Ergebnis zu verneinen.[24] Der Grund dafür liegt in der kirchlichen Normen-Hierarchie: Von einem untergeordneten Gesetzgeber kann ein dem höheren Recht widersprechendes Gesetz nicht gültig erlassen werden (c. 135 §2 2. HS. CIC). Mit der Erteilung der speziellen Billigung würde aber der untergeordnete Gesetzgeber der Übung die „*vis legis*" (c. 23 CIC) verleihen. Mit Sicherheit sind aus der Möglichkeit der speziellen Approbation durch den untergeordneten Gesetzgeber jene Materien ausgeschlossen, in denen

---

22 *B. Primetshofer*, Das Gewohnheitsrecht und der kanonische Gesetzgeber, in: *K.-T. Geringer* / *H. Schmitz* (Hg.), Communio in Ecclesiae Mysterio (FS W. Aymans zum 65. Geburtstag), St. Ottilien 2001, 439–461, 449–451.

23 *Aymans*, Kanonisches Recht. Bd. I, 201; vgl. *J. Otaduy*, in: Comentario Exegético Bd. I, 451–453.

24 Zutreffend *Primetshofer*, Das Gewohnheitsrecht, 453 – 456. *Aymans*, Kanonisches Recht. Bd. I, 199f. hingegen bejaht die Frage für den Diözesanbischof unter Berufung auf cc. 87 §1, 381 §1 CIC. *J. Otaduy*, in: Comentario Exegético Bd. I, 432 verneint dies unter Berufung auf c. 135 §2 CIC in Verbindung mit der Pflicht des Diözesanbischofs, auf die Befolgung aller kirchlichen Gesetze zu drängen (c. 392 CIC). Dabei scheint der Verweis auf c. 392 CIC ins Leere zu gehen, denn auch die Normen über das Gewohnheitsrecht (cc. 23–28 CIC) sind Bestandteil des universalen Rechts; außerdem schließt die dort genannte Pflicht, für die Einhaltung aller kirchlichen Gesetze zu sorgen, auch die Gesetze ein, die er selbst als Diözesanbischofs erlassen hat; diesen gegenüber kann er aber ohne jeden Zweifel gegenteilige Gewohnheiten speziell approbieren.

rechtliche Entscheidungen einer höheren Autorität vorbehalten sind, wie z. B. die Gewährung der Zölibats-Dispens oder der Laisierung (vgl. cc. 87, 290–293 CIC).[25] Insgesamt erscheint die Möglichkeit der speziellen Approbation durch den Gesetzgeber als Ausnahme im Vergleich zur erstgenannten, allgemeinen Approbation.

Iuri divino non contraria

Gemäß c. 24 §1 CIC (c. 1506 §2 CCEO) kann keine Gewohnheit Gesetzeskraft erlangen, die dem *ius divinum* entgegengesetzt ist. Wie oben unter 3. ausgeführt, gibt es kein einziges Kirchenamt, das Kraft *ius divinum* den Besitz der Weihegewalt voraussetzt. All jene Befugnisse, welche theologisch zwingend die Weihegewalt voraussetzen, sind nicht Ämter, sondern *facultates* zur gültigen Vornahme genau bestimmter Akte des Heiligungsamtes. Die Bindung kirchlicher Ämter an den Besitz von Weihegewalt im geltenden Kirchenrecht ist menschlichen Rechts.

Selbst Ämter mit Jurisdiktionsgewalt für Laien sind einer gewohnheitsrechtlichen Konstituierung nicht prinzipiell verschlossen. Allerdings wird man bei echten Jurisdiktionsämtern mit einem *circulus vitiosus* konfrontiert: Solange ein solches Amt noch nicht gewohnheitsrechtlich zu Recht erstarkt ist, sind die durch Laien gesetzten Jurisdiktionsakte als ungültig gesetzt anzusehen, es sei denn, der Laie könnte im Einzelfall nachweisen, dass er die betreffende Befugnis legitim ersessen hätte (vgl. c. 199,6° CIC, vgl. oben 2 c), oder sie von Gesetzes wegen suppliert wird (c. 144 §1 CIC). Letzteres kommt bei einem Irrtum *de facto aut de iure* (tatsächlicher oder rechtlich anzunehmender allgemeiner Irrtum über das Vorliegen der Befugnis) sowie im Falle eines *dubium positivum et probabile*, sei er ein Rechts- oder ein Tatsachenzweifel, in Betracht. Nach der ersten Fallgruppe (gemeinsamer Irrtum) kommt es darauf an, dass die Gemeinschaft, in der bzw. vor der die Amtshandlungen gesetzt werden, entweder tatsächlich über das Vorliegen der Vollmacht irrt oder aufgrund öffentlicher Fakten in einen potentiellen Irrtum über das Vorliegen der Vollmacht geführt wird. Dabei muss die *causa* des Irrtums geeignet sein, viele in Irrtum zu führen, z. B. wenn die Autorität bekanntermaßen nicht gegen die Ausübung von Amtsbefugnissen durch Laien einschreitet. Stets muss sich der

---

25 Vgl. *A. Van Hove*, Coutume, in: Dictionnaire de droit canonique IV (1949) 738.

error darauf beziehen, dass der Handelnde als generell bevollmächtigt angesehen wird.
Nach der zweiten Fallgruppe (*dubium*) kommt es auf den Zweifel in der Person des nicht bevollmächtigt Handelnden an. Dieser zweifelt entweder über die Rechtslage bezüglich der Vollmacht oder über ein Faktum, insbesondere die erfolgte Beauftragung: und zwar über eine ordentliche oder generell delegierte Vollmacht (das heißt, der Zweifel über eine Delegation für einen Einzelfall reicht nicht aus). Der Zweifel muss außerdem so sein, dass positive Gründe für das Vorliegen der Vollmacht streiten, die deren Vorliegen als wahrscheinlich erscheinen lassen.

Die Anwendung der Suppletionsnorm setzt voraus, dass das handelnde Subjekt die theologisch zwingenden Mindestanforderungen für die Innehabung der Gewalt erfüllt. Das bedeutet bei einem Laien u. a.: Es können solche Gewalten nicht suppliert werden, für deren Ausübung Weihegewalt erforderlich ist; möglich ist die Ersetzung der fehlenden Befugnis hingegen z. B. bei der Trauungsassistenz-Vollmacht.[26]
Würde auf die Setzung von Jurisdiktionsakten (während der Frist zur Bildung von Gewohnheitsrecht) verzichtet, könnte sich diesbezügliches Gewohnheitsrecht nicht bilden.

Solange in einem solchen Fall der Gesetzgeber nicht Klarheit schaffen würde, entweder durch ein ausdrückliches Verbot der betreffenden Übung oder durch eine spezielle Billigung derselben, bliebe die unbefriedigende Situation möglicherweise ungültig gesetzter Rechtsakte bei eventuell gleichzeitig bestehendem Rechtssetzungswillen der Gemeinschaft bestehen.

Communitas legis recipiendae capax

Da es beim Gewohnheitsrecht nicht um die Entstehung subjektiver Rechte, sondern objektiven Rechts mit gesetzesgleicher Verpflichtungskraft für die betreffende Gemeinschaft insgesamt geht, muss der Träger (das Subjekt) der Gewohnheit so beschaffen sein, dass er auch Normadressat eines Gesetzes sein kann. Allgemein gesprochen, ist die diesbezügliche Mindestvoraussetzung, dass die betreffende kirchliche Gemeinschaft eine soziale Einheit darstellt,

---

26 Vgl. *H. Pree*, Die Ausübung der Leitungsvollmacht: Handbuch des Katholischen Kirchenrechts, [2]1999, 156–175, 172–175; *H. Socha*, in: Münsterischer Kommentar zum CIC, c. 144. Vgl. auch *Aymans*, Kanonisches Recht. Bd. I, 442–444.

deren Bestand vom Wechsel der Mitglieder unabhängig ist, die eine eigene Leitung und eine körperschaftliche Verfassung (es wird ein Gesamtwille gebildet) besitzt, die fähig ist, ihre Angelegenheiten selbst zu ordnen und einer solchen Ordnung bedarf.[27]

Trägerin der Gewohnheit ist die Gemeinschaft (*communitas*): dies darf nicht in dem Sinne missverstanden werden, als müsste bei jeder Rechtsgewohnheit stets die Gemeinschaft als Ganze (*collective sumpta*) handeln; auch ist nicht das Handeln einer bestimmten Mehrheit der betreffenden Gemeinschaft verlangt, sondern nur, dass die vom Gegenstand der Übung Betroffenen diese Übung tatsächlich pflegen und aufrechterhalten. Im Extremfall könnte dies nur eine einzige Person sein: so, wenn es um die Konstituierung eines neuen Amtes geht, welches es von der Sache her nur ein einziges Mal in der Diözese gibt. Wenn in diesem Fall die eine Person die Übung pflegt, kann gleichwohl die Gemeinschaft als Trägerin dieser Rechtsgewohnheit in Betracht kommen. Ausreichend ist demnach auch die *communitas distributive sumpta*.[28]

Animus iuris inducendi

Der Rechtserzeugungswille muss auf die Schaffung einer allgemeinverbindlichen Norm gerichtet sein. Es genügen z. B. nicht bloße Gepflogenheiten, beständige Frömmigkeitsformen wie etwa sich beim Betreten und Verlassen einer Kirche mit Weihwasser zu bekreuzen, ehrenamtliche Mithilfe in verschiedensten Bereichen; christlich motiviertes Handeln aus privater Initiative, wie etwa im Bereich der caritativen Diakonie.

Subjekt dieses *animus* ist die Gemeinschaft, nicht der Einzelne. Es geht hier nicht um die subjektive Absicht bestimmter Personen, ja nicht einmal um eine real feststellbare, irgendwie manifestierte Intention, sondern um einen *animus interpretativus*[29], der aus dem faktischen Verhalten der Gemeinschaft erschlos-

---

27 Vgl. *F. Suárez*, De legibus, Lib. I, c. 6, Nr. 18 f., in: *Ders.*, Opera omnia V, Parisiis 1856, 28: „quae est capax politicae gubernationis, quae, quatenus talis est, dicitur sufficiens in hoc ordine". Dazu gehören nicht nur territorial, sondern auch personal umschriebene Gemeinschaften wie Ordensverbände, Bruderschaften, „si perfectum regimen et moralem unionem habeant" (Nr. 19).

28 Vgl. *G. Michiels*, Normae Generales Juris Canonici, II², Parisiis-Tornaci-Romae 1949, 54–57; *Otaduy*, La comunidad como fuente, 443f.

29 Ausführlicher hiezu: *Otaduy*, La comunidad como fuente, 448–451; *Pellegrino*, L'„animus communitatis", 171–265, 242 versteht den *animus iuris inducendi* dahingehend, „che tale intenzione è quella oggettiva sociale, implicita nella stessa consuetudine e non certo la somma

sen wird. Auf diesen *animus* können folglich die Kategorien, die auf den Willensakt einer physischen Person angewendet werden, kaum übertragen werden, wie z. B. die Freiwilligkeit. Im Vergleich zu einem Willensakt einer menschlichen Person ist der *animus iuris inducendi* eine vermutete, interpretativ gewonnene, weithin anonyme Größe. Mit anderen Worten: Eine Gesamtbetrachtung der Rechtsüberzeugung, wie sie aus dem faktischen Verhalten einer Gemeinschaft ableitbar ist, muss ergeben, dass die bestimmte Amtsfunktion als solche verstanden und als verbindlich angesehen wird.

Bei einer bewusst gegengesetzlichen Übung wird dieser Rechtssetzungswille eher vorliegen und leichter feststellbar sein als bei einer außergesetzlichen Übung.
Ein Handeln ad *experimentum erfüllt die Voraussetzung des Rechtserzeugungswillens nicht.* Das Kriterium der *bona fides* kommt hier nach allgemeiner Überzeugung nicht zum Tragen.

30jährige ununterbrochene Übung

Es muss sich um wiederholte, öffentliche und im Wesentlichen gleichförmige Akte[30] handeln, deren Träger die Gemeinschaft im vorhin erläuterten Sinne ist. Welche Häufigkeit der zu setzenden Akte verlangt ist, hängt von den Umständen und von der Sache ab. Bestehen viele Handlungsmöglichkeiten, müssen auch viele Akte der Übung dieser Gewohnheit gesetzt werden; gibt es nur wenige Handlungsmöglichkeiten, so genügt es, wenn diese genutzt werden. Entscheidend ist die moralische Kontinuität im Verhalten.

Die Frist versteht sich als *tempus continuum* (c. 201 §1 CIC), das heißt, sie muss ohne Unterbrechung ablaufen. Unterbrochen wird die Frist entweder durch den Gesetzgeber, wenn dieser ein gegenteiliges Gesetz, eventuell mit ausdrücklichem Verbot der betreffenden Übung, erlässt; oder faktisch durch Aufhören oder wesentliche inhaltliche Änderung der Übung. Für die gewohnheitsrechtliche Konstituierung von Laienämtern in pastoralen Angelegenheiten, nicht zuletzt im Bereich des Verkündigungs- und Heiligungsdienstes, ist zu

delle intenzioni soggettive dei membri della comunità che non sarebbe neppure accertabile, con la conseguenza che non ha nessuna importanza se nella consuetudine che si viene maturando si accompagnino la buona o la mala fede, la conoscenza o l'ignoranza della legge, l'errore, o se ricorrano o no cause esimenti o attenuanti, dal momento che il legislatore, dando la sua sanzione giuridica, non approva la mala fede o la disubbidienza che eventualmente si fossero verificate, né le cause che hanno posto in essere la consuetudine, ma semplicemente la sua razionalità oggettiva o legale".

30 *van Hove*, Coutume, 741f.

beachten, dass die Interdikasterielle Instruktion zu einigen Fragen über die Mitarbeit der Laien am Dienst der Priester vom 15.8.1997, die vom Papst *in forma specifica* approbiert worden und damit in den Rang eines päpstlichen Aktes erhoben worden ist, eine Widerrufsklausel für Gewohnheiten enthält, die dieser Instruktion zuwiderlaufen: „Partikulargesetze und geltendes Gewohnheitsrecht, die diesen Normen entgegenstehen, sowie etwaige Befugnisse, die der Heilige Stuhl oder irgendeine andere ihm untergebene Autorität ‚*ad experimentum*' gewährt hat, sind widerrufen."[31] Die Instruktion enthält jedoch keine Klausel, die zukünftige Gewohnheiten verbietet (vgl. c. 26 CIC). Dies hat zur Folge, dass der Fristenlauf bei eventuell bestehenden Rechtsgewohnheiten, die der Instruktion zuwiderlaufen, mit dem Inkrafttreten der Instruktion unterbrochen worden ist und daher ab diesem Zeitpunkt neu zu laufen beginnen musste bzw. hätte müssen.

Für die Konstituierung von Laienämtern im Wege von Gewohnheitsrecht wäre es generell erforderlich, dass das Amt auf der jeweiligen Ebene, auf der es angesiedelt ist (z. B. Pfarrei, Dekanat, Diözese) tatsächlich wenigstens überwiegend durch 30 Jahre ununterbrochen gehandhabt wird und diese Praxis so zu deuten ist, dass die betreffende Teilkirche dieses Amt als Bestandteil ihres objektiven Rechts betrachtet. Dies ist in folgenden 3 Fallkonstellationen denkbar:

(1) Bestimmte kirchliche Amtsfunktionen werden regelmäßig und mit der gebotenen Einheitlichkeit und ununterbrochen per **Vertrag** Laien anvertraut. Aus der gleichförmigen Vertragspraxis kann sich der einheitliche Inhalt (Rechte und Pflichten, Kompetenzen) in der betreffenden Teilkirche zu Gewohnheitsrecht ausbilden.

(2) Bestimmte kirchliche Amtsfunktionen werden regelmäßig und mit der gebotenen Einheitlichkeit und ununterbrochen Laien im Wege einer **Delegation** übertragen. Im Falle der Delegation übt der Delegat die Vollmacht bzw. Befugnis im eigenen Namen aus, hat aber kein Amt inne. Unter den eingangs genannten Voraussetzungen kann sich der Inhalt der delegierten Befugnisse mit Fristablauf zu Gewohnheitsrecht verdichten.

---

31 AAS 89 (1997) 852–877.

(3) **De facto** üben Laien, z. B. in einer Situation drastischen Priestermangels, mit der gebotenen Einheitlichkeit und Dauer bestimmte Befugnisse und Kompetenzen für die Gemeinschaft aus. Daraus kann unter den allgemeinen Voraussetzungen ein Amt im objektiven Sinn entstehen.

Vernünftigkeit (rationabilitas)

Der CIC gibt keine positiven Kriterien der rationabilitas.[32] Allgemein gesprochen ist eine Übung dann vernünftig, wenn sie zum *bonum commune* der Kirche beiträgt bzw. einen Nutzen für die Gemeinschaft, z. B. Erleichterung des Zugangs zu den Heilsgütern gemäß c. 213 CIC, erbringt.[33] Unvernünftig ist eine Übung nicht schon dann, wenn sie gegen ein bestehendes Gesetz verstößt (eine gegengesetzliche Gewohnheit kann durchaus vernünftig sein), sondern erst dann,

(1) wenn sie durch den Gesetzgeber ausdrücklich reprobiert ist (*expresse reprobatur*, c. 24 §2 CIC). Der CIC enthält in den sechs Normen mit Reprobationsklausel keine solche, die der Ausbildung eines Laienamtes hinderlich sein könnte: cc. 396 §2, 423 §1, 526 §2, 1076, 1287 §1, 1425 §1 CIC.

(2) wenn sie gegen Glaube oder Moral, gegen die allgemeinen Rechtsprinzipien oder die Gerechtigkeit, gegen unabänderliche Grundsätze der Kirchenverfassung verstößt oder sonst gemeinwohlschädlich ist oder die kirchliche Disziplin unterläuft, z. B. die legitime Amtsausübung der kirchlichen Autorität behindert; das betreffende Rechtsinstitut ausfüllt oder zerstört; die Ausübung von Rechten und Kompetenzen behindert.[34]

Bei einer gesetzeskonformen Gewohnheit (welche das Gesetz interpretiert) ist davon auszugehen, dass sie vernünftig ist, da sie an der Vernünftigkeit des Gesetzes Teil hat. Demgegenüber bedarf es bei der gesetzwidrigen und außergesetzlichen Gewohnheit einer Vernünftigkeit, die aus anderen Quellen zu schöpfen ist, und zwar derart, dass der zuständige Gesetzgeber im Falle der für ihn feststehenden Unvernünftigkeit diese festzustellen hätte.

---

32 Hier ist, ähnlich wie bei den übrigen Voraussetzungen des Gewohnheitsrechts, auch auf die *traditio canonica* gem. c. 6 §2 CIC zurückzugreifen.
33 Vgl. *Otaduy*, in: Comentario Exegético Bd. I, 438.
34 Vgl. *Otaduy*, in: Comentario Exegético Bd. I, 439. Die kanonische Tradition verwendete häufig die Formel: „si dirrumperetur nervus ecclesiasticae disciplinae“: X 1,4,5. Vgl. *G. Michiels*, Normae Generales Iuris Canonici Bd. I, Paris ²1949, 136–161.

Das Gesetz sieht keine Beweispflicht der Vernünftigkeit durch die Gemeinschaft vor. Als Regulativ dient die Kompetenz des Gesetzgebers, bedarfsfalls mit einem Verbot der betreffenden Übung oder im extremsten Fall mit Reprobationsklausel dagegen vorzugehen.

Ergebnis

1. Von der Konstituierung von Laienämtern im Wege von Gewohnheitsrecht strikt zu unterscheiden ist der Amtserwerb durch Ersitzung, wodurch die subjektive Rechtsposition des Ersitzenden gestaltet, nicht aber objektives Recht geschaffen wird (vgl. c. 199,6° CIC). Durch die Ersitzung entsteht ein Amt im subjektiven Sinn. Von der Konstituierung des Amtes zu unterscheiden ist dessen Verleihung. Erstere bezieht sich auf das Amt im objektiven Sinn, Letztere auf das Amt im subjektiven Sinn.

2. Auf die Konstituierung von Laienämtern als Ämter im objektiven Sinn sind die Normen über das Gewohnheitsrecht anwendbar. Solche Ämter können im Verhältnis zum geltenden Recht außergesetzlich oder gesetzwidrig sein. Der CIC enthält keine Definition des Laienamtes. Da es in der Kirche kein einziges Amt gibt, das iure divino die Weihegewalt voraussetzt, besteht diesbezüglich vom göttlichen Recht her keine Grenze.

3. Über die Konstituierung von Laienämtern hinaus kann Gewohnheitsrecht noch weitere Funktionen erfüllen:
(1) Die außergesetzliche Gewohnheit kann bei im Gesetz allgemein vorgesehenen Ämtern Regelungslücken schließen und so das Gesetz ergänzen (vgl. c. 19 CIC); und
(2) gesetzeskonformes Gewohnheitsrecht dient der näheren Interpretation bereits bestehender Ämter (bezüglich Verleihung, Inhalt der Amtsbefugnisse, Amtsverlust usw.): vgl. c. 27 CIC.

4. Während es für die Entstehung gesetzeskonformen Gewohnheitsrechts keiner besonderen Anforderungen bedarf (außer der einheitlichen Befolgung durch die Gemeinschaft), verlangt die Konstituierung gesetzwidriger und außergesetzlicher Laienämter durch Gewohnheitsrecht: eine Rechtsgewohnheit im Unterschied zu einer nur faktischen Gepflogenheit; die *approbatio legislato-*

ris; den Nichtwiderspruch zum *ius divinum*; eine passiv gesetzesfähige Gemeinschaft als Trägerin der Gewohnheit; den *animus iuris inducendi* auf Seiten der Gemeinschaft; eine dreißigjährige ununterbrochene Übung (außer es läge eine spezielle Billigung durch den Gesetzgeber vor) sowie die Vernünftigkeit der Übung. Bei theologisch zulässigen Rechtsgewohnheiten, die der Instruktion zu einigen Fragen über die Mitarbeit der Laien am Dienst der Priester (1997) widersprechen, musste die Frist mit dem Inkrafttreten dieser Instruktion von neuem zu laufen beginnen, da die Instruktion derartige Übungen in päpstlicher Autorität widerrufen hat.

5. Was den Nachweis von Gewohnheitsrecht betrifft, können sich praktische Schwierigkeiten bei der Feststellung von Beginn und Ende der Frist sowie der ununterbrochenen und einheitlichen Übung ergeben. Gewohnheitsrecht ist eine objektive Norm, gleich einem Gesetz. Während ein Gesetz keines Beweises bedarf, muss die Existenz von Gewohnheitsrecht bei Bedarf festgestellt werden. Dafür gelten nicht die gewöhnlichen Beweisregeln im Prozess, wie etwa der Grundsatz *asserentis est probare* gem. c. 1526 §1 CIC, denn die Kenntnis und objektive Feststellung geltenden Rechtsbestandes ist ureigenste Kompetenz der Behörde („*iura novit curia*"). Der Nachweis einer bestehenden Gewohnheit dient mithin nur dazu, die Autorität von dessen Existenz zu überzeugen, nicht aber dazu, zum Entstehen von Gewohnheitsrecht beizutragen.[35]

---

35 Vgl. *Pellegrino*, L'„animus communitatis", 320–322; *Otaduy*, in: Comentario Exegético Bd. I, 424f.

Die spirituelle Bildung von kirchlichen Mitarbeitern: eine kanadische Perspektive

Catherine E. Clifford

Dieser Beitrag will die gegenwärtigen Strukturen und Praktiken im Umgang mit der spirituellen Bildung und Sozialisation von kirchlichen Mitarbeitern, die Laien sind, mit besonderer Aufmerksamkeit für die Verhältnisse der katholischen Kirche in Kanada ergründen. Sein Blickwinkel ist der kanadische Kontext, der Aufsatz erhebt nicht den Anspruch, umfassend oder erschöpfend zu sein. Bei der Vorbereitung ist mir die Notwendigkeit einer gründlicheren empirischen Studie über diese hauptamtlichen kirchlichen Dienstämter bewusst geworden. Da solche Daten fehlen, werde ich mich auf einige Quellen stützen, die einen begrenzten Einblick in die gegenwärtige Situation des Dienstamtes und seiner Bildung ermöglichen. Meine Überlegungen entwickle ich in drei Schritten. In einem ersten Schritt werde ich die Voraussetzungen dieser Studie zu beschreiben versuchen, indem ich einige Worte über ihr Verständnis des Konzepts spiritueller Bildung für das Dienstamt sage. In einem zweiten Schritt versuche ich ein Bild der Situation des Dienstes von Laienmitarbeitern im heutigen Kanada zu zeichnen.[1] Da wenige umfassende und empirische Studien bis heute in der katholischen Kirche Kanadas durchgeführt worden sind,[2] werde ich auf

1 Ich habe mich entschieden, den Begriff „lay ecclesial ministers" („kirchliche Laienmitarbeiter") im allgemeinen Sinne zu gebrauchen, wie er in hilfreichen Studien der United States Conference of Catholic Bishops entwickelt worden ist: „First, the word ‚lay' underscores the fact that persons in this group remain first, foremost, and always members of the laity. Their work is a specific and legitimate expression of the general vocation of all lay persons. When we use the term ‚lay ecclesial minister', we do not refer to all those who minister in response to their baptism within the church community or the world; the word ‚ecclesial' denotes not only that the ministry of these lay persons has a place within the communion of the Church but also that it is to be submitted to the judgment and supervision of the hierarchy. It is not simply an activity undertaken on personal initiative. Finally, the subcommittee regards the entire term ‚lay ecclesial minister' as identifying a broad category. It is not a specific job title. Lay ecclesial minister is a generic term. We use it to establish a framework to indicate what is common to many roles and responsibilities undertaken by lay persons, for example, director of religious education, pastoral associate, youth minister, campus chaplain, hospital chaplain, and director of RCIA." Vgl. *United States Conference of Catholic Bishops*, „Lay Ecclesial Ministries: The State of the Questions [1999]", http://www.usccb.org/laity/laymin/layecclesial.shtml#lay, especially the section entitled „The Term ‚Lay Ecclesial Minister.'" Die Bischöfe von Ontario und andere Dokumente der kanadischen Bischofskonferenz ziehen es vor, von „lay pastoral associates" zu sprechen, um den Gebrauch von „ministry" und ebenso „chaplaincy" für Ordinierte zu reservieren.

2 Einige Studien wurden in den frühen 1990er Jahren in Quebec durchgeführt, darunter *S. Bélanger*, Les Soutanes Roses: Portrait du personnel pastoral féminin au Québec, Montréal 1988.

einige in den Vereinigten Staaten durchgeführte Studien zurückgreifen, wobei ich auf Parallelen wie Gegensätze in den Erfahrungen für Nordamerika hinweise. In einem dritten Schritt werde ich auf die Erfahrung mit spiritueller Bildung und der Sozialisation von Laien für den Kirchendienst schauen, dabei gilt ein besonderes Interesse der Rolle theologischer Ausbildungsstätten und der Ortskirche. Vor allem interessieren in diesem Zusammenhang Prioritäten, die vor einem Jahrzehnt bei der Ontario Conference of Catholic Bishops für die Bildung von „lay pastoral associates" benannt worden sind.[3] Von hierher will ich einige Herausforderungen für die Zukunft aufzeigen und fragen: Welche Art von Spiritualität oder spiritueller Bildung ist für den heutigen Kontext notwendig?

1. Verständnis liturgischer Bildung

Der Aufsatz setzt ein breites Verständnis von Spiritualität und spiritueller Bildung voraus, die das ganze christliche Leben umfassen. Er greift Thesen von Michael Downey auf, der schreibt: „Ich verstehe ‚Spiritualität' nicht einfach als Verweis auf eine Dimension christlichen Lebens wie Gebet, Besinnung, Urteilsvermögen oder aszetische Praxis, sondern auf das Ganze des Lebens als Antwort auf die Gabe Gottes [...] Christliche Spiritualität heißt nicht mehr oder weniger, als der Person Christi zu entsprechen, durch die Gegenwart und die Kraft des Heiligen Geistes in Gemeinschaft mit Gott und anderen gebracht zu sein. Christliche Spiritualität ist trinitarische Spiritualität, ein umfassender Weg der Suche nach Gott, dem Vater, durch den Sohn, der Christus ist, das Wort,

---

Comité épiscopal des ministères de l'assemblée des évêques du Québec, Au service de la mission: Des ministères variés et solidaires, Québec 1993; *Idem*, Communautés et ministères au Québec: situation, questions, défis, Québec 1993 und *Idem*, Les nouvelles pratiques ministérielles, Québec 1993. Außerdem wurde eine begrenzte Untersuchung von Gertrude Rompré für die „Celebrate the Call"-Konferenz durchgeführt, die an der Saint Paul University, Ottawa, im Juni 2005 abgehalten wurde. Die Ergebnisse dieser Untersuchung sind zusammengefasst in: Defining Moments (unveröffentlichtes Dokument).

3 *Ontario Conference of Catholic Bishops*, Lay Pastoral Associates in Parish Settings: Perspectives, Considerations and Suggestions, Toronto 1999. Man beachte, dass die Bischöfe von Ontario den Gebrauch des Begriffs "ministers" vermeiden, wenn sie von diesen Laien sprechen; sie machen sich die Perspektive einer Ermahnung aus dem Jahre 1997 zueigen, die durch die Leiter von acht Dikasterien der römischen Kurie unterzeichnet wurde und diese Laien als „collaborators" oder „associates" der ordinierten Amtsträger betrachtet. Vgl. *Congregation of the Clergy et al*, The Collaboration of the Non-Ordained Faithful in the Sacred Ministry of the Priest, http://www.vatican.va/roman_curia/pontifical_councils/documents/rc_con_interdic_doc_15081997_en.html , especially article 1, (10. Mai 2009).

durch die Gabe des Heiligen Geistes, mit unserem ganzen Leben und jeder Dimension unseres Lebens, nicht nur diesem oder jenem Teil davon."[4]

Eine breitere Definition von Spiritualität ist insbesondere wichtig, um die Berufung der Laien zu betrachten. In der Vergangenheit waren unsere Vorstellungen von Spiritualität weithin durch das Modell des monastischen Lebens beeinflusst, oftmals reduziert auf Vorstellungen von Exerzitien und Aszetik, von Praktiken persönlicher Frömmigkeit und Mustern der Teilnahme am liturgischen und sakramentalen Leben der Kirche.[5] Heute brauchen Laien, ob sie ihre christliche Berufung in einem weltlichen Beruf leben oder zu irgendeiner Form des kirchlichen Dienstes bestellt sind, ob sie verheiratet sind oder als Single leben, ob sie eine Familie gründen oder in irgendeiner anderen Form von Gemeinschaft leben, eine Spiritualität, die in ihrer Taufe verwurzelt ist und die Bedingungen ihrer besonderen sozialen, kulturellen und kirchlichen Lebenszusammenhänge ganz in Rechnung stellt.

Eine weitere Voraussetzung dieser Überlegungen ist, dass Bildung oder Bildungsaktivitäten viel umfassender sind als leicht identifizierbare oder bewusst organisierte Erziehungsaktivitäten oder spirituelle Übungen. In der Tat bedingt spirituelle Bildung und im speziellen Sinne die Bildung für einen kirchlichen Dienst vielfältige Prozesse der Sozialisation sowohl in eine Glaubensgemeinschaft als auch in die besonderen Rollen, die in einer Gemeinschaft wahrgenommen werden. John Westerhoff definiert den Prozess religiöser Sozi-

---

4 *M. Downey*, Without a Vision the People Perish: Foundations for a Spirituality of Lay Leadership, in: *Z. Fox – R. Bechtle* (ed.), Called and Chosen: Toward a Spirituality for Lay Leaders, Lanham/MD 2005, 17; vgl. auch *M. Downey*, Altogether Gift: A Trinitarian Spirituality, Maryknoll/NY 2000.

5 „La vie spirituelle ne s'épuise pas dans la prière, la piété personnelle ou la pratique liturgique, surtout sacramentelle. Mais si les représentations concernant la spiritualité et sa pratique opèrent de telles réductions, c'est qu'elles sont encore marquées fortement, voire exclusivement, par le modèle de spiritualité monastique hérité du passé. Celui-ci, centré sur l'individu appelé à se sauver, a déterminé la formation au ministère sacerdotal et l'initiation à la vie religieuse. La spiritualité du laïc comportait les mêmes accents. Elle se mesure à l'aune de la pratique sacramentelle et la piété personnelle. On avait une vie spirituelle lorsqu'on recevait les sacrements, lorsqu'on priait et méditait régulièrement et que l'on avait un directeur de conscience." *A. Binz*, La dimension spirituelle dans la formation, in: *A. Binz – R. Moldo – A.-L. Roy*, *Former des adultes en église: états des lieux et aspects théoriques et pratiques*, Saint-Maurice 2000, 225. Diese Tendenz ist noch offenkundig in Statements zum Laiendienst. Beispielsweise identifiziert das „resource document" der *United States Conference of Catholic Bishops*, Co-workers in the Vineyard of the Lord, die folgenden Praktiken und Elemente als notwendig für die spirituelle Bildung kirchlicher Laienmitarbeiter: „Reading, studying, and meditating on and praying with the Scripture", „*lectio divina*", „the liturgy, especially the sacraments", including „the Liturgy of the Hours", „devotion to Mary", and „devotion to the eucharist" including „eucharistic adoration". Such practices are to be supported by the „spiritual discipline" of spiritual direction, experiences of faith-sharing and theological reflection, the performance of „corporal and spiritual works of mercy", and „studying the lives of the saints". In: Origins 35/25 (2005) 416–418.

alisation als „einen Prozess, der aus lebenslangen formellen und informellen Mechanismen besteht, durch welche Personen ihren Glauben (Weltsicht, Wertesystem) und Lebensstil erhalten und weitergeben. Dies erreicht man durch Teilnahme am Leben einer von Tradition getragenen Gemeinschaft mit ihren Riten, Ritualen, Mythen, Symbolen, Ausdrucksformen des Glaubens, Haltungen und Werten, Organisationsformen und Aktivitäten.“[6]

Teilnahme am Leben der Gemeinde ist für den Prozess religiöser Sozialisation zentral. Dafür muss ein angemessenes Studium der spirituellen Bildung nicht nur das explizite Curriculum theologischer Ausbildungsstätten und diözesaner Bildungsprogramme, sondern auch das „implizite Curriculum“ begleiten, das vermittelt wird durch Organisationsstrukturen, Entscheidungsprozesse, die Aufteilung der Ressourcen in den Haushalten von Diözesen und Gemeinden und die Bezeichnung der Rollen für pastorale und liturgische Aktivitäten. Kirchliche Laienmitarbeiter sind nicht allein als Mitglieder einer Glaubensgemeinschaft, sondern in ihren verschiedenen beruflichen Rollen durch kognitive Bildung, Umgangsformen und durch die Orientierung in den Beziehungen zu Kollegen, Untergebenen oder Vorgesetzten sozialisiert. Spirituelle Bildung und Sozialisation in die Rolle eines kirchlichen Mitarbeiters ist Teil einer breiteren sozialen Matrix. Da eine umfassende und erschöpfende Studie dieser Realitäten jenseits der Möglichkeiten dieses Beitrags liegt, will ich versuchen, den Kontext von Diensten in der katholischen Kirche Kanadas zu skizzieren, weil dieser erheblich zur spirituellen und beruflichen Identität kirchlicher Laienmitarbeiter beiträgt.

2. Laiendienst im kanadischen Kontext

2.1 Der soziale und religiöse Kontext für die Dienste

Die Volkszählung von 2001, durchgeführt von Statistics Canada,[7] erfragte die Religionszugehörigkeit der Kanadier. 78% der Kanadier bezeichnen sich selbst als Christen (44%, 12.9 Millionen Katholiken; 32% Protestanten; 2% Orthodoxe). Der Gesamtanteil der Katholiken sank von 46% im Jahre 1991 auf 44% im

6 *J. H. Westerhoff III*, What is Religious Socialization?, in: *J. H. Westerhoff III – G. Kennedy Neville*, Generation to Generation, Philadelphia 1974, 41. Cited in: *Z. Fox*, New Ecclesial Ministry: Lay Professionals Serving in the Church. Revised and Expanded, Franklin/WI 2002, 34.

7 Die folgende Diskussion orientiert sich an einer Zusammenfassung von Statistics Canada 2001 Census, in: *R. Bibby*, Restless Churches: How Canada's Churches can Contribute to the Emerging Religious Renaissance, Toronto 2004, 44–45. Das vollständige statistische Profil der Religion in Kanada nach dem Census von 2001 findet man unter: http://www40.statcan.ca/l01/cst01/demo30a.htm?sdi=religion, (10. Mai 2009).

Jahre 2001. Protestantische Kanadier gehören typischerweise den "mainline"-Kirchen an, die größte Gruppe ist die United Church of Canada (2,8 Millionen oder 12%), gefolgt von der Anglican Church of Canada (2,0 Millionen oder 8%). Nahezu 8% der Christen in Kanada gehören konservativen protestantischen Gruppen an, einschließlich Evangelikalen und Pentekostalen. Weitere 6% der Kanadier gehören anderen religiösen Traditionen an, einschließlich Juden (1%), Muslime (1%), Buddhisten, Hindus und andere. Die am schnellsten wachsende demographische Gruppe sind jene 16% Kanadier, die keiner religiösen Vereinigung angehören.

Kanadische Kirchen erfreuen sich einer tragfähigen Geschichte guter ökumenischer Zusammenarbeit und engagieren sich gemeinsam in Netzwerken des interreligiösen Dialogs, besonders zu Fragen der sozialen Gerechtigkeit oder gemeinsamer ethischer Anliegen. Zentren theologischer Bildung sind häufig Zentren der ökumenischen Kooperation, die Studenten die Möglichkeit bieten, von Studenten und Professoren anderer konfessioneller Traditionen zu lernen und sich mit ihnen auszutauschen. Der Druck, der oft im Zusammenhang begrenzter Ressourcen der Kirchen und durch Forderungen nach Seelsorge in nichtkonfessionellen Einrichtungen (Universitäten, Krankenhäusern, Gefängnissen, Militär) entsteht, erfordert zunehmend die Zusammenarbeit derer, die im pastoralen Dienst quer durch die Konfessionen und Religionen engagiert sind.

2.2 Eine „unverwechselbar katholische Krise" hinsichtlich der Dienste

Der kanadische Forscher für Religionsdemographie, Reginald Bibby, berichtet von einer wachsenden „Renaissance" von Religion in Kanada. Er weist auf eine Umkehrung des seit den 1960er Jahren verbreiteten Trends einer sinkenden Partizipation, einer nachlassenden Mitgliedschaft und eines wachsenden Niveaus der Teilnahme von Jugendlichen am Leben kanadischer Kirchen hin. In der Tat stellt er fest, dass der Grad der Teilnahme in protestantischen Kirchen, gemessen an der wöchentlichen Anwesenheit, von 20% im Jahre 1990 auf 26% im Jahre 2000 anstieg. Das steht in deutlichem Kontrast zum Teilnahmeverhalten in der kanadischen katholischen Kirche, wo allgemein die Teilnahme von 16% im Jahre 1990 auf nur 12% im Jahre 2000 gefallen ist, oder von 20% auf 18% außerhalb der Provinz Quebec und von 7% auf 5% in Quebec.[8] Ferner betrug die durchschnittliche Teilnahme von Teenagern der protestantischen Gemeinschaften im Jahre 1992 durchschnittlich 30% (61%

---

8 *Bibby*, Restless Churches, 20.

unter konservativen, 23% in den Großkirchen), das durchschnittliche Niveau der Anwesenheit junger Katholiken blieb mehr oder weniger konstant bei 21% (von 27% im Jahre 1992 auf 31% in Jahre 2000 außerhalb von Quebec; von 11% im Jahre 1992 auf 7% unter Quebecern).[9]

Nach Bibby zeigen diese statistischen Daten eine „unverwechselbar katholische Krise“. Die katholische Kirche in Kanada erfährt „Zuwachs in der Mitgliedschaft, aber eine schrumpfende Priesterschaft, während protestantische Denominationen unter der „mainline“-Kirche nachweislich eine nachlassende Kirchenmitgliedschaft, aber eine Zunahme des Klerus verzeichnen.“[10] Bibbys Beobachtungen, die Entwicklungen des Amtes berücksichtigen, entsprechen Mustern, die Richard A. Schoenherr und Lawrence A. Young in den Vereinigten Staaten untersucht haben; sie schätzen konservativ ein, dass, während die Bevölkerungsgruppe der amerikanischen Katholiken seit 1965 um 65% angewachsen, die Zahl der aktiven Priester um 49% gesunken sei.[11] Die unterschiedliche Entwicklung bei Protestanten und Katholiken stützt die These, dass dieses Phänomen zweifellos die Folge nicht des externen Einflusses der Säkularisierung, sondern von Faktoren im Leben der katholischen Gemeinschaft und insbesondere der Notwendigkeit einer umfassenden Erneuerung der Formen und Strukturen des Amtes ist.

Studien legen nahe, dass diese Krise in direktem Bezug steht zur Gestalt des katholischen Priesteramtes. Schoenherr und Young nehmen an, dass von 1965 bis 1991 die Zahl der Priester auf 10.000 Gläubige in der kanadischen katholischen Kirche um 45,2% gesunken ist, also von 16,9: 10.000 auf 9,7:10.000. In der westlichen Welt wurde dieser Prozentsatz allein durch die katholische Kirche in Frankreich (-46,1%; 6,6:10.000) und in den Niederlanden (-47,7%; 9,2:10.000) überboten.[12] Ähnliches setzte sich durch die 1990er Jahre fort. Bibby hält fest, dass katholische Priester in Kanada im Jahre 2000 eine sehr hohe Arbeitslast hatten, annähernd 8.000 Priester arbeiteten für die Bedürfnisse von 6.000 Pfarreien. Nach konservativen Schätzungen entspricht das einem Verhältnis von einem Priester auf 1.600 Katholiken oder von 6,5:10.000. Die durch den Priestermangel hervorgerufene Krise ist verbunden mit einer Überalterung des Klerus. Mindestens die Hälfte des Klerus ist 55 Jahre oder älter. Als Ergeb-

---

9 *Bibby*, Restless Churches, 18.

10 *Bibby*, Restless Churches.

11 *R. A. Schoenherr – L. A. Young*, Full Pews, Empty Altars: Demographics of the Priest Shortage in United States Catholic Dioceses, Madison 1993, 25–47.

12 *R. A. Schoenherr*, Goodbye Father: The Celibate Male Priesthood and the Future of the Catholic Church, New York 2002, 88.

nis sind katholische Gemeinschaften „sehr verkirchlicht und unterbesetzt“.[13] Viele ländliche Gemeinden haben nicht länger einen Vollzeitpfarrer, ebenso werden in den Städten Gemeinden zusammengelegt oder mehrere Gemeinden teilen sich nun einen Pfarrer.[14]

Die Krise des Amtes in der katholischen Kirche hat zu einer rapide wachsenden Zahl von Gemeinden geführt, die sich nun häufig am Sonntag für eine Wort-Gottes-Feier und die Austeilung der Kommunion in Abwesenheit eines Priesters versammeln. Solche Feiern werden oft durch Laienvorsteher geleitet, die auch zur Predigt bevollmächtigt sind. Eine neuere Studie in Quebec[15] deckte auf, dass 70% der untersuchten Diözesen genau gesehen Pfarrgemeinden haben, die sich am Sonntag ohne Eucharistiefeier versammeln. In einigen Diözesen feiern nicht weniger als 60% der Pfarrgemeinden nichteucharistische Liturgie an einigen Sonntagen das Jahr hindurch.

In diesem Zusammenhang werden kirchliche Laiendienste tendenziell als „suppléance“ (Stellvertretung) wahrgenommen, also wie ein Team von Mitarbeitern für eine Überbrückungszeit, das aushilfsweise Funktionen während der Abwesenheit eines ordinierten Amtsträgers ausfüllt. Als das Zweite Vatikanische Konzil die Möglichkeit anerkannte, dass Laien „von der Hierarchie zu gewissen kirchlichen Ämtern herangezogen [...] werden [können], die geistlichen Zielen dienen“ (LG 33), rechnete es nicht mit der raschen Entwicklung und Vielfalt der Laiendienste, die sich in den letzten Jahrzehnten herausgebildet hat. Verbunden mit dem Rückgang geweihter Amtsträger[16] wird es schwieriger, Laienmitarbeiter in ihren eigenen Rechten und damit für sich zu sehen, in ihrer Teilhabe am dreifachen Amt Christi kraft der einen Taufe. Dies stellt Herausforderungen dar für die Herausbildung einer eigenen Identität sowohl für die Geweihten wie für die Nichtgeweihten.

---

13 *Bibby*, Restless Churches, 136.

14 Bischof F. B. Henry, Bischof der Diözese von Calgary, gibt uns einen Einblick in die Realität großer städtischer Pfarreien: „According to the annual parish reports, the four parishes in Lethbridge currently service 18,400 parishioners with three experienced, very competent pastors. By way of comparison, St. Patrick's Parish in Calgary has 15,500 parishioners with two priests, one on sabbatical, and one newly ordained functioning as Administrator. St. Luke's Parish (Calgary) has 17,000 parishioners with two priests. St. Albert the Great, with God knows how many parishioners (I suspect that it is the largest in the diocese), is served by one priest. The numbers tell the story: don't plan on additional priests. The situation of ‚shortage' is likely to continue for a while.“ Cited in *Bibby*, Restless Churches, 137.

15 *P. Goudreault*, Célébrer le dimanche en attente de l'eucharistie, Ottawa 2003. Vgl. besonders 9–21 and 156–158.

16 Die neue Wirklichkeit kirchlicher Laienmitarbeiter im pfarrlichen Zusammenhang in der Provinz Ontario „in some cases ... was due to a new understanding of the possibilities inherent in lay ministry; in most cases, the more immediate motivation was the diminishing number and simultaneous graying of parish priests.“ *Ontario Conference*, Lay Pastoral Associates, 2.

Der amerikanische Theologe Edward Hahnenberg beobachtete jüngst, „es sei schwer, sich dem Schluss zu entziehen, dass wir in einer der bedeutendsten Perioden der Veränderung des Dienstamtes in der Kirchengeschichte leben. Die Entwicklung von kirchlichen Laiendiensten in den vergangenen 40 Jahren sticht hervor unter den drei oder vier besonders bedeutenden Veränderungen des Amtes der vergangenen 2000 Jahre."[17] Wenn wir versuchen, die Notwendigkeiten kirchlicher Laiendienste zu verstehen und die Gabe und den Ruf des Heiligen Geistes zu ihren Diensten begrüßen, dann tun wir das im vollen Bewusstsein um diese sehr komplexe Veränderung, die die ganze Matrix der Ämter und Dienste in der Kirche, Laien und Geweihte berührt.

2.3 Kirchliche Laienmitarbeiter in pfarrgemeindlichen Umfeldern

Noch vor etwa einer Generation hoffte man, dass die durch den Mangel an Klerikern entstandene Lücke durch eine wachsende Zusammenarbeit mit kirchlichen Laienmitarbeitern in Pfarrgemeinden gefüllt werden könnte. Allerdings legt eine sorgfältige Untersuchung der kirchlichen Landschaft nahe, dass die Entwicklung von kirchlichen Laiendiensten in Kanada eine nur begrenzte Bedeutung für den Dienst in der Gemeindepastoral hat. Bislang hat man keine umfassende nationale Studie durchgeführt, die genaue Daten für kirchliche Laiendienste in Kanada anbieten würde. Solch eine Studie wäre sehr hilfreich, da Präsenz und Aktivitäten von kirchlichen Laiendiensten regional und von Diözese zu Diözese variieren. Jedoch kann man Parallelen zu vielen Aspekten von Erfahrungen in der amerikanischen katholischen Kirche ziehen. Die jüngste in den USA durchgeführte Untersuchung zeigt, dass von mehr als 39.000 Hauptamtlichen (eine Zahl, die nun der Zahl der Ordinierten in diesem Land entspricht oder sie übertrifft) 36,3% als Direktoren oder Koordinatoren der Katechese und der religiösen Erziehung arbeiten (pfarramtliche und diözesane Direktoren religiöser Bildung), 24,7% für die allgemeine Seelsorge in den Pfarreien zuständig sind, 14,9% Direktoren für Liturgie und Musik und 10,7% Jugendseelsorger sind. Eine kleine, aber bedeutsame Zahl, nämlich 2,1% arbeitet als Koordinatoren des Pfarrlebens dort, wo kein Priester ständig vor Ort ist. Seit 1992 und 1999 erlebte die amerikanische katholische Kirche insgesamt eine Zunahme von 35% bei den Laien, die in pfarreibezogenen Diensten arbeiten.[18]

---

17 *E. P. Hahnenberg*, The Vocation to Lay Ecclesial Ministry, in: Origins 37/12 (August 30, 1997), 177–182, hier 178.

18 *P. J. Murnion – D. DeLambo*, Parishes and Parish Ministers: A Study of Parish Lay Ministry, New York 1999, 45–46. Zitiert nach *Fox*, New Ecclesial Ministry, 6.

Der letztgenannte Trend steht in deutlichem Kontrast zu dem, was viele als Verlagerung weg von den professionellen kirchlichen Laienmitarbeitern in kanadischen Pfarreien betrachten. Ich glaube, man könnte empirisch belegen, dass in einigen Regionen ein merklicher Rückgang hauptamtlicher kirchlicher Laienmitarbeiter in pfarrlichen Feldern stattgefunden hat. Es ist kein Geheimnis, dass viele pfarrliche oder diözesane Positionen schlecht oder zumindest bescheiden entlohnt werden. In dieser Hinsicht ist die amerikanische katholische Kirche durch ein viel höheres Niveau der Partizipation am gemeindlichen Leben und ein gemeindliches System charakterisiert, das ein stärkeres Gefühl für die Verantwortung für gemeindliche Aktivitäten hat, einschließlich Modellen der Finanzmittelvergabe zur Unterhaltung professioneller Gehälter und Bildung.[19] In den letzten Jahren sind Laien, Männer wie Frauen, in Kanada zunehmend pfarrlichen und diözesanen Stellen ausgewichen und haben nach einer stabileren Anstellung und besseren Entlohnung in anderen Feldern einschließlich religiöser Erziehung oder seelsorglichen Tätigkeiten in staatlichen Institutionen wie Schulen, Universitäten, Hospitälern, Altenheimen, Gefängnissen und beim Militär gesucht.[20] In einer jüngeren Untersuchung, die seitens der National Association for Lay Ministry in the United States durchführt wurde, arbeiteten 36% der Befragten in Gemeinden, 41% in diözesanen Einrichtungen und 23% in anderen Behörden und Organisationen.[21] Mein Verdacht ist, dass diese Prozentzahlen in Kanada umgekehrt ausfallen würden, die höchsten Prozentzahlen angestellter kirchlicher Laienmitarbeiter also in staatlichen Institutionen, der geringste Prozentsatz auf diözesaner und pfarrlicher Ebene anzutreffen sind.

Obgleich es kaum belastbare Daten gibt, auf die man sich stützen kann, ist es für einige Regionen Kanadas möglich, einen Trend weg von bezahlten pastoralen Mitarbeitern in Pfarrgemeinden festzustellen, dies mit einem neuen und

19 Im Gegensatz dazu wurde bis vor kurzem die staatliche Finanzierung zugeteilt, um katholische Schulen in vielen Teilen des Landes zu unterstützen. Dies ist weiterhin in der Provinz Ontario der Fall. Ein unbeabsichtigter Effekt des Schulsystems war, dass die Rolle von Gemeinden bei der Entwicklung von Programmen für die Katechese und Glaubensbildung für alle Altersgruppen an Bedeutung verloren hat. Für viele junge Katholiken ist die Schule die primäre oder sogar einzige Erfahrung von „Kirche".

20 Mindestens ein Autor hat die Neigung katholischer Laiinnen bemerkt, die sich frustriert fühlen, weil sie ihre pastoralen Fähigkeiten nicht direkter mit der Feier der Sakramente verbinden können. Ein häufig genannter Fall ist die Pastoral für Kranke und Sterbende, wo Laienmitarbeiter verpflichtet sind, einen Priester zu rufen, der die Krankensalbung feiert. In nicht wenigen Fällen verlassen Frauen die katholische Kirche, um sich in anderen christlichen Kirchen ordinieren zu lassen. Vgl. *M.-L. Ternier-Gommers*, Catholic Women in Ministry: Changing the Way Things Are, Montreal 2007.

21 Nach: *Fox*, New Ecclesial Ministry, 6.

wachsenden Vertrauen in Ehrenamtliche mit geringer Ausbildung, die sie oftmals in diözesanen Programmen der Erwachsenenbildung erhalten haben. Während die Mehrzahl der Studierenden an den theologischen Fakultäten kanadischer Universitäten heute keine Seminaristen, sondern Laien sind (55% davon Frauen), erwarten nur wenige, eine Anstellung im pastoralen Dienst zu finden.[22] Pfarreien verlassen sich zunehmend auf ein Patchwork von Ehrenamtlichen für die Mitarbeit in Liturgie, Katechese und Pastoral.[23] Als Beweis belegt eine jüngere Untersuchung der sonntäglichen Wort-Gottes-Feier bei Abwesenheit eines Priesters in der Provinz Quebec, dass, im Gegensatz zur Situation 1990, als solchen Feiern weithin ständige Diakone oder hauptamtliche kirchliche Laienmitarbeiter vorstanden, diese 2001 vor allem von Teams von Ehrenamtlichen geleitet wurden. Dieser offensichtliche Rückgang der Zahl besoldeter kirchlicher Laienmitarbeiter im Gemeindebereich legt nahe, dass ein Bruch im Versuch stattgefunden hat, solche Mitarbeiter angemessen in die Struktur der Ortskirche zu integrieren. Ich glaube, dass dies auf eine verstörende Tendenz hinweist, Kompetenz zur Mitarbeit unterzubewerten, und auf einen Mangel bei der Entwicklung einer angemessenen Infrastruktur für die Erziehung, Bildung und die fortlaufende Unterstützung kirchlicher Laienmitarbeiter aufmerksam macht.

Einer der Gründe für diese offensichtliche Umkehr könnte das Verschwinden gläubiger Frauen aus gemeindebezogenen Diensten sein. Diese Frauen machten beinahe die Hälfte in der ersten Welle kirchlicher Laienmitarbeiter aus, aber ihre Präsenz hat in den beiden letzten Dekaden signifikant nachgelassen.[24] Ferner nennen viele Laienmitarbeiter geringe Gehälter, einen Mangel an Sicherheit und an Aufstiegsmöglichkeiten unter den Gründen für die Aufgabe entsprechender pfarrlicher Positionen.[25] Weitere neuere Statistiken zeigen, dass mehr als zwei Drittel der heutigen Laienmitarbeiter verheiratet sind und über 70% dieser Gruppe Kinder haben, so dass sie größere Stabilität und ökonomi-

---

22 Nur als ein Beispiel: Man findet kaum eine Frau, die im Master´s in Pastoral Theology program, das die Saint Paul Universiy, Ottawa, anbietet, eingeschrieben ist.

23 Goudreault hält fest, dass, wo 1990 eine Untersuchung der Wort-Gottes-Feiern am Sonntag zeigte, dass häufig Diakone und hauptamtliche Laienmitarbeiter solchen Feiern vorstehen, 2001 eine Untersuchung derselben Gemeinden zu dem Ergebnis führte, dass diese Rolle nun vor allem von Teams von ehrenamtlichen Laien ausgefüllt wird. *Goudreault*, Célébrer le dimanche en attente de l'eucharistie, 20.

24 *P. Murnion – D. DeLambo – R. Dilli – H. Fagan*, New Parish Ministers, New York 1992. Nach: *R. A. Schoenherr*, Goodbye Father, 84–85. Eine begrenzte Untersuchung von kirchlichen Laienmitarbeitern in Kanada, die 2005 angeschlossen wurde, zeigte, dass „job security“ und „the inadequacy of remuneration“ weiterhin entscheidend sind. Vgl. Defining Moments, 7–8.

25 *Fox*, New Ecclesial Ministry, 13–14.

sche Unterstützung benötigen als die erste Welle. Die Dominanz von Frauen in diesen Positionen mag ein Reflex darauf sein, dass Männer weiterhin vor allem zum Familieneinkommen beitragen und deswegen weniger wahrscheinlich in solchen Positionen anzutreffen sind.[26]

2.4 Pfarrliche Laienseelsorger im Leben der Diözesankirche

Eine andere signifikante und dokumentierte Entwicklung, die wir in Anbetracht einer rückläufigen Präsenz kompetenter, besoldeter kirchlicher Laienmitarbeiter im pfarrlichen Kontext und der Frage der Bildung beachten müssen, betrifft die Einstellungspraxis. Zeni Fox schreibt: „Gegenwärtig sind Frauen, die von Pfarrern angestellt werden, normalerweise Personen, die sie schon kennen, oftmals Menschen, die nicht qualifiziert sind, wenn sie beginnen. Bei einer solchen Einstellungspraxis haben es erfahrene und sehr gut ausgebildete Mitarbeiter schwer, einen anderen Arbeitsplatz im Kirchendienst zu finden."[27] Das erweckt den Eindruck, dass häufig persönlicher Bekanntschaft eine höhere Priorität eingeräumt wird als Kompetenz. Wenn weiter der Pfarrer der unmittelbare Dienstvorgesetzte und Supervisor ist, gibt es für den Laienmitarbeiter kaum Platz, einen Sinn für Zugehörigkeit zur Ortskirche zu entwickeln, der der Bischof vorsteht. Fox beobachtet, dass die meisten Laienseelsorger auf ihr eigenes Charisma oder ihre Berufung für ihren Dienst vertrauen, die sie als einen Aspekt ihrer Taufberufung verstehen. Trotzdem, so hält sie fest, „besteht die Gefahr einer allzu persönlichen Gewichtung des Charismas, insofern das Individuum charismatisch die Rolle der Gemeinschaft hinsichtlich Benennung, Pflege, Beurteilung und Nutzung von Charismen unterbewerten könnte. [...] Die Betonung von persönlichem Glauben und Berufung könnte eine Überindividualisierung des Dienstes anzeigen. Vielleicht ist diese Betonung notwendig, weil es keinen formalen Weg der Inkorporation der neuen Mitarbeiter in die Gemeinschaft der Mitarbeiter gibt."[28]

Studien zeigen, dass heute mehr als 70% dieser Laien auf Vollzeitstellen „planen, ihren Lebensweg im Kirchendienst einzuschlagen",[29] ein Zeichen eines Engagements auf hohem Niveau und eines ausgeprägten Sinnes für Berufungsidentität. Sowohl auf der Ebene theologischer Reflexion als auch kirchlicher Ordnung beginnt man erst, der Frage, wohin solche permanenten Formen der Mitarbeit in der Ordnung der kirchlichen Ämter und Dienste hingehören,

---

26 *Fox*, New Ecclesial Ministry, 13.
27 *Fox*, New Ecclesial Ministry, 15.
28 *Fox*, New Ecclesial Ministry, 314–315.
29 *Fox*, New Ecclesial Ministry, 54.

systematisch nachzugehen.[30] Obwohl Netzwerke der Unterstützung in jüngster Zeit etwas verbessert wurden,[31] klingt die Einschätzung von Zeni Fox für die Erfahrung der kirchlichen Laienseelsorger in Kanada richtig: „Eindeutig gibt es eine Ordnung; aber ein zentraler Aspekt der Ordnung ist nicht entwickelt. Die Beziehung der neuen Mitarbeiter mit dem Bischof und demzufolge mit der Ortskirche ist nicht etabliert. [...] Laienmitarbeiter einschließlich der Mitarbeiter im Pfarrdienst [...] haben keine formale Beziehung zu dem Bischof oder der Diözese, und oftmals erhalten sie keine Einweisung in das Leben der Ortskirche, in der sie arbeiten".[32]

Edward Hahnenberg hat diese Spannung in Begriffen konkurrierender Vorstellungen von Berufung beschrieben, eine, die das Personale, eine andere, die das Institutionelle betont: „Die Gefahr dieser Trennung ist, dass man beide leicht gegeneinander ausspielen kann. Auf der einen Seite gibt es die individuelle ehrliche Überzeugung „Ich habe eine Berufung erhalten", auf der anderen Seite das standhafte Bestehen des Bischofs „Niemand ist berufen worden, bis ich ihn berufen habe". So imaginiert die Sprache zwei Rufe und müht sich, sie in Beziehung zu setzen. Das verbirgt das Faktum, dass der Weg zum kirchlichen Dienst nicht zwei separate Berufungen umfasst, sondern zwei Elemente in einem vielfältigen Berufungsprozess."[33]

Zu Recht legt er nahe, dass wir vor der Notwendigkeit einer erneuerten Berufungstheologie stehen, und zwar einer, die die Rolle der Gemeinschaft in Berufung, Pflege, Erkenntnis, Begrüßung und Unterstützung der Gaben derer, die zum Dienst berufen sind, aufgreift. Solch eine Theologie muss also die ganze Matrix der Sozialisation für den Dienst beeinflussen, „damit wir nicht zu reinlich Bildung, Autorisierung, Befugnis vom Arbeitsplatz trennen".[34] Der polarisierende Effekt eines zu sehr personalisierten wie institutionalisierten Modells von Dienst und Bildung hat tiefgreifende Implikationen für die kirchliche Dimension der Amtsidentität.

---

30 Mehrere bedeutende theologische Studien stellen neue Wege der Auswahl („considering") und Beauftragung kirchlicher Laienmitarbeiter vor. Vgl. z.B. *G. Lafont*, Imaginer l'église catholique, Paris 1995; *B. Sesboüé*, N'ayez pas peur! Regards sur l'Église et les ministères aujourd'hui, Paris 1996. *E. P. Hahnenberg*, Ministries: A Relational Approach, New York 2003. Jedes dieser Werke erkennt die Notwendigkeit größerer kirchlicher Anerkennung des unterscheidenden Charakters kirchlicher Laiendienste in der Ordnung der Ämter und Dienste und legt verschiedene Formen liturgischer Installation oder Initiation in dieses neue Amt („office") nahe.

31 Viele Diözesen haben Gehaltsskalen und Policen für die Rente („benefits") der Mitarbeiter eingerichtet. Einige haben eine Skala für bevorzugte Kompetenzen und Erfahrung aufgestellt.

32 *Fox*, New Ecclesial Ministry, 314.

33 *Hahnenberg*, The Vocation to Lay Ecclesial Ministry, 180–181.

34 *Hahnenberg*, The Vocation to Lay Ecclesial Ministry, 181.

2.5 Kompetenz: Ausbildung, Training und spirituelle Bildung

Ich habe oben die Präferenz für Laienmitarbeiter erwähnt, die dem Pfarrer bekannt sind und denen er vertraut, gegenüber solchen, die eine professionelle Ausbildung für den Dienst haben. Unter den Vollzeitmitarbeitern in Gemeinden besitzen genau gesehen in den Vereinigten Staaten 47,5% einen Magisterabschluss und 2,5% haben einen Doktortitel erworben. Von diesen haben 63,7% (oder insgesamt 30%) weiterführende Hochschulabschlüsse in einem pastoralen Feld (Liturgie, Theologie, pastorale Dienste oder religiöse Erziehung). In vielen Fällen stammen diese Abschlüsse aus anderen Kompetenzbereichen wie der Erziehung, Betriebsökonomie, Beratungswesen und Sozialarbeit. Zwei Drittel der Laienmitarbeiter haben an Kursen ohne Abschluss teilgenommen, die ihrem kirchlichen Kontext nahe sind, die Hälfte von ihnen wurde durch verschiedene Diözesen organisiert und mit einem Zertifikat abgeschlossen.[35] Gewöhnlich tragen die Laienmitarbeiter die meisten, wenn nicht alle finanziellen Lasten für ihre Ausbildung. Viele erhalten finanzielle Hilfe in Form von Universitätsstipendien und anderen Stipendien. In den Vereinigten Staaten berichten 38% der untersuchten Diözesen von der Bereitstellung finanzieller Unterstützung für Graduierte, die sich für Programme für pastorale Dienste einschreiben.[36] In Kanada ist diözesane Unterstützung für die theologische Ausbildung von Laienstudenten, die kämpfen müssen, um über die Runden zu kommen, immer noch selten.

3. Der Ort spiritueller Bildung und die Matrix der Sozialisation für die Seelsorge

3.1 Zentren theologischer Bildung

Während in der Vergangenheit primär das Priesterseminar oder die Ordensgemeinschaft Orte spiritueller Bildung waren, hat das Aufblühen des kirchlichen Laiendienstes uns herausgefordert, neue Räume und Ressourcen zu schaffen, um die Bildung für diesen Dienst zu unterstützen. Viele, die zur ersten Welle der kirchlichen Laiendienste gehörten, waren vormalige Seminaristen oder

---

35 *P. J. Murnion – D. DeLambo*, Parishes and Parish Ministers. Nach: *Fox*, New Ecclesial Ministry, 29.

36 Dem Subcommittee on Lay Ministry vorgelegter Bericht von Dean Hoge and Ding, Kounian Life Cycle Institute, Catholic University, October 2001. Zitiert bei *Fox*, New Ecclesial Ministry, 31. Bei einer Rücklaufrate von 69% antworteten 56% bestätigend.

Ordensleute, die in diesen Kontexten eine anfängliche Bildung erfahren hatten. Heute trifft das nur für 10% der kirchlichen Laienmitarbeiter zu.[37] Einige Ordensgemeinschaften haben Programme der spirituellen Bildung für assoziierte Laien entwickelt, vielen von ihnen sind in verschiedenen Formen des kirchlichen Laiendienstes beschäftigt.

In den letzten 15 Jahren haben theologische Ausbildungsstätten quer durch Nordamerika die Notwendigkeit spiritueller Bildung als ein integrales Element theologischer Bildung und Vorbereitung für den Dienst erkannt. Ansprüche für die spirituelle Bildung sind in die Standards für theologische Ausbildung jener Hochschulen aufgenommen worden, die durch die Association of Theological Schools (ATS) akkreditiert sind. Gemäß ATS-Standards ist das Ziel theologischen Lernens nie auf das simple Anhäufen von Wissen begrenzt. Der Lernprozess muss die Integration intellektueller Entwicklung mit dem Erstarken der Persönlichkeit und spiritueller Reife unterstützen. Deswegen umfassen Bildungsprogramme für den kirchlichen Dienst nicht nur Kurse, sondern praktische Erfahrung, beaufsichtigte Praktika und Erfahrungen mit spiritueller Bildung. „Das komplette Curriculum sollte als ein Set von Übungen mit einem Bildungsziel gesehen werden – der Entwicklung intellektueller, spiritueller, moralischer und beruflicher oder professioneller Kapazitäten.“[38]

Die ATS-Standards für entsprechende Programme schließen den Anspruch einer deutlichen Komponente personaler und spiritueller Bildung ein, um „die Entwicklung von Kapazitäten – intellektuell und affektiv, individuell und korporativ, kirchlich und öffentlich –, die für ein Leben pastoraler Leitung notwendig sind“ zu unterstützen.[39] Das schließt die Bereitstellung von „spiritueller, akademischer und berufsbezogener Beratung und eine sorgfältige Reflexion der Rolle des Seelsorgers als Leiter, Führer und Diener der Glaubensgemeinschaft“ ein. Weiterhin ist ein vertieftes christliches Leben durch ein Engagement für den „Einsatz von Gerechtigkeit, Leitungsqualitäten, Frömmigkeit,

---

37 *Fox*, New Ecclesial Ministry, 26.

38 *Association of Theological Schools*, General Standards, .4.1. http://www.ats.edu/accrediting/standards/GeneralStandards.pdf; derselbe Artikel legt folgende Ziele für die theologische Ausbildung vor: “In a theological school, the overarching goal is the development of theological understanding, that is, aptitude for theological reflection and wisdom pertaining to responsible life in faith. Comprehended in this overarching goal are others such as deepening spiritual awareness, growing in moral sensibility and character, growing in intellectual grasp of the tradition of a faith community, and acquiring the abilities requisite to the exercise of ministry in the community. These goals, and the processes and practices leading to their attainment, are normally interwoven and should not be separated from each other.“ (4.1.1.)

39 *Association of Theological Schools*, General Standards, A.3.1.3. http://www.ats.edu/accrediting/standards/DegreeStandards.pdf

[und] evangelischer Zeugenschaft“ zu fördern.[40] Anfangs wurde die Association of Theological Schools mit dem Auftrag gegründet, klare Standards für die Akkreditierung von Programmen der Seminarerziehung in konfessionellen Ausbildungsstätten quer durch Nordamerika zu setzen. Heute ist der Auftrag für die theologischen Programme an Priesterseminar und Universität viel breiter und schließt die Erziehung von Laien und die Bildung für eine wachsende Vielfalt der Dienste ein. Die Anwesenheit von Laienstudenten neben Seminaristen in theologischen Programmen, die sich berufen fühlen oder schon in neuen Formen des kirchlichen Dienstes arbeiten, fordert diese Schulen heraus, ihre Programme und Ressourcen anzupassen, um die spirituelle Bildung nicht allein von Kandidaten für das Priesteramt, sondern ebenso für solche, die sich auf Tätigkeiten als Nichtgeweihten vorbereiten, zu unterstützen.

Die Forderung, spirituelle Bildung Geweihten bereitzustellen, ist besonders ausgeprägt in theologischen Universitätsfakultäten. In der Vergangenheit hatten Universitäten vielleicht zu ausschließlich kognitives Lernen fokussiert und dabei andere Dimensionen der Bildung Priesterseminaren und Ordensgemeinschaften überlassen. Aber sowohl die ATS-Standards für die Akkreditierung als auch die wirkliche Notwendigkeit einer engeren Verbindung theologischen Lernens mit persönlicher und spiritueller Bildung jedes Studenten laden uns ein, neue Modelle zu berücksichtigen. Viele Ausbildungsstätten sehen nun Möglichkeiten für gemeinsamen Gottesdienst vor, Glaubensgespräche, Besinnungstage und individuelle spirituelle Anleitung. Jedoch bleiben viele Forderungen hinsichtlich der Berufungsentscheidung und der naheliegenden Angelegenheit der Verbindung zwischen den Studenten und ihren Ortskirchen. Wenn die Universitätsgemeinschaft die primäre Matrix spiritueller Bildung oder für die Sozialisation für den Dienst ist, können Laienstudenten fragen, wenn sie ihre Ausbildung einmal beendet haben „Zu welcher Gemeinschaft gehört ein Laienseelsorger?“[41] Oder wann werden sie Teil dieser Gemeinschaft? Dies stellt eine wirkliche Herausforderung für jemandes Amtsidentität dar, da ein Amt immer ein Dienst für eine Gemeinschaft ist.

Die Saint Paul University, Ottawa, gibt ein Beispiel, das meines Wissens an anderen kanadischen Universitäten keine Parallele hat.[42] Die Universität fördert ein Zentrum für Seelsorgeausbildung („Centre for Ministry Formation“), das ein Netzwerk von Programmen und Unterstützung für Kandidaten für Laien-

40 *Association of Theological Schools*, General Standards, A.3.1.3.
41 *Fox*, New Ecclesial Ministry, 35.
42 Aus historischen Gründen hat die Theologische Fakultät an Saint Paul noch nicht die Akkreditierung der Association of Theological Schools.

mitarbeit wie für das Priesteramt anbietet, die an verschiedenen Fakultäten der Universität studieren (Theologie, Kirchenrecht, Geisteswissenschaften [Pastorale Beratung]). Die Mitarbeiter des Centers bieten Beratung, spirituelle Anleitung, Supervision für Pastoralpraktika, Möglichkeiten für Berufungsentscheidungen, gemeinsames Gebet, Glaubensgespräche und Besinnungstage. Die Mitarbeiter sind ebenso qualifiziert, Empfehlungen für die pastorale und psychologische Beratung zu geben, wenn den Studierenden eine solche Unterstützung helfen kann. Jedes Jahr arbeiten Studenten in dem Programm mit ihren Mentoren zusammen, um einen Lernvertrag zu entwickeln, der Ziele umreißt für das Lernen und das persönliche Wachsen außerhalb der traditionellen Klassenraumsituation. Im Wissen um die Herausforderung, Studenten zu helfen, die oft weit weg von ihrer Heimatdiözese leben, bieten die Mitarbeiter des Centers häufig eine Verbindung zur Ortskirche an, um auf diesem Weg die Berufungsentscheidung von Kandidaten für den Dienst und ihre mögliche Integration in das seelsorgliche Leben der lokalen Kirche zu unterstützen. In solchen Fällen gehen Diözesen eine Vertragsbeziehung mit dem Center ein, oft indem sie finanziell etwas beisteuern, um die Teilnahme von Kandidaten für Laien- und Priesteraufgaben an den Aktivitäten des Centers zu unterstützen.

Unter denen, die an den Programmen des Centre for Ministry Formation teilnehmen, sind Priesteramtskandidaten aus anglikanischen Studienprogrammen an der Saint Paul University und gelegentlich vom Universitätsprogramm für ostkirchliche Studien, das Studenten aus den katholischen Ostkirchen und den orthodoxen Kirchen anzieht. So bietet das Center einen wichtigen Kontext nicht nur für die Beteiligung von Kandidaten für Laienarbeitsfelder und das Priesteramt, sondern ebenso für Kandidaten anderer christlicher Kirchen. Zu oft nehmen wir die Gelegenheit zu ökumenischem Lernen als gesichert an. Es trägt in bezeichnender Weise zur Bildung jeder Kandidaten für ein kirchliches Aufgabenfeld bei und bereitet sie für den Tag vor, an dem sie gerufen sein werden, gemeinsam als Zeugen aufzutreten in Form gemeinsamer Arbeit mit denen, die anderen christlichen Denominationen angehören.

3.2 Die Ortskirche

Wie schon oben festgehalten, bleibt eine wichtige Forderung in der spirituellen Bildung von kirchlichen Laienmitarbeitern deren Integration in das Leben der Ortskirche. Angesichts der dominanten Rolle von Priesterseminaren und Ordensgemeinschaften in der Vergangenheit, haben die Ortskirchen relativ langsam Kompetenz und Infrastruktur entwickelt, um die spirituelle Bildung von kirchlichen Laienmitarbeitern zu unterstützen. Heute scheint die Priorität von Laienbildung im diözesanen Kontext die grundlegende katechetische und spirituelle Bildung für Dienste Ehrenamtlicher (Katecheten, Lektoren, Kommunionhelfer, Besucher von Kranken etc.) durch Workshops und Vorträge zu sein, die manchmal zu Formen diözesaner „Zertifikate" führen. Der Mangel an Infrastruktur, um die Berufungsentscheidung von Kandidaten für ein fortwährendes Vollzeitengagement in kirchlichen Laiendiensten zu begleiten, verbunden mit einem Mangel an einem klaren Startpunkt für die Bestätigung und die Integration solcher Dienste in das Leben der Ortskirche, trägt dazu bei, das Band zwischen diesen Laienseelsorgern und der diözesanen Kirche und damit der kirchlichen Dimension ihrer Berufungsidentität zu schwächen. Wenn die Ortskirche nicht die primäre oder mindestens teilweise Matrix für die Bildung von kirchlichen Laienmitarbeitern ist, scheint sich ein unausgesprochenes Misstrauen zu entwickeln. Diözesanleiter, die es vorziehen, Personen, die sie kennen und denen sie trauen, zu bevorzugen, neigen dazu, die Kompetenzen von „professionellen" Laienmitarbeitern, die nach Jahren des Universitätsstudiums zurückkehren, abzuwerten und ihnen zu misstrauen. Zur gleichen Zeit, da die theologischen Ausbildungseinrichtungen die primäre Matrix für die Sozialisation der Laienmitarbeiter geworden sind, dürfen sie misstrauisch auf das Interesse der Ortskirche sein, ihre Begabungen willkommen zu heißen.

3.3 „Lay Pastoral Associates in Parish Settings" – die Bischöfe von Ontario

Vor zehn Jahren unternahm die Ontario Conference of Catholic Bishops im Bemühen, auf einige Spannungen und Forderungen, die hier dargestellt wurden, zu reagieren, eine Konsultation von theologischen Ausbildungsstätten und Diözesen und veröffentlichte Empfehlungen, um die Unterstützung für die kirchlichen Laienmitarbeiter und ihre Integration in das gemeindliche und diözesane Leben zu fördern. Die Bischöfe beobachten, dass in der Folge des Weggangs von Ordensfrauen, die pastoral im Gemeindekontext arbeiteten, eine Flut von ehrenamtlichen Laienmitarbeitern kam, die, da „bekannt und ihren Pfarrern vertraut", gefragt wurden, „pastorale Laienmitarbeiter" zu werden.

Viele dieser Ehrenamtlichen haben aus tiefer Liebe für die Kirche und mit großem Interesse am Leben der Gemeinde diese Positionen angenommen. Sie haben dies als einen Weg gesehen, um sich selbst mehr auf ihre Taufberufung zu verpflichten, zu dienen und ihre Gaben und Charismen zu entwickeln. Unglücklicherweise fehlten in vielen Fällen für diese neu für die Pastoral gewonnenen Mitarbeiter Bildung, Begleitung und Strukturen, um ihnen dabei zu helfen, erfolgreich zu sein. Sie haben nicht die Ausbildung erhalten für eine solche Position wachsender Verantwortung und Autorität. Trotz des guten Willens aller Beteiligten waren einige Situationen für alle Betroffenen schwer.[43]

Das Dokument ist an jene gerichtet, „die für die Bildung verantwortlich sind" für kirchliche Laienmitarbeiter in der Hoffnung, diese in das etablierte Curriculum und die Strukturen einzuführen, die entsprechende Bildungserfahrungen fördern sollen, einschließlich der Entwicklung diözesaner Strukturen, um ihre Arbeit zu unterstützen. Man hofft, dass die Kandidaten während ihrer Ausbildungszeit „irgendwie mit der Diözese, in der sie später arbeiten möchten, in Beziehung stehen". Die Bischöfe halten fest, dass solche Erdung im Leben einer bestimmten Kirche verbunden ist mit einer wirklich „inkarnierten Spiritualität", deren kirchliche Dimension die Dimension der Mitwirkung am Amt des Bischofs „als Hirte der Ortskirche" einschließt.[44]

Um die Rolle der Ortskirche im Prozess der Sozialisation für die Seelsorge zu stärken, befürworten die Bischöfe nachdrücklich „irgendeine Bestätigung des Status des Laienkandidaten für den Pfarrdienst seitens der Diözese. [...] Diese Bestätigung der Diözese soll einen Prozess nach sich ziehen, durch den die Begabung des Kandidaten für den Dienst in der Diözese erkannt werden könnte".[45] Obwohl sie die Notwendigkeit theologischer und personaler Bildung wie auch spiritueller Integration bestätigen, lassen die Bischöfe die Frage nach dem angemessenen Kontext für die Vermittlung solcher Bildung offen, indem sie zugestehen, dass Bildungsmodelle der Situation der Kandidaten und den spezifischen Notwendigkeiten und Ressourcen der Diözese angepasst sein sollten. Ein schwaches Element in den Empfehlungen bleibt die eingeschränkte Rücksichtnahme auf die Verbindung zwischen theologischen Ausbildungsstätten und Diözesen.[46]

Schließlich macht der Bericht eine Reihe von Empfehlungen für diözesane Strukturen, welche, so vorhanden, die ekklesiale Dimension in der Sozialisation und spirituellen Bildung der kirchlichen Laienmitarbeiter deutlich steigern

---

43 *Ontario Conference*, Lay Pastoral Associates, 3.

44 *Ontario Conference*, Lay Pastoral Associates, 6.

45 *Ontario Conference*, Lay Pastoral Associates, 7.

46 Wenn das Dokument von „partnership with universities" spricht, so hofft es wehmütig, dass „programs set up by a diocese could be accepted as university credits leading to recognized academic qualification"! Der akademischen Qualifikation der Lehrenden und den Standards für das Curriculum und die Evaluation, die notwendig sind, um Äquivalenz zu garantieren, wird keine Beachtung geschenkt. Die Präferenz gilt hier klar diözesaner Ausbildung am Arbeitsplatz, Kursen, Workshops, Klausurtagungen etc. Das ist überraschend, wenn man die Aufzählung der Komponenten einer wünschenswerten theologischen Ausbildung und Fachkenntnissen für pastorales Handeln beachtet, die auf den vorausgehenden Seiten dargestellt worden sind. *Ontario Conference*, Lay Pastoral Associates, 7–9.

würden. Diese schließen die Bewilligung pastoraler Beauftragung durch den Ortsbischof, die Unterzeichnung von Anstellungsverträgen durch die Diözese (als Umkehr des dominanten Trends auf die Pfarrei bezogener Anstellungen), die Etablierung eines gerechten Gehaltes und von Leistungen (eine Praxis, die bereits in vielen Diözesen institutionalisiert ist), Rücksichtnahme auf kirchliche Laienmitarbeiter bei der Zusammenstellung von Pastoralteams bei der Einsetzung und Versetzung des Klerus, einschließlich gelegentlicher Versetzung von Laienmitarbeitern, und schließlich die Einrichtung eines Diözesanrats für „Laienzusammenarbeit im Pfarrdienst" ein.[47]

Einige dieser Empfehlungen hören sich vernünftig an und spiegeln Minimalanforderung an Gleichheit und Gerechtigkeit. Wenn die Bischöfe die Notwendigkeit sahen, solche Empfehlungen zu unterbreiten, dann deshalb, weil solche Praktiken nicht existierten. Kirchliche Laienmitarbeiter sind generell auf einer *ad hoc*-Basis durch einzelne Pfarreien angestellt worden und wir haben sie erst langsam als Teilhaber an der Ordnung der Dienste im Leben der Diözesankirche gesehen. Überraschenderweise gibt es keine Erwähnung einer formalen Einführung, zum Teil findet eine liturgische Feier statt, die die Anerkennung solcher Dienste als integral für das Leben der Kirche markiert. Die Anregung, lieber einen eigenen Rat für Laienmitarbeiter zu etablieren als einen Weg zu finden, Strukturen wie den Diözesanpriesterrat auszuweiten, kann als Ausdruck der fortdauernden Unschlüssigkeit aufgefasst werden, sie als wirkliche Mitarbeiter im Dienst der Kirche zu sehen.

Eine jüngere begrenzte Untersuchung kirchlicher Laienmitarbeiter quer durch Kanada zeigt, dass sie weiterhin deutliche Zweifel erleben wegen des „Mangels an Akzeptanz ihres Dienstes". Sie erfahren weiterhin Spannungen in Bezug auf „die Struktur der Kirche", „die Rolle der Frauen", „den Mangel klarer Verantwortlichkeitsbereiche", „einen Mangel an Klarheit in Bezug auf ihre Amtsrolle" und in Bezug auf „Teamarbeit und gemeinsame Seelsorge".[48] Die Notwendigkeit einer umfassenderen Integration ihrer Begabungen in Leben und Struktur der lokalen Kirche drängt heute nicht weniger als vor einem Jahrzehnt.

4. Ergebnisse

Ich habe versucht, das Umfeld der kirchlichen Laiendienste in der katholischen Kirche Kanadas oder genauer, in der zentralen Region Kanadas, mit der ich

47 *Ontario Conference*, Lay Pastoral Associates, 11–12.
48 Vgl. Defining Moments, 7–8.

besonders vertraut bin, in den Blick zu nehmen. Daraus entsteht eine Reihe von Fragen, die zur Auseinandersetzung mit der spirituellen Bildung von Laien, die sich auf solche Aufgaben vorbereiten, auffordert. Die vielleicht bedeutsamste unter diesen bezieht sich auf das Faktum, dass die Ortskirche nicht als wichtige Matrix für die spirituelle Bildung kompetenter kirchlicher Laienmitarbeiter erfahren wird, die für einige fortwährende Formen pfarrbezogenen Dienstes beauftragt werden. Der drängende Priestermangel und das Fehlen diözesaner Strukturen für die Unterstützung verzerren weiterhin die Wahrnehmung von kirchlichen Laiendiensten als ein vorläufiges Entgegenkommen, als zweitrangiger Dienst und zeitweise als Gefährdung des priesterlichen Amtes. Edward Hahnenbergs Beobachtung der historischen Bedeutung der Entstehung neuer kirchlicher Laiendienste ist hilfreich, um die Größe des gegenwärtigen Kontextes zu relativieren. Wir sollten weder überrascht noch entmutigt sein, wenn wir entdecken, dass diese „neue Welle" der Dienste eine „Herausforderung der gegenwärtigen Amtsordnung" darstellt.[49]

In diesem Zusammenhang ist die Laienberufung nicht überall spontan als Aufblühen des Taufcharismas gesehen worden. Das langsame Tempo der Integration solcher Dienste und der Mangel an Infrastruktur, um die spirituelle Bildung kirchlicher Laienmitarbeiter in der Ortskirche zu unterstützen, trägt dazu bei, die ekklesiale Dimension in der Spiritualität für diese Dienste zu schwächen. Laien, Männer wie Frauen, antworten auf eine Berufung. Mit den Worten eines anderen Autors gesagt, bedingt dies, dass wir „eine bleibende institutionelle Verpflichtung seitens der institutionellen Kirche gegenüber solchen Laien bieten, die eine solche Aufgabe annehmen".[50] Die programmatischen Vorschläge in den Statements der Bischofskonferenzen sind eine wichtige Bewegung in die richtige Richtung. Es bleibt noch viel zu tun, bevor sie ganz implementiert sind. Vielleicht würden solche Empfehlungen ernsthafter angenommen, wenn die Kirchenglieder auf jeder Ebene eine klarere Vorstel-

---

49 *Hahnenberg*, The Vocation to Lay Ecclesial Ministry, 179.

50 *E. Rinere*, Canon Law and Emerging Understandings of Ministry, in: *S. Wood* (ed.), Ordering the Baptized Priesthood, Collegeville 2003, 81. Indem sie den amerikanischen Kontext kommentiert , schreibt sie weiter: „In the 1983 Code, the principle of a just wage for lay ministers is present in that the right to such a wage is recognized [CIC 231]. However, given present lay ministry developments, the need for consistent and mandated employment practices is not met by the canon. Also, the 1983 Code assigns responsibility for preparation to the lay minister, while current practice has shown that this approach produces wide and unacceptable variations in ministry and in ministers. Only within the last ten years or so have dioceses been establishing formation programs for lay ministers or working with academic programs in pastoral ministry to set standards and goals. Much more is needed."

lung vom Profil der Ämter und Dienste in der katholischen Kirche in Kanada heute hätten.

Es gibt eine klare und drängende Notwendigkeit für mehr und genaue demographische Daten über Laiendienste in Kanada einschließlich der Zahl der Männer und Frauen auf Voll- und Teilzeitstellen, das Wesen der verschiedenen Ämter und Dienste, das Niveau ihrer Ausbildung und Bildung und eine entsprechende Statistik des Priester- und Diakonenamtes. Da eine umfassende und systematische Studie der Ämter und Dienste in Kanada fehlt, haben die Diözesanbischöfe und die regionalen und nationalen Bischofskonferenzen schlicht nicht die harten Daten, um eine verantwortliche programmatische Entscheidung hinsichtlich der Bildung und der Sozialisation der Seelsorger zu fällen. Solche Informationen würden von großem Nutzen sein für Priesterseminare und theologische Erziehungs- und Bildungsprogramme, die ihre Curricula genau auf das demographische Profil zukünftiger Studenten und ihre Bedürfnisse abstimmen könnten.

In Ergänzung von Maßnahmen, die die Rolle der Ortskirche als Matrix für die Sozialisation der Kandidaten für kirchliche Laiendienste steigern würden, steht die Notwendigkeit, die Verbindung zwischen denen mit Verantwortung für spirituelle Bildungsprogramme in den Priesterseminaren und den theologischen Ausbildungsstätten mit der Diözesankirche zu festigen. Zu oft erfahren Kandidaten für Ämter und Dienste diese als ohne Beziehung zueinander oder zeitweise als konkurrierende Matrices für die Bildung ihrer Amtsidentität. Die Anforderung an uns ist, ihnen zu helfen, wirklich komplementäre Orte spiritueller Bildung und Sozialisation für die Seelsorge zu werden. Vielleicht erst recht bedeutsamer als die personal-institutionellen Referenten, die durch die Kandidaten für Ämter und Dienste und entsprechend der theologischen Ausbildungsstätten und diözesanen Einrichtungen repräsentiert werden, ist, dass dem Volk Gottes ein Ehrenplatz gegeben wird als Kontext für die Sozialisation und Entscheidung für Ämter und Dienste und als Ziel aller Dienstämter.

Welcher Typ spiritueller Bildung ist für die Bildung kirchlicher Laienmitarbeiter heute notwendig? Natürlich einer, der geeignet und passend ist für die Lebenssituation der Kandidaten, einschließlich ihrer Familien und ihres sozialen Lebens. Eine angemessene Spiritualität für Laienmitarbeiter ist jene, die Seelsorge als Dienst ausweist, als Beitrag, um alle Getauften zu befähigen, das gemeinsame Priestertum zu leben,[51] im Darbringen des eigenen Lebens für die

51 Die Natur aller Ämter wird in Nr. 1547 des Katechismus der katholischen Kirche zusammengefasst: „Das amtliche oder hierarchische Priestertum der Bischöfe und Priester und das gemeinsame Priestertum aller Gläubigen nehmen ‚auf je besondere Weise am einen Priestertum Christi

Heiligung der Welt. Solch eine Spiritualität muss die Mitverantwortung aller Getauften für Leben und Mission der Kirche in der breiteren Gesellschaft ernstnehmen und fördern. Es wird eine Taufspiritualität sein, die Seelsorge als Teilhabe am dreifachen Amt Christi versteht. Das Patchwork der Annäherungen an die spirituelle Bildung von Laienmitarbeitern in Kanada heute macht auf die Notwendigkeit einer reicheren Spiritualität der Verbindung zwischen dem Taufbund der Laien, dem Dienst des Leibes der Kirche und der Mission der Kirche aufmerksam. Die wahre Matrix spiritueller Bildung und Sozialisation für die Seelsorge bietet einen Raum, wo eine solche Spiritualität wirklich inkarniert ist und erfahren werden kann, nicht bloß als luftige Idee, sondern als lebendige Realität. Die Gabe kirchlicher Laiendienste willkommen zu heißen, fordert nicht weniger als eine radikale Veränderung innerhalb der Ortskirchen weg von der Ebene der Attitüden und Diskurse hin zur Verteilung der Finanzmittel, Budgets und organisatorischen Strukturen, welche die Vorbereitung und fortlaufende Bildung der kirchlichen Laienmitarbeiter unterstützen. Wir leben in einer Zeit der historischen Chancen, die tiefreichende Implikationen für die Gestalt der Kirche in den kommenden Jahren enthält. Lasst uns mit Mut dieses Neue begrüßen, dass der Geist Gottes im Leben der Kirche wirkt.

(Übersetzung: Benedikt Kranemann)

---

teil‘ und sind ‚einander zugeordnet‘, unterscheiden sich aber doch ‚dem Wesen nach‘ (LG 10). Inwiefern? Während das gemeinsame Priestertum aller Gläubigen sich in der Entfaltung der Taufgnade, im Leben des Glaubens, der Hoffnung und der Liebe, im Leben gemäß dem Heiligen Geist vollzieht, steht das Amtspriestertum im Dienst dieses gemeinsamen Priestertums. Es bezieht sich auf die Entfaltung der Taufgnade aller Christen.“

Journalistisch- theologische Thesen eines Laien zur Laienfrage

Ulrich Ruh

1. Zeit meines Lebens bin ich aus Überzeugung Laie in der Kirche gewesen. Ich habe als Laie Theologie studiert und in diesem Fach wissenschaftlich gearbeitet. Seit fast 30 Jahren bin ich in der Redaktion einer Zeitschrift tätig, die zwar kirchennah ist, aber von katholischen Laien gemacht wird und nicht der amtlichen Kirche gehört. Und nebenher betätige ich mich als Laie in der Kirche ehrenamtlich, vor allem als Organist bei vielen Gottesdiensten. Beruflich wie privat habe ich regelmäßig mit Klerikern zu tun und arbeite gut mit ihnen zusammen; gleichzeitig bin ich gerne und bewusst: Laie. Aus dieser Perspektive sind die folgenden Thesen formuliert.
2. „Den" Laien in der katholischen Kirche gibt es nicht. Unter den Begriff „Laie" fallen sowohl Christen, die regelmäßig zum Gottesdienst gehen wie solche, die dies höchstens bei wichtigen familiären Anlässen tun. Zu den Laien gehören ehrenamtlich in Pfarreien oder Verbänden Engagierte wie hauptamtlich im kirchlichen Dienst Beschäftigte, an Glauben und Kirche stark Interessierte mit intensiver Frömmigkeit wie nur schwach Verbundene mit diffuser Religiosität. „Laien" können hoch qualifizierte Männer und Frauen in verantwortungsvollen beruflichen Positionen sein, aber auch Menschen mit niedrigen Bildungsabschlüssen und einfachen Berufen, sie gehören sehr unterschiedlichen sozialen Milieus an. Ihnen ist nur gemeinsam, dass sie das Weihesakrament nicht empfangen und keine Ordensgelübde abgelegt haben. Wer von den Laien in der Kirche spricht, muss sich jeweils darüber klar sein, von wem eigentlich die Rede sein soll.
3. Das öffentliche Erscheinungsbild der Kirche wird derzeit weithin von den geistlichen Amtsträgern bestimmt. Auf Weltebene steht für die katholische Kirche in erster Linie der Papst, auf der nationalen Ebene sind Bischöfe „das" Gesicht der Kirche, in besonderer Weise ist es der Vorsitzende der jeweiligen Bischofskonferenz. Das hat sich in Deutschland gerade beim Wechsel im Vorsitz der Deutschen Bischofskonferenz gezeigt. Repräsentanten des Laienkatholizismus haben es demgegenüber schwer, öffentliche Aufmerksamkeit zu fin-

den. Wer kennt etwa Präsidenten oder Vizepräsidenten des „Zentralkomitees der deutschen Katholiken“? Katholische Politiker, Intellektuelle oder Wissenschaftler werden im Normalfall nicht als Katholiken wahrgenommen; Ausnahmen gibt es bei „Abweichlern“ von der offiziellen Kirchenlinie. Diese Engführung auf das kirchliche Amt, die das Eigengewicht von Laien in der Kirche ausblendet, hat mit der hierarchischen Struktur der katholischen Kirche zu tun, aber auch mit den Gesetzen der heutigen Medienöffentlichkeit. Bischöfe sind normalerweise schon durch ihre Kleidung als Repräsentanten der Sonderwelt Kirche kenntlich. Es ist in diesem Zusammenhang interessant, zu beobachten, wie sehr sich protestantische Geistliche bei öffentlichen Auftritten in ihrer Kleidung „klerikalisieren“ und damit den Medienerwartungen zu entsprechen suchen.

4. An die Laien richten sich derzeit innerhalb der Kirche hohe Erwartungen. Zum einen sollen sie dafür sorgen, dass das Leben der Pfarrgemeinden trotz des sich verschärfenden Priestermangels und der damit verbundenen, zum Teil massiven Strukturveränderungen aufrecht erhalten wird. Sie sollen sich um ein vertieftes religiöses Leben bemühen, sich in ihrem Glauben weiterbilden und gleichzeitig missionarisch nach außen wirken, in ihrer „weltlichen“ Verantwortung glaubwürdig den christlichen Glauben ausstrahlen. Nicht wenige Laien fühlen sich angesichts der vielen Aufgaben, die ihnen ausdrücklich oder auch indirekt angesonnen werden, überfordert, zumal wenn sie beruflich stark beansprucht sind, oder sie haben den Eindruck, sie würden in dem, was sie faktisch schon für das kirchliche Leben leisten, nicht wirklich anerkannt. Sie möchten auf keinen Fall als bloße Lückenbüßer herangezogen, sondern in ihrem Einsatz ernst genommen werden.
5. Auch in ihrem „Weltdienst“ müssen sich Laien heute ein Stück weit neu orientieren, weil sich die Bedingungen dafür grundlegend verändert haben. Die traditionellen Standbeine katholischen Hineinwirkens in die Gesellschaft wie die Verbände sind schwächer geworden; die C-Parteien sind pluraler geworden und tun sich dementsprechend schwer, ihr christliches Profil zu formulieren. In einer solchen Situation hängt sehr viel davon ab, dass es katholischen Laien gelingt, kompetent und intelligent in öffentlichen Diskussionen Stellung zu beziehen und für ihre Positionen in der säkularen, religiös pluralen Gesellschaft argumentativ zu werben. Es braucht deshalb katholische

Intellektuelle, die in ihrer Kirche verwurzelt sind und gleichzeitig die nötige Unabhängigkeit, Sachkenntnis und Offenheit besitzen, um im gesellschaftlichen Gespräch wahrgenommen zu werden.

6. Die Laienfrage stellt sich in der katholischen Kirche aufgrund ihrer spezifischen Tradition und Struktur auf andere Weise als im Protestantismus, der kein Gegenüber von Klerus und Laien kennt. Dennoch sollte man beim Thema Laien immer auch auf die Erfahrungen und Strukturen der anderen Kirchen schauen und sich davon anregen lassen. Das betrifft vor allem die Frage der Mitverantwortung in der Kirche: Die evangelischen Kirchen verfügen über Synoden, in denen Nichtordinierte (also „Laien") in vollem Umfang nicht nur mitdiskutieren, sondern auch mitentscheiden, und das auf allen Ebenen des kirchlichen Lebens. In der anglikanischen Kirche sind die Synoden in drei „Häuser" aufgeteilt, in denen Bischöfe, Priester und Laienvertreter jeweils getrennt abstimmen und für Beschlüsse eine Mehrheit in allen drei „Häusern" erforderlich ist. Die bestehenden Räte und Synoden in der katholischen Kirche sehen dagegen für Laien nur sehr begrenzte Entscheidungsbefugnisse vor. Der Respekt vor der Kompetenz und der kirchlichen Sendung der Laien würde aber eine Ausweitung des synodalen Elements in der katholischen Kirche durchaus nahe legen. Die Würzburger Synode der deutschen Bistümer vor dreißig Jahren hat hier Wege gewiesen, die leider nicht weiter begangen wurden.
7. Die Laien werden in absehbarer Zukunft noch weniger als bisher eine homogene Gruppe in der Kirche darstellen. Den größeren Teil der Laienchristen dürften auch weiterhin Fragen nach der kirchlichen Mitverantwortung von Laien oder nach Laienämtern, nach der Zukunft von Verbänden und Gruppen in der Kirche nicht interessieren, weil sie kaum Verbindung zum kirchlichen Leben haben. Sie werden die katholische Kirche vor allem mit dem Papst, den Bischöfen oder dem Pfarrer vor Ort identifizieren. Ob es gelingt, aus dieser Masse der Laien in einem gewissen Umfang Männer und Frauen zu gewinnen, die sich für den Glauben ernsthaft interessieren und die Kirche mitzutragen bereit sind, ist eine für die Zukunft der Kirche in unseren Breiten entscheidende, aber gleichzeitig offene Frage. Die Minderheit von Laien, die in der und für die Kirche in irgendeiner Weise aktiv ist, dürfte in den kommenden Jahren eher noch kleiner werden, sei es aus Resignation oder aus Frustration. Umso mehr kommt es darauf an, solche Laien in ihrem jeweiligen Engagement, sei es im kirchlichen

Binnenbereich oder in der säkularen Gesellschaft, anzuerkennen und zu bestärken, sie nicht durch überzogene Forderungen, durch kirchliche Vereinsmeierei oder auch durch Klerikalismus vor den Kopf zu stoßen.

8. Wie alles in der Kirche, hat auch das Thema „Laien" immer einen Zeitindex. Das bedeutet für die Frage nach der Stellung der Laien am Beginn des 21. Jahrhunderts: Wir sind Erben einerseits der Tradition der Organisation von Laien in der neuen bürgerlichen Gesellschaft seit dem 19. Jahrhundert und andererseits der mutigen Entscheidung des Zweiten Vatikanischen Konzils, die Lehre von der Kirche mit dem Volk Gottes zu beginnen, das jeder Differenzierung nach Ständen voraus liegt. Wir leben heute in weiten Teilen Europas in einer zutiefst säkularen Gesellschaft, in der aber weder die Religion in ihren verschiedenen konkreten Ausprägungen noch das Interesse an religiösen Fragen verschwunden sind. Auch speziell das Christentum ist kulturell und in bestimmten gesellschaftlichen Werthaltungen nach wie vor präsent, wird aber von den einzelnen Menschen sehr unterschiedlich angeeignet. Die katholische Kirche ist als Institution unbestritten und erlebt auch da und dort religiöse Neuaufbrüche, aber auch in ihr herrscht eine eher diffuse Religiosität vor, die sich nicht durch eine feste Bindung konturiert. Das bildet den Rahmen für alle Überlegungen zur Zukunft des Laienengagements und prägt die Herausforderungen für die Laien als Teil des einen Volkes Gottes.

Autorinnen und Autoren

Prof. Dr. Catherine Clifford, Professorin für Systematische und Historische Theologie an der Theologischen Fakultät der Saint Paul University Ottawa

Prof. Dr. Michael N. Ebertz, Professor für Sozialpolitik, freie Wohlfahrtspflege und kirchliche Sozialarbeit an der Katholischen Fachhochschule Freiburg i. Br.

Prof. Dr. Benedikt Kranemann, Professor für Liturgiewissenschaft an der Katholisch-Theologischen Fakultät der Universität Erfurt

Prof. em. Dr. Peter Neuner, em. Professor für Dogmatik und Ökumenische Theologie an der Katholisch-Theologischen Fakultät der Ludwig-Maximilians-Universität München

Prof. Dr. Helmuth Pree, Professor für Kirchenrecht an der Katholisch-Theologischen Fakultät der Ludwig-Maximilians-Universität München

Prof. Dr. Susan Roll, Professorin für Liturgiewissenschaft und Sakramententheologie an der Theologischen Fakultät der Saint Paul University Ottawa

Dr. Ulrich Ruh, Publizist, Chefredakteur der Herder-Korrespondenz, Freiburg i. Br.

Prof. Dr. Myriam Wijlens, Professorin für Kirchenrecht an der Katholisch-Theologischen Fakultät der Universität Erfurt

Prof. Dr. Henk Witte, Professor für Systematische Theologie an der Katholisch-Theologischen Fakultät der Universität Tilburg